KB190438

길 위에서 만난 예수
Jesus Encountered on the Road

〈일러두기〉

1. 본서에서 주 텍스트로 사용한 한글 성경은 대한성서공회에서 발행한 『성경전서 개역개정판』입니다.
   경우에 따라서는 『개역한글』, 『공동번역』, 『새번역』 성경과 『현대인의성경』을 사용했습니다.
3. 참고하고 인용한 히브리 성경은 『Hebrew Names Version』이며 영어성경은 다음과 같습니다.
   NIV(New International Version, 1984)
   KJV(King James Version, 1611/1769)
   NASB(New American Standard Bible, 1977)
   NRSV(New Revised Standard Version, 1989)
   ESV(English Standard Version, 2007)
   YLT(Young's Literal Translation, 1898)
   GNV(Geneva, 1599)
4. 미주는 지극히 제한적으로 사용했습니다. 예를 들어, 인용한 글의 원저자와 책을 본문에서 언급할 경우에는
   자세한 출처를 생략했습니다. 그리고 이해를 돕는 보충 정보나 논점을 입증할 필요가 있을 때만 자세한 출처
   를 제공했습니다.
5. 여호와/야훼, 하나님/하느님 등 몇몇 용어는 구분하지 않고 섞어 사용합니다.
6. 출처를 찾으려고 했으나 찾을 수가 없어서 출처를 밝히지 못하고 사용한 내용도 있습니다. 그런 곳의
   출처를 아시는 분은 이 메일(mentor122@naver.com)로 연락을 주시면 재쇄시 보완을 하겠습니다.
7. 이 책에서 사용한 폰트는 KoPub바탕체와 KoPub돋움체 그리고 나눔명조체와 나눔바른고딕체를 사
   용했습니다.

길 위에서 만난 예수
Jesus Encountered on the Road

조기호

세우미

저자 서문

　예배당 한쪽에 조그만 기도실이 있습니다. 어스름한 저녁때가 되면 하나둘씩 기도실에 모여 이야기도 하고 놀기도 하고 잠도 잤습니다. 누가 갖다 놓았는지는 모르지만 기도실 한구석에 여러 권의 책이 있었습니다. 전영창 목사가 쓴 『그들에게 누가 갈 것인가』라는 책도 그 중의 한 권입니다. 이 책은 인생길에서 무엇인가를 결정해야 할 갈림길에 서 있을 때나 방향을 잘 찾지 못할 때 한줄기 빛처럼 저에게 다가왔습니다.

　살면서 얼굴빛은 진실함과 순수함을 지녔지만 요사스런 말로 사람들의 마음을 훔치는 사람들을 보았습니다. 마음으로는 그들을 비판하고 나는 그렇게 하지 않겠다고 다짐했지만, 슬쩍 그런 방향으로 가려는 나 자신을 보고 흠칫 놀랄 때도 있었습니다. 그럴 때마다 지리산 야간 등산 중에 플래시가 없어 돌부리에 걸려 넘어지고 얕은 웅덩이에 빠질 때 뒤에서 비쳐준 빛이 생각났습니다. 그 빛은 방향을 잃고 낙심하던 나에게 힘이 되어 주었고 길이 되어 주었습니다.

길을 걷다 보면 몸에 지닌 많은 것들을 가지고 갈 수 없어서 버리기도 하고 남에게 주기도 합니다. 길 위에서 만나는 여러 사람을 통해 나 자신을 돌아봅니다. 내 안의 거짓말, 위선, 모든 것에 대한 불평, 짜증, 원망이 슬그머니 올라와 있는 자신을 발견합니다.

동시에 따뜻한 목소리로 말을 걸어주시고 찾아와 주시는 그분을 깊이 마주합니다. 험준한 산에서 굽이굽이 휘어진 길을 걸으면 목적지가 아직도 더 남아 있다는 현실이 아니었다면 듣지 못했을 그분의 목소리, 막막한 사막과도 같은 길 가운데 멍하니 서 있을 때가 아니라면 만날 수 없었던 그분의 눈빛, 그리고 길 위에서 버려지고 외면받는 두려운 상황이 아니면 의식할 수 없었던 그분의 임재가 바늘구멍처럼 다가올 때 위로와 앞으로 나아갈 용기를 얻습니다.

『길 위에서 만난 예수』는 허둥지둥 인생길을 걷는 자에게, 괴롭게 인생의 노를 젓는 사람에게, 그리고 진리 안에서 살려고 발버둥 치는 사람에게 주는 위로의 말씀입니다. 교회에서도 소외받고 아무도 다가서려 하지 않는 사람에게, 친절하게 말을 건네려고 애쓰는 신자들에게 주는 격려의 말씀입니다.

세상 일터에서 주님의 사람으로 분투하는 주의 종들처럼 저도 안타까운 시간들이 있었습니다. 하지만, 말씀을 읽고 연구하면서 생각지도 못한 길을 발견하여 평안을 얻으며 순례의 길을 걸어가고 있습니다.

아직도 모르는 것이 많습니다. 바람에 휘날리는 나뭇잎처럼 흔들리기도 합니다. 조석으로 변하는 마음 앞에 주저하는 모습을 보고 실망하기도 합니다. 그렇지만 비난하고 심지어 죽이려고 모의하는 사람들이 있어도 주어진 길을 가시는 주님을 만나고 싶고 따르고 싶어 묵상한 말씀을 정리했습니다. 2023년 봄부터 가을까지 소명교회 교우들과 함께 나눈 글을 "길 위에서 만난 예수"로 묶었습니다. 길 위에서 만난 예수와의 대화를 통해 배움을 넘어 생각의 힘을 길러야 함을 절실히

느낍니다. 그래서 맹목적이 아닌 지혜로움을 추구했으면 좋겠습니다. 또 무뎌지고 둔해지지 않기 위해 삶에서 주님을 그대로 따르기를 소망합니다.

길 위의 주님을 만나기 위해 순례의 길을 한마음으로 떠나며 긴 시간 경청해 주시고 후원해 주신 소명교회 교우들과 격려해 주시는 ICC 선교회와 한결같이 기도해 주시고 지켜봐 준 가족에게 고마운 인사를 전합니다.

그분과 함께 걷는 모든 길 위에서의 삶이 사랑이었음을 ….

조기호 목사

차례

Contents

1.

예수님과 함께 있으면 일어나는 일

마태복음 8:23-27

들어가는 말

우리가 사용하는 단어 중에 '무섭다'와 '두렵다'라는 말이 있습니다. 이 단어의 뜻은 모두 '겁이 난다'라는 공통의 개념을 가지고 비슷한 의미로 사용합니다. 두 단어는 한 문장 안에서 사용하기도 합니다. '겁이 나고 불안한 상태, 상황'을 강조하는 의미입니다. '무섭다'라는 감정을 나오게 하는 원인이 폭력이나 사고, 죽음, 병, 그리고 극한 상황에 몰렸을 때, 등 인간의 실존을 위협하는 것에서부터 유발되는 감정입니다. 또 아무런 피해도 주지 않는 작은 곤충이나 벌레로부터도 유발되는 감정입니다. 이 무서움은 실제로 경험하는 사람에게는 아주 불안하고 위협을 줍니다. 그래서 자기의 의도와는 상관없이 어떤 행동을 발생시키기도 합니다. 이것은 집단에게도 마찬가지입니다. 그리고 '두렵다'는 일어날지 안 일어날지 확실하지 않은 사건이나 불확실한 대상에 대한 감정을 주로 표합니다. 즉, '두렵다'는 '무섭다'의 기본 의미에서 '불확실성'이 강조된 의미입니다.[1]

'두려움'은 고통을 주거나 해를 끼칠 수 있는 어떤 결과에 대한 느낌이라고 볼 수 있습니다. '무서움'은 자기에게 고통을 주거나 자기를 해칠 수 있는 어떤 대상에 대한 느낌입니다. '무서운 호랑이'라고 할 수 있으나, '두려운 호랑이'라는 표현은 어색합니다. 우리가 두려워하는 것은 재산을 손실하게 된다든지, 사랑하는 사람을 잃게 되는 것과 같은 것입니다.[2]

또 다른 단어는 '공포'가 있습니다. 사전의 정의에 따르면, '특정한 사물이나 상황에 대해 지속적으로 나타나는 비이성적이고 극렬한 두려움'을 말합니다. 그러나 공포의 경험은 대부분 불안을 증상으로 하기 때문에 공포 자체를 불안장애의 한 유형으로도 봅니다.

이 두려움과 무서움 그리고 공포에 휩싸여 이것에서 벗어나기 위해 처절하게 노력한 사람이 있습니다. 바로 루터입니다. 루터는 수도사였음에도 불구하고 공포에 시달렸습니다. 루터는 죽음에 대한 두려움과 무서움 그리고 공포를 극복하기 위해 자기의 죄를 고백하는 고해성사의 횟수를 다른 사람들에 비해 3배나 더 했고, 그 시간은 6시간이나 걸렸습니다. 선배 수도사가 루터의 이런 행위를 말릴 정도로 심각했습니다. 루터는 95개 조항을 발표할 그해, 1518년에야 비로소 그 해답을 발견했습니다. 우리가 잘 알고 있는 로마서 1:16-17절의 말씀에서 "믿음에 의한 의로움"이라는 진리를 깨닫고 확신을 얻은 다음에야 비로소 무서움과 두려움에 대한 공포에서 벗어났습니다.

우리도 삶을 살면서 두렵고 무서운 상황에 정면으로 부딪히기도 하고 그런 시간을 견뎌냅니다. 아마 우리에게 믿음이 없었다면 포기하고 도망쳤을지도 모릅니다. 포기하고 도망간다는 것은 용기와 확신이 없고 비겁하기 때문에 하는 행동입니다. 즉 비겁하고 확신이 없는 사람은 태도나 성품이 천박하고 겁먹은 듯해서 생각이 깊지 못하고 좁은 자기의 마음을 드러냅니다.

더욱이 우리가 예수를 그리스도라고 고백하는 믿음이 있음에도 두렵고 무서울 때가 있습니다. 세상과 마귀는 신자들을 미혹하고 시험해서 믿음의 길에서 떠나게 합니다. 그러나 주님은 "너희는 마음에 근심하지 말라. 하나님을 믿으니 또 나를 믿으라"고 말씀하셨습니다(요 14:1).

예수님은 마태복음 4:18-22절에서 첫 제자들을 부르시면서 "나를 따라 오너라. 내가 너희로 사람을 낚는 어부가 되게 하리라"고 말씀하심으로 제자가 어떤 선생을 쫓아가야 할지, '따라가야 할 대상'이 "예수"임을 분명히 하셨습니다.

그리고 따라야 할 목적과 이유는 '사람을 낚는 어부로, 사람을 살릴 목자가 될 것'을 분명히 제시하셨습니다. 또한 예수님은 산상수훈에서 제자들은 하나님의 자녀이며, 어떻게 살아야 하는지도 가르치셨습니다.

그러므로 제자들에게 인생의 방향과 목적을 말씀하신 예수님을 따라갈 때 직면할 수밖에 없는 무서움과 두려움의 공포를 떨쳐내야 합니다. "평안을 너희에게 끼치노니 곧 나의 평안을 너희에게 주노라. 내가 너희에게 주는 것은 세상이 주는 것 같지 아니하니라. 너희는 마음에 근심도 말고 두려워하지도 말라."(요 14:27)는 주님의 말씀을 전적으로 신뢰하시기 바랍니다.

그러나 우리들은 폭풍에 배가 흔들리고 풍랑에 배가 부서질 상황에 처합니다. 내가 믿고 섬기는 신이 없어도 일상적으로 생기는 일이지만, 특히 "예수를 믿고 함께 있음으로 생기는 이 풍랑 속의 신자들"은 어떻게 하면 좋겠습니까? 본문 안으로 들어가겠습니다.

첫째, 배에 오르신 예수와 따르는 제자들 8:23

8:18절과 23절을 보면 예수님은 갈릴리 바다 반대편으로 가기 위해 배에 올랐습니다. 제자들도 예수님을 따라 배에 오릅니다. 제자들이 예수님을 쫓았다는 것은 말 그대로 예수와 함께 배를 탔다는 의미입니다. 또한 예수와 함께 어디든지 가겠다는 의지의 표현입니다. 즉 말로

만 예수를 따르겠다고 했던 사람과는 달리 우리는 예수의 참된 제자가 되었다는 자부심이 있다는 뜻입니다.

그런데 제자가 아닌 서기관은 선생인 예수께서 어디로 가든지 쫓겠다고 하지만, 예수님은 이렇게 말씀하십니다. 20절입니다.

> "예수께서 이르시되 여우도 굴이 있고 공중의 새도 거처가 있으되 인자는 머리 둘 곳이 없다 하시더라."

그는 예수의 가르침에 흥미를 가지고 있었지만 제자가 된다는 의미를 잘 모르고 있습니다. 예수의 제자가 된다는 것은 정착민이 아니라 언제 떠날지 모르는 유목민이 된다는 의미입니다. 정치가나 권력자들은 힘을 얻고 사용하기 위해 자기의 거처를 견고하게 하지만, 예수의 제자들은 주님이 말씀하시면 언제든지 떠나야 할 운명이라는 것입니다. 사역을 하다 보면 자기 재산을 모으거나 심지어 기본적인 집조차 가지지 못할 정도로 어려움을 겪을 수도 있습니다.

예수님은 자신을 "인자"라고 부릅니다. 예수님께서 "인자는 머리 둘 곳이 없다"라고 하신 이유는 자신이 하늘의 존재로서, 하늘에서 오신 분으로서(단 7:14-14) 자기 몸 하나 편하게 쉴 안락한 집조차 없다는 뜻입니다.

또 제자 중의 한 사람은 21절에서 이렇게 예수님께 요청합니다.

"주여 내가 먼저 가서 내 아버지를 장사하게 허락하옵소서."

이 제자는 12명에 속해 있지 않은 제자입니다. 이 제자는 확실하게 예수님의 부르심에 순복하기 이전의 제자들 중의 한 사람입니다. 부모님의 장례를 먼저 치러야 한다는 그의 요청은 정당하고 타당합니다. 자식으로서 당연히 해야 할 일입니다.

그러나 예수님은 22절에서 "죽은 자들이 그들의 죽은 자들을 장사하게 하고 너는 나를 따르라 하시니라."라고 말씀하십니다. 다정한 감정이 없는 냉정한 말씀입니다. 아버지의 장례를 무시하라는 예수님의 말씀입니다. 그러나 이 장례는 임종을 앞둔 아버지를 보지 말라는 것이 아닙니다. 이미 돌아가셨기 때문에 1차 장례를 치루고 나중에 뼈를 수습해서 가족묘에 합치는 2차 장례를 의미합니다. 사실 이 부분은 아이러니하고 부조리한 면이 있습니다. 말씀의 의미는 아버지는 이미 죽어서 죽은 자의 영역에 있습니다, 부모와 자식과의 관계는 단절이 되었습니다, 따라서 남아 있는 장례의 전통적인 일은 다른 사람에게 맡기고 "사람을 낚는 어부" 즉, 사람을 살리는 복음 사역이 더 긴급하고 중요한 일이라는 의미입니다.

예수님의 의도는 이것입니다.

"내가 너희에게 이르노니 너희 의가 서기관과 바리새인보다 더 낫지 못하면 결코 천국에 들어가지 못하리라." (마 5:20).

당시 경건에 대한 유대교 전통 뿐 아니라 그레코-로마의 문화나 철학 그리고 종교보다 더 윤리적이고 사회적으로 더 뛰어나고 모든 것에 대해 '넘어섬'이 있어야 한다는 말씀입니다. 그러므로 이 사람도 예수님이 타고 계신 배에 오르지 못합니다.

예수님의 말씀에 의하면 예수의 제자가 된 순간 삶의 방향이 완전히 바뀌어야 합니다. 그래서 이 두 사람은 예수의 제자가 된다는 의미를 모르기 때문에 제자가 되지 못합니다. 예수님이 타고 계신 배에 있는 제자들처럼 하나님 나라의 복음을 위해 집도 없이 돌아다니는 노마드(nomad)의 삶을 감수해야 합니다. 심지어 예수를 따르는 것보다 우선할 수 있는 것은 아무것도 없습니다. 배에 오르는 순간 제자들은 가지고 있던 모든 세상적인 생각들, 자기중심적인 욕망, 남을 업신여기는 마음과 시기심, 질투, 등을 다 버리고 배에 올라야 합니다. 예수님을 따르면서 보았던 치유의 현장과 귀신을 쫓아내신 기적의 사건들에 집중하지 말고 그 일을 하신 예수님께 집중해야 합니다.

사실 지금 시대가 힘들다 해도 가져야 할 것이 많고 재미있는 일도 다양하고 빚을 내서라도 풍족하기를 바라기 때문에 하나님의 존재를 믿으면서도 굳이 하나님을 필요로 하지 않는 시대입니다. 현대 문화는 화려하고 흥미를 끄는 것이 많습니다. 재미있는 일이 여기저기에 널려 있습니다. 예수님을 따르는 제자의 삶보다 더 우선시해야 할 것들이 있다는 확신이 우리 삶을 지배하고 있습니다. 예수를 그리스도로 믿는 가치보다 더 가치 있는 것들이 먼저 눈에 보인다면 당연히 그것을 추구합니다. 신앙을 가지고 있는 신자이지만 실제로는 신에 대한 존중이 사라져버린 실천적 무신론자들이 수두룩합니다.

즉, 교회와 신자들이 이런 세태를 비평하지만 그런 자신도 올바른 제자도의 가치관을 세우지 못하고 가치 붕괴의 어려움을 겪습니다. 그럼에도 이런 현상을 보고 한마디 할 수밖에 없는 이유가 있습니다. 예수님이 하신 말씀과 행위가 여전히 우리에게는 길이요 빛이 되기 때문입니다. 그것을 위해 신자들은 현실을 바로 보고 자신이 처해있는 현실적 삶의 간절함 때문에라도 주님을 찾아야 합니다. 나를 위해 십자가에서 죽으신 주님 때문에 내가 다시 밝은 삶을 얻었다고 생각한다면, 그리고 주님의 삶이 바로 나를 위한 삶이었음을 처절하게 나의 의식 안에서 깨달았다면. 예수님의 진리를 위해 우리는 더 분투하고 그분을 따르기 위해 미지의 세상으로 들어가는 배에 올라타야 합니다.

둘째, 큰 물결이 일어난 바다에 있는 배 8:24

마태복음 8:24절입니다.

"바다에 큰 놀이 일어나 배가 물결에 덮이게 되었으되 예수께서는 주무시는지라."

제자들은 예수님과 함께 배에 올라타고 건너편 즉, 동쪽으로 갑니다. 배가 가는 중에 갈릴리 바다에 물결이 일어납니다. 평범한 물결이 아닙니다. 본문에는 "큰 물결"이라고 합니다만, 헬라어는 "거대한 지진"(σεισμὸς μέγας, 세이스모스 메가스)으로 표현해서 바다의 물결이 지진처럼 흔들린다고 묘사합니다. "그리고 보라"라고 24절 문장을 시작합니다. 예수님과 함께 있는 제자들이 타고 있는 배를 보라는 말입니다.

"이집트의 창조 신화에 따르면 원초적 혼돈(nun, 눈)은 물속에서 출현했고, 인도 신화 속 창조신 슈누(Vishnu) 역시 바다에 잠들어있는 존재입니다. 메소포타미아 신화에서 바닷물의 여신 티아마트(Tiamat)는 땅의 신과 결합하며 역사의 시작을 알립니다. 서양 문명의 문화와 예술의 시발점이 된 그리스 로마 신화에도 물은 신과 영웅의 삶에 지대한 영향을 끼치는 매개체입니다. 호메로스는 시를 통해 대지를 물 위에 떠 있는 평평한 원판으로 설명하고 있고, 올림포스의 12신 중 하나인 포세이돈은 물을 관장합니다."[3] 그리스신화에서는 바다를 관장하는 신을 포세이돈, 로마신화에서는 넵투누스라고 부릅니다. 포세이돈은 바다뿐만 아니라 연못, 하천 등 샘을 솟게 만들기도 하는 등 작은 물도 관여하지만, 화가 나면 폭풍우를 일으키는 무서운 신입니다. 또 바다의 해일, 태풍뿐만 아니라 땅도 관여하는 데 지진이나 화산 폭발을 일으키는 신입니다. 특히 고대 근동 신화에서 바다는 '혼돈의 상징'입니다.

구약에서 큰물은 생명의 원천(창 49:25, 신 8:7)이기도 하지만, 바다는 하나님과 그의 백성을 대적하는 세력, 즉 혼돈과 악의 세력을 상징합니다(시 77:16-18, 139:11). 긴네렛 호수(민수 34:11)로도 불리는 갈릴리 바다는 고대 이집트의 파라오 투트모세 3세의 문헌에도 등장하는 유서 깊은 곳입니다. 긴네렛은 바다의 이름이기도 하고, 호수 근처의 지명이기도 합니다(수 11:2). 긴네렛은 역사의 무대에서 잠시 사라졌다가, 헬레니즘 시대에 '게네사렛'이란 이름으로 다시 나타났고(마태 14:34) 신약성경 시대에서는 '갈릴래아 호수'로 불렀습니다.

갈릴리 바다는 갑자기 큰 광풍이 부는 곳입니다. 예수님과 제자들이 탄 배는 실제로 혼돈의 한 가운데에서 폭풍을 만나 배가 거의 파선될 위기에 처했습니다. 제자들 중에는 어부 출신들이 있어 갈릴리 바다를 잘 알고 있었습니다. 그러나 배를 덮치는 광풍의 규모가 너무 커서 그들도 이 어려움을 뚫고 나가지 못합니다.

하지만, "인자"이신 예수님은 "주무시고 계십니다." 그들은 절규합니다.

> "그 제자들이 나아와 깨우며 이르되 주여 구원하소서. 우리가 죽겠나이다."(마 8:25).

배는 침몰 직전까지 가고 있지만 예수님은 이런 상황에도 아랑곳하지 않고(아랑곳하다는 어떤 일에 관심을 갖거나 신경을 쓰다는 의미) 주무시고 있습니다.

예수님이 제자들을 부르시면서 "나를 따라오라"고 하셨을 때, 제자들은 예수님을 따라왔습니다. 예수님은 제자들은 데리고 다니면서 많은 기적들을 보여주시고 병자들을 고쳐주셨습니다. 예수님은 스스로를 인자라고 지칭하면서 혼돈과 광풍 속에 처해있는 약한 자들을 위로하고 치유하고 하나님 나라의 복음을 증거하여 그 나라를 세우는 것이라고 말씀하셨습니다.

그렇다면 예수님을 "따른다" 그리고 "믿는다"는 의미는 예수님이 전하신 하나님의 나라의 복음을 전하고 그분이 하신대로 사는 것입니다. 그런데 그들은 주무시는 예수님이 '어떤 분'인지 전혀 인지하지 못했습니다.

예수와 함께 배에 타고 있는 제자들은 폭풍 가운데 있습니다. 이 배는 그레코- 로마 제국 치하에서 지금 막 시작하는 교회를 상징한다고 생각할 수 있습니다. 그런데 이미 예수님은 다시 오시겠다는 말씀만 하시고 하늘로 승천하신 상황에 교회는 있습니다. 지금 마태 공동체의 교회에는 예수님은 계시지 않습니다. 오히려 마태의 공동체는 세상의 여러 가지 공격과 도전 속에 있습니다. 그래서 공동체를 향한 공격은 더 강하고 치열하게 다가오기 때문에 공동체는 더 흔들립니다. 그러나 현재 공동체의 지도자들은 공동체에 평안을 주지 못하고 있습니다. 그런 교회를 향해 본문은 눈에 보이지 않는 주님이지만 믿음을 가지고 주님을 따라갔던 것처럼 살아계신 주님과 함께 주님의 나라를 위해 살라는 것입니다.

그런데 신자라는 사람들도 예수님을 따라가는 삶이 아니라 예수를 교회 한구석에 장식물로 세워놓거나, 집에 잘 보이는 곳에 걸어놓는 분 들이 많습니다. 그러면서 나는 예수의 제자라고 합니다. 예수님이 말씀하신 신자의 삶-십자가의 삶-은 사라져버리고 십자가의 정신을 왜곡시켜서 오히려 예수님을 따라오게 하는 신자들도 꽤 있습니다. 실제로 사단과 마귀는 믿음을 포기하게 하는 전략으로 우리를 미혹하는 것이 아니라

적당히 거리를 두고 따라가게 합니다. 지금 당장 내 발에 떨어진 발등의 불을 끄고 충분히 준비가 된 후에 따라갈 것이라는 마음의 결심을 하게 함으로서 애매하게 십자가의 도를 강조합니다.

셋째, 믿음이 작은 자들아 8:25-26

광풍으로 배가 침몰할 지경임에도 불구하고 예수님은 풍랑과 상관없이 주무시고 있습니다. 제자들은 예수님을 깨우며 "주여 구원하소서. 우리가 죽겠나이다."(25)라고 외칩니다. 그러나 예수님은 쉬지 않고 병자를 치유하고 위로하고 격려하는 사역을 하셔서 피곤하시기 때문에 배에서 주무시고 계십니다. 제자들은 죽게 되었다고 난리법석인데 예수님은 아무 일도 없는 듯이 평안히 주무십니다. 상당히 대조되

는 모습이지만 우리에게 주는 교훈이 있습니다.

"인자"이신 예수님이 다니엘서 7:13-14절[4]의 그 "인자"라면 예수님은 하나님이 가지신 권세와 같은 권세와 능력을 가진 분입니다. 하늘의 영광을 가진 거룩하신 분입니다. 혼돈의 세력인 바다의 힘에 눌리거나 도망치는 분이 아닙니다. 그래서 주님은 평안 가운데 하나님의 믿음으로 요동하지 않고 계십니다.

> "여호와여 주는 나의 방패시요 나의 영광이시요 나의 머리를 드시는 자이시니이다. 내가 나의 목소리로 여호와께 부르짖으니 그의 성산에서 응답하시는도다.(셀라) 내가 누워 자고 깨었으니 여호와께서 나를 붙드심이로다."(시 3:3-5).

그러므로 예수님은 '주무시지만 주무시지 않는 분'임을 깨달아야 합니다. 주무시고 계신 '너머'에 존재하고 계신 예수님의 '실존과 본질'을 보아야 합니다. 이것 없이는 현재의 광풍을 이겨낼 수 없습니다.

그러나 제자들은 예수님의 이러한 신적인 본질을 정확하고 명확하게 알지 못했습니다. 우리는 지금 죽게 될 정도의 어려움을 겪고 있는데 우리를 돌아보아 주지 않느냐는 원망 섞인 말투입니다. "주여 깨소서. 어찌하여 주무시나이까? 일어나시고 우리를 영원히 버리지 마소서. 어찌하여 주의 얼굴을 가리시고 우리의 고난과 압제를 잊으시나이까?"(시 44:23-24)라는 시편의 말씀과 비슷합니다. 시편이 탄원의 말투라면 본문은 아무것도 하지 않는 예수님을 탓하고 원망하는 부정적인 말입니다. 배가 풍랑에 의해 파선될 정도로 심하게 흔들리는 것처럼, 예수님이 현장에 계심에도 제자들의 믿음과 확신 또한 흔들리고 있습니다.

예수님은 제자들의 외침에 이렇게 말씀하십니다. 26절입니다.

"예수께서 이르시되 어찌하여 무서워하느냐? 믿음이 작은 자들아"

예수님은 제자들의 외침을 듣고 그들을 구하기 전에 흔들리는 배가 아닌 확신이 없어 우왕좌왕하는 제자들의 무서워함을 믿음이 작다고 꾸짖습니다. '무서워하느냐'의 원래 뜻은 '겁이 많은', '소심한', 그리고 '비겁한'의 의미입니다. 믿음이 부족해서 소심하게 행동하거나 비열한 행동을 하는 것입니다. 즉, 확신이 부족한 상태에서 하는 짓이 천하고, 신뢰하는 분의 바람을 좌절하게 하는 행동입니다. 상황에 따라 변하는 믿음은 비겁한 것이며 작은 것입니다.

마가복음 4:40절에서는 제자들에게 "너희가 어찌 믿음이 없느냐?"라고 말씀하십니다. 즉 "너희는 아직도 믿음을 가지고 있지 않느냐?"의 뜻입니다.

제자들은 바다가 화가 났을 때 작동하는 힘에 두려움을 가졌습니다. 주무시고 계신 예수님이 어떤 분이신지 몰랐기 때문에 믿음이 크게 작동을 못하였습니다. 그래서 비겁한 말이 고백처럼 나왔고 두려움과 무서움의 공포를 가지게 되었습니다.

제자들은 예수님께 "믿음이 작다"고 책망 받은 일이 이미 있습니다. 마태복음 6:30절을 보면, "오늘 있다가 내일 아궁이에 던져지는 들풀도 하나님이 이렇게 입히시거든 하물며 너희일까 보냐? 믿음이 작은 자들아,"라고 책망합니다. 예수님은 '먹고 마시고 입고' 사는 것에 염려하는 자들에게 하나님의 나라와 의를 구하라고 했습니다.

제자들은 능력의 역사가 일어나는 현장에 함께 있으면 믿음이 크게 자랄 것으로 생각했을 것입니다. 그러나 믿음은 기적이 일어나지 않는 절망의 삶의 현장에서 주님을 믿는 것입니다. 주님의 임재하심을 깨닫고 의식하며 주님을 따르는 것이 믿음입니다.

넷째, 일어나서 바람과 바다를 꾸짖으시는 예수님 8:26

26절 하반절입니다.

"곧 일어나사 바람과 바다를 꾸짖으시니 아주 잔잔하게 되거늘,"

예수님은 원망 섞인 말투로 죽겠다는 제자들을 보시고 곧 일어나십니다. 그러나 예수님은 제자들의 외침에 의해 일어나신 것이 아닙니다. 누군가에 의해 일으켜 지신 것입니다. 예수님을 일으키신 것은 하나님께서 예수님을 죽음에서 일으켜 부활시키신 것처럼 예수님을 일으키셨습니다. 아니 신적 권능을 가지신 주님께서 일어나셨습니다. 주님은 하나님의 권능을 가지신 분입니다. 하나님이 주신 권능을 가지고 예수님은 병자들을 치유하시고 귀신들린 자들을 쫓아내시고 위로하여 주셨습니다.

그러므로 예수님이 일어나셨다는 것은 어떤 일이 이어서 일어나리라는 것을 기대하게 합니다. 예수님은 "그때에 바람과 바다를 꾸짖습니다." 하나님과 그의 백성을 대적하는 혼돈과 악의 세력인 바다는 하나님의 백성들을 하나님으로부터 분리시키려고 합니다. 하지만, 하나님의 권능을 가지신 예수님은 바람과 바다를 향하여 꾸짖습니다.

하나님께서는 바다를 꾸짖는 분입니다. 시편 89:9절 말씀입니다.

> "주께서 바다의 파도를 다스리시며 그 파도가 일어날 때에 잔잔하게 하시나이다."

마태복음 17:18절에서 예수님도 귀신을 쫓아내실 때 꾸짖습니다. 예수님은 바람과 바다를 꾸짖으실 때도 배후에 악의 세력이 있음을 간파하고 있었습니다. 악은 신자 개인과 공동체를 혼돈에 빠뜨리고 흔듭니다.

악의 세력은 예수님의 선한 사역을 행할 때에 대들고 꾸짖습니다. 진리의 말씀을 가르칠 때 따르지 못하도록 가르침에 대해 꾸짖습니다.

현실에서는 힘이 강한 사람이 약한 사람을 꾸짖습니다.

그러나 말씀이 선포되고 선한 사역이 이루어지는 곳에서는 드러나는 현상적인 힘이 강한 것이 아닙니다. 신앙에서 강한 것은 거룩함과 진실함이 강한 것이고, 약한 것은 속이는 것과 술수와 더러운 욕심입니다.

교회 공동체인 배를 흔드는 바람이 세상의 풍조와 세상적인 힘과 사람들의 말이라면, 예수님의 제자인 신자들은 예수님의 신실하신 말로 꾸짖어야 합니다. 예수님의 새로운 공동체는 내적으로는 유대교의 도전과 혼합종교와 철학과 신비주의 종교들의 은근한 도전과 핍박에 힘으로 맞서서는 안 됩니다. 히브리서 4:12절의 말씀처럼 온유한 마음으로 하시기를 바랍니다.

> "하나님의 말씀은 살았고 운동력이 있어 좌우에 날선 어떤 검보다도 예리하여 혼과 영과 및 관절과 골수를 찔러 쪼개기까지 하며 또 마음의 생각과 뜻을 감찰하나니"

하나님 말씀의 근본 원리이자 실체이신 예수님의 영의 말씀으로 감찰하고 되새겨서 바람과 바다로 상징하는 세상의 풍조와 도전에 맞서야 합니다.

나가는 말

예수님이 바람과 바다를 향해 하신 꾸짖음에 악의 세력들은 잠잠해집니다. 26절 끝부분을 보면, "아주 잔잔하게 되거늘" 그리고 27절에서 "그 사람들이 놀랍게 여겨 이르되 이이가 어떠한 사람이기에 바람과 바다도 순종하는가 하더라."라고 합니다. 제자들은 꾸짖음으로 바람과 바다를 고요하게 하시는 예수님을 보고 놀라고 있습니다.

새로운 공동체를 만드신 예수님은 무능하고 무력한 기존의 공동체들에 대한 책망으로 병자를 치유하고 귀신을 쫓아내고 희망과 기대감과 역사하는 힘이 있는 거룩한 교회를 만들어 가십니다. 예수님이 원하신 공동체는 믿음이 큰 신자들의 모임입니다. 어떤 상황에 있든지 비겁하고 천박하고 무서워하고 두려워하는 신자들이 아니라 하나님의 자녀와 예수님의 제자다운 믿음을 가진 신자들을 원하십니다.

예수님과 함께 있으면 바람과 풍랑이 자동적으로 없어질 것 같지만 현실은 그렇지 않습니다. 내가 원하지 않은 시련과 고난의 광풍과 파도가 우리의 삶을 향해 돌진해 옵니다. 삶은 여전히 힘들고 심란합니다. 예수님과 함께 있으면 "사랑하는 자여, 네 영혼이 잘됨 같이 네가 범사에 잘되고 강건하기를 바라며" 살지만, 신자들의 삶이 평탄한 길만 걷는 것은 아닙니다.

그러나 신자들에게 예수님을 따를 수 있는 믿음이 있다면, 그 믿음으로 예수님이 누구이며 어떤 분인지를 알아가면서 나도 그와 같은 존재가 될 수 있다는 가능성을 받아들이는 믿음의 사람이 됩니다. 그러면 예수님을 만나고 예수님과 함께 있다는 것만으로도 우리에게는 놀라운 일이 일어날 것입니다.

우리들은 예수님에게 기도의 능력을 바라며 구하지만, 주님은 "예수님의 믿음"을 그대로 따를 것을 신자들에게 바라고 있습니다. 예수님을 만나면, 그리고 함께 있으면 우리에게 어떤 일이 일어날까요? 궁금하지 않습니까? 예수님이 일어나셔서 바람과 바다를 꾸짖어 잠잠하게 하셨듯이 우리에게도 그렇게 하기를 바라고 있습니다. 믿음이 있다면 말입니다.

그러므로 예수님을 만나거나 함께 있으면, 두려움과 무서움의 공포는 사라지고, 놀랍고 신비로운 일들이 신자들의 삶에서 일어날 것입니다. 그것이 무엇일까 궁금해 하면서 기대하며 사는 교회와 주의 종들이 되시기를 주님의 이름으로 축복합니다. 아멘.

2.

존재가 변한 한 사람

마가복음 5:1-20

들어가는 말

마가복음 1:21-28절은 예수님께서 하나님 나라를 선포하고 공생애를 시작하면서 가장 먼저 행한 귀신 축출 사역입니다. 예수님께서 전한 복음은 단순히 개인적인 영역에만 적용되는 것뿐만 아니라 개인을 넘어서 더불어 사는 사회 공동체의 유익을 위한 것입니다. 화목제물 되신 예수님의 피로 우리는 서로 좋은 관계를 가지며 살게 되었습니다. 그런데 여러 가지 이유로 관계는 망가지고 서로를 외면하며 비난하고 평생 안 볼 것처럼 살기도 합니다.

우리는 살면서 정말 다양한 사람들을 만나지만 정신적으로 무엇인가 안정되지 못한 분들을 보면 참으로 안타깝습니다. 목회하면서 정신적으로 불안하여 일상생활이 불가능한 사람들을 만났습니다. 그 사람이 왜 그렇게 되었는지 원인을 알 수 없는 경우가 많았고, 또 그런 분들에게 해 줄 수 있는 것이 별로 없었다는 것에 좌절하기도 했습니다. 그렇지만 교회 공동체가 할 수 있는 일은 분명히 있다고 생각합니다. 예수님의 정결한 영으로 가득한 교회가 기쁜 소식을 전할 때에 개인과 사회는 조금씩 변화할 수 있다고 생각합니다. 본문이 그런 변화의 시작을 말하고 있습니다. 가능성 있는 사람의 시작이 아니라 전혀 가능성이 없는 사람이 예수님을 만나면 새로운 삶이 시작됨을 보여줍니다.

예수님께서 행하신 유대 지역의 첫 번째 사역도 귀신 축출이고 이방 지역으로 가서 이적을 베푸신 첫 번째 사건도 더러운 군대 귀신을 쫓아내신 사역입니다. 이것이 의미하는 바는 분명합니다. 귀신들린 사람처럼 격리되고 이웃을 해치는 삶을 살았던 사람도 예수의 영이 들어가면 사람을 살리는 삶을 살 수밖에 없는 변화가 일어난다는 의미입니다.

그런데 우리는 이런 말을 듣습니다. 머리 검은 짐승은 정도 주지 말고 거두지 말라, 믿는 도끼에 발등 찍힌다. 사람에 대한 실망을 이렇게 표현하고 있지만, 복음은 그렇게 말하지 않습니다. 주님은 위대한 사람을 찾으시는 것이 아니다, 지극히 작은 자라도 하나님께 쓰임 받고자 하는 사람, 정돈되지 못한 영에서 정결한 영으로 변화된 사람을 통해서 하나님은 일하고 계시다는 사실입니다. 오늘 본문이 바로 근본적으로 자신의 존재가 변화된 한 사람에 관한 이야기입니다. 본문으로 들어가겠습니다.

첫째, 장소-사건이 일어난 공간 5:1, 20

마가복음 5:1, 20절을 보면 거라사는 갈릴리 바다 건너편(동편) 지역이지만 인종적으로나 종교적으로는 거라사인들이 사는 이방지역입니다. 이곳은 데가볼리 지역 중 하나로서 많은 돼지들을 치는 것으로 보아 유대인이 사는 지역은 아닙니다. 거라사는 오늘날의 제라시(Jerash)로 데가볼리의 유명한 도시 중의 하나였고 이곳은 갈릴리 바다로부터 30마일 떨어진 곳으로 이틀 동안 여행해야 하는 거리에 있습니다.

오늘 본문의 사건은 바다 근처에서 발생한 것으로 되어 있습니다. 예수와 제자들이 바다를 건너 바로 이 지역에 도착한 것으로 되어 있습니다. 마태복음 8:28에는 바다에 훨씬 근접해 있는 데가볼리의 또 다른 도시인 가다라로 되어 있지만, 이곳 역시 바다에서 5마일 떨어져 있고, 주위에 가파른 비탈이 없습니다. 이에 대해 어떤 학자(Dalman)는 가까이에 언덕이 있는 Wadi es Samak 근처의 게르게사(Gergesa)가 이 사건과 관련된 곳이라고 주장했습니다.

그러나 본문은 이런 지역이 어디에 있는 것인가에 대해 집중하는 것이 아니라 이 사건이 일어난 장소가 이방인들의 거주지라는 공간적 역할에 집중합니다. 그래서 본문의 이야기는 이방인 지역에서 시작되고 예수와 제자들은 배에서 내리자 곧 더러운 귀신들린 사람을 만납니다. 이 사람은 갈릴리 바다 동쪽 해안, 즉 이방인 지역에 살며 더러운 귀신이 들렸습니다. 더구나 그는 무덤 사이에서 나와서(2절) 예수님을 만나게 됩니다.

예수님의 첫 번째 귀신 축출의 이야기가 거룩한 땅이고 거룩한 사람들이 살고 있는 거룩한 장소인 가버나움 회당이라면(막 1:21-28), 본문은 거룩하지 못한 불결한 사람들이 사는 지역인 거라사입니다. 이곳은 그리스 제국이 전략적인 목적으로 세운 도시였으며, 데가볼리 중 거라사는 이방 제국의 최전방 도시였습니다. 이방의 도시와 무덤이라는 두 요소가 주는 공간적 의미는 부정한 곳입니다. 본문에서 거주 장소인 무덤은 2, 3, 5절에 3번이나 언급되고 있습니다. 그가 무덤에 있다는 사실이 반복적으로 제시됨으로써 그의 부정은 더욱 강조되고 있습니다. 그리고 부정한 동물인 돼지가 등장하고 있습니다. 이곳에는 로마 최정예 부대인 제 10군단이 있었는데 이 부대의 휘장이 the wild boar(야생 멧돼지 또는 야생 숫돼지)였다고 합니다. 무엇보다도 로마의 황제가 '주님으로' 통치하는 장소였습니다.

이것은 우리에게 두 가지를 생각하게 합니다. 첫째, 장소와 관계없이 사람들은 무엇인가에 짓눌려 있다고 볼 수 있다는 점입니다. 거룩함을 자랑하는 곳에서도(가버나움의 회당) 그리고 유대인들이 더럽다고 상대하지 않는 지역(데가볼리의 거라사)에서도 마찬가지입니다. 이것은 사람은 누구나 모두 죄인이기에 죄의 지배 아래에서는 자유로울 수가 없다는 의미입니다. 상황은 다르지만 죄 아래에서의 인간은 마치 무덤 가에서 사는 사람과 같을 수밖에 없습니다.

둘째, 유대인(율법, 정결)이건 이방인(시저)이건 어떤 대상을 절대화 하는 것은 하나님을 기쁘시게 할 수 없습니다. 다시 말해 사람들이 움 켜쥐고 있는 절대적 조건들은 자기와 이웃을 불편하게 만듭니다. 그것 은 무덤가에 살면서 결국 자기를 헤치는 더러운 영에 사로잡힌 사람과 같은 것입니다. 이런 사람들은 그곳에서 스스로 빠져나올 수 없습니 다. 나오려고 하면 할수록 늪에 빠진 것처럼 점점 더 들어가게 됩니다.

그래서 마가복음 4:35절에서 '맞은편으로 건너가자'는 예수님의 말 씀을 기억해 보면 예수님이 광풍을 잔잔하게 하고 이방지역으로 오신 목적은 절대적인 어떤 것에 붙들려 있는 이방인들도 구원하기 위해서 였다는 것이 분명합니다. 따라서 신앙은 절대적인 어떤 것으로부터 다 른 어떤 것으로 가는 길 위에서 누군가를 만나 삶이 완전히 변화 받는 사건이라고 말할 수가 있습니다.

둘째, 한 사람 5:2-5

그는 마을 사람들로부터 추방당하고 격리되어 무덤가에 거하면서 벌거벗은 채 광란과 자학이라는 반사회적 행동을 하고 있었습니다. 이 사람에 대해서 마을 사람들은 어찌할 수가 없어서 마을의 공동체로부터 철저하게 격리시켰습니다. 그는 사회적으로 버림을 받을 수밖에 없는 존재였습니다.

이 사람을 본문대로 보면 '더러운 영에 잡혀있는 사람'(2절)입니다. 그리고 무덤들 가운데서 살고 있었습니다. 한 사람이 귀신들렸다고 판단하는 것은 그 사람의 행동이 다른 사람들에게 방해나 피해를 주는 정도와 그 사람이 속한 사회 집단이 그 사람의 빗나간 행동에 대하여 가지는 태도를 보고 판단할 수 있습니다.

그래서 '귀신들린 사람'이란 비정상적 정신 상태를 보이면서 그 사람이 속한 사회의 일반적인 규범을 벗어나는 비정상적 혹은 폭력적 행동을 하는 사람들에게 붙여지는 사회적인 표식입니다. 또한 이 사람은 정결과 불결에 관한 규칙들과 규정들을 가진 유대교의 문화적 개념에서 보면 부정한 자입니다.

이 사람의 이런 상태가 일시적으로 그런 것이 아니라 과거부터 반복적으로 계속되었습니다. 이 사람을 보면, 아무도 그를 쇠사슬로 묶어둘 수 없었습니다(3절). 그런 이유는 4절에서 밝힙니다. 여러 번 쇠고랑과 쇠사슬로 묶어 두었으나, 그는 쇠사슬을 끊고 쇠고랑도 부숴버려서 아무도 그를 휘어잡을 수 없었다고 합니다.

이 사람이 귀신들림의 상태에 빠지기 전까지는 사람들 사이에서 살았을 것입니다. 그런데 이유는 잘 모르지만, 언제부턴가 이 사람이 비정상적 정신 상태가 되었고 사회적으로 수용될 수 없는 비정상적 행동, 또는 빗나가거나 폭력적 행동을 했습니다. 비록 그를 결박시켜 놓았지만 자기 힘으로 결박을 풀고 부수고 깨뜨려서 아무도 그를 굴복시킬 수가 없었습니다.

그리고 특별히 소리를 지르고 있었다는 점입니다. 아마 이것은 심리적으로 그의 내면에 있는 답답함, 괴로움, 고통스러움, 그리고 분노를 표출한 것으로 보입니다. 자기의 마음을 짓누르는 괴로움과 고통과 분노가 너무 커서, 자기 스스로 통제하지 못해서 소리 지른 것으로 보입니다. 이것은 그 사람으로 하여금 심히 괴롭게 하고 고통스럽게 하며 분노하게 하는 어떤 일을 당했고, 또 그것이 그 사람의 내면에 깊은 원한으로 작용하고 있었기 때문에 이런 행동을 했으리라고 생각해 볼 수 있습니다. 이 사람은 어떤 원인에 의해서 귀신이 들렸습니다. 한 마디로 더러운 영에 의해 움직이는 사람, 인간이 가져야 할 고유한 자유가 철저하게 무너져서 주체성이 없는 사람이라는 것입니다.

그러면 우리는 당연히 다음과 같은 질문을 하게 됩니다. 이 사람의 이와 같은 폭력성은 무엇으로부터 기인한 것인가? 돌로 자신을 해치고 자학하는 비참한 지경에 이른 원인이 폭력이었음을 암시합니다. 이 사람은 폭력(물리적, 언어적, 관계에 의한, 이권에 따른, 동작에 의한)에 의한 어떤 피해를 받았는데, 그것이 그의 마음에 고통과 괴로움과 분노를 일으켰습니다. 그것은 그의 마음에 깊은 상처가 되었고, 또 그 상처가 해결되지 않고 쌓이면서 그 사람에게 깊은 원한으로 작용했을 것입니다. 이 사람은 자기가 받은 것과 같은 폭력으로 복수하고 싶은 마음이 불같이 일어났지만, 자기보다 강한 상대, 또는 이권에 의해 어쩔 수 없는 자신의 처지에 좌절하여 결국 그 폭력을 자기 자신에게 행사하는 것으로 생각할 수 있습니다.

우리는 이런 사람들을 보면 피하고 싶습니다. 사실 피하고 있습니다. 그리고 다른 사람들의 미확인된 말을 듣고 판단합니다. 수군거립니다. 로마서 1:29절의 말처럼 뒤에서 수군거리며 중상하기도 합니다. 소문을 그대로 믿고 그렇게 몰아가기도 합니다.

그렇지만 우리는 어떤 사람이 왜 그런 말을 하고 행동을 하는지 조금씩 말을 걸어 줌으로써 이해의 첫 단추를 끼울 수 있습니다. 우리는 말을 걸어 주는 사람이어야 합니다. 그 사람을 판단하거나 나의 생각을 더 확증하려고 해서도 안 됩니다. 예수님이 아무 조건 없이 본문의 사람을 만나 주었듯이 우리는 만나 주어야 합니다. 그리고 들어주고 공감해야 합니다.

셋째, 만남-운명적인 만남 5:6

귀신 들린 사람이 예수를 보고 달려와 엎드렸습니다. 성경은 그가 어떻게 예수를 알게 되었는지에 대하여 침묵하지만 아마도 들리는 소문에 의해 예수를 알았을 것입니다. 이 사람은 멀리서 보고, 달려왔고

절을 했습니다. 단순하게 막무가내로 달려와서 엎드린 것이 아닙니다. 7절을 보면 분명합니다.

"지극히 높으신 신의 아들 예수여"

이 말은 이미 예수님에 관한 것이 이방지역까지 알려졌다는 것입니다. 그리고 구약성경(창 14:18-20, 민 24:16, 사 14:14, 단 3:26, 42)에서 이 표현들을 이방인들이 주로 사용했으며 신약성서에서는 히브리서(히 7:1)와 누가-행전(눅 1:32, 35, 76, 6:35, 8:28, 행 7:48)에서만 7번 사용되었습니다. 이는 예수의 사역이 이방인 지역에서도 수행되었고 이방인들도 하나님 나라에 들어 올 수 있다는 것을 의미하고 있습니다. 무엇보다도 마가복음 1:24절에서 귀신 들린 사람이 예수님에게 '하나님의 거룩한 분'이라는 표현보다는 이 표현이 조금 더 나은 것이지만, 이 사람이 진실한 믿음을 가졌다고는 단정할 수 없습니다.

우리도 그렇습니다. 무엇을 보았다고 해서 참 신앙인이 될 수 없습니다. 어디에서 무엇을 들었다고 해서 예수님과 바른 관계가 형성되었다고 여길 수도 없습니다. 입으로는 무엇이든지 할 수 있습니다. 참 신앙인 되기 위해서는 참 사람인 예수님을 만나야 하는데 그것은 '나와 무슨 상관이 있습니까?' 라는 말이 나에게도 신앙의 본질을 묻는 질문이 되어야 합니다. 예수님과 상관없다고 피하려는 질문이 아니라 예수님과 자신을 연결시키는 의미의 질문을 해야 합니다. 예수님과 나와의 관계가 무엇이냐? 언제나 자신에게 질문하고 어떤 답을 하는지 그 과정을 살펴보면 자신의 신앙이 무엇을 추구하는 신앙인지 대충 알게 됩니다.

1738년 5월 24일 존 웨슬리는 런던 올더스게이트 거리의 작은 집회에서 루터의 로마서 주석 서문을 읽을 때 "그리스도를 믿는 믿음을 통하여 하나님께서 마음의 변화를 일으키신다."라는 말씀을 들었습니다. 그때 그는 마음이 이상하게 뜨거워지는 것을 느꼈고, 그리스도만을 믿음으로써 모든 죄에서 용서함 받고 죄와 사망의 법에서 구원받았음을 확신하였습니다. 그는 이후로 죄와 사망의 권세에서 해방을 받는 영혼 구원에 대하여 전했습니다. 그는 뉴게이트 교도소, 보칼도 시립 형무소, 글로체스터 그린 빈민원, 그리고 교회와 야외에서 설교 사역을 했습니다. 그는 교구에 얽매이지 않고 '온 세계를 나의 교구'로 하나님이 맡겨주셨다는 확신을 가지고 온 세계에 구원의 기쁜 소식을 선포하는 일에 헌신하였습니다.

고백은 반드시 '프락시스'(Praxis, 실천, 적극적인 행동)로 나타납니다. 즉 예수님에게 전적으로 투신하게 됩니다. 자신을 온전히 그리스도의 종이라고 드립니다.

그런데 이런 신앙생활을 간 보는 것처럼 하는 사람이 있습니다. 맛만 보고 음식을 다 먹은 것처럼 표현합니다. 그것도 한 평생 말입니다. 이것을 우리는 외식이라고 말합니다. 말로는 개혁적이고 새롭게 할 것처럼 청사진을 그립니다. 하지만 막상 그림을 그리려고 하면 못 그린다고 하고 시간이 안 된다고 합니다. 피아노를 치는 것에 비유하면 평생 손가락 행진곡만 칠 줄 알지 그 이상의 곡으로는 들어가지 못합니다. 그런데 말은 청산유수처럼 잘합니다. 이것이 나와 무슨 상관이 있는가라는 의미입니다.

그렇지만 예수님을 제대로 만나면 자신을 드리게 됩니다. 먼저 마음을 드리고, 시간을 드리고, 돈을 드리고, 무엇보다도 말씀 한가운데로 자신을 던지게 됩니다. 그리고 무엇을 하며 살아야 할지에 대해 심각한 고민을 하게 됩니다.

그러므로 정결하게 하고 해방해서 자유롭게 하시는 주님과의 만남은 우연한 만남이 아닙니다. 본문의 만남이 의도적인 만남이었듯이 내가 예수를 만나는 것은 자유케 하시는 예수님의 영이 나에게 들어와서 불편하지만 치열하게 싸움을 걸어오는 만남입니다. 주님은 아주 거북하고 피하고 싶은 만남을 요청합니다.

넷째, 대화 5:7-8

7절 뒷부분에서 귀신 들린 사람은 하나님을 두고 간청합니다. "나를 괴롭히지 마십시오."라고 요구합니다. 여기에서 귀신 들린 사람의 말을 주목할 필요가 있습니다. 귀신 들린 사람은 예수의 우월성을 인정하고 있습니다. 하지만 8절을 보면 귀신들린 사람이 간청한 이유를 알 수 있습니다. 그것은 예수님이 이미 그에게 더러운 귀신아, 그 사람에 게서 나가라고 명령했기 때문입니다.

흥미로운 점은 본문을 보면 예수님이 직접 소리 내서 나오라고 하지 않았습니다. 그런데 귀신들린 사람은 이미 말했다고 합니다. 이상합니다.

그렇다면 본문 전의 내용 즉, 마가복음 4:35-41절에서 풍랑을 잠잠하게 한 기적을 생각해야 합니다. 다시 말하면 광풍과 파도를 향해 잠잠하라, 고요하라고 말씀하신 권위 있는 말씀이 이미 이 사람에게도 들려졌다는 사실입니다.

그래서 이 귀신들린 사람은 예수님이 하신 말씀을 이미 알고 있었다는 것입니다. 바다의 풍랑과 이 사람의 외침이 비교가 되고 거친 풍랑을 잠잠케 한 주님의 사역이 더러운 영을 좇는 명령으로 이미 선포된 것입니다.

겉으로는 무난한 대화처럼 보이지만 내면은 이미 참 사람의 존재와 거짓으로 가득한 존재끼리 날선 투쟁이 이미 시작된 것입니다. 그렇지만 주도권은 예수님에게 있습니다. 큰 소리를 지른다고 해서 이기는 것 아닙니다. 자기 몸을 상하게 하면서 겁을 주어(옛날 양아치들의 몸 문신과 칼자국) 상대방을 움찔하게 만들지만 속이 꽉 찬 사람에게는 통하지 않습니다. 예수님은 그래서 조용하게 명령하셨습니다. 바다의 신을 꾸짖듯이 조용히 나오라고 명령하셨습니다.

다섯째, 정체가 밝혀짐 5:9

예수께서 네 이름이 무엇이냐?" 하고 물으시자 그는 "군대라고 합니다. 수효가 많아서 그렇습니다. '너의 이름이 무엇이냐?'라는 질문은 이름을 아는 것이 상대방(적대자이든)- 혹은 적대적 영의 존재이든-에 대한 우위와 권세를 나타내는 것이라는 고대 근동의 신념과 관련이 있습니다. 예수님은 완강하게 반항하는 귀신의 이름을 밝힘으로써 그 귀신의 정체를 폭로하고 그 반항하는 존재보다 우위에 있는 권세자인 것을 나타내고 있습니다.

대답합니다. "나의 이름은 레기온입니다." -앞에서 귀신들린 사람의 폭력성이 어디에서 왔는지에 대해서 설명한 것처럼-, 그의 대답은 '나는 군대입니다. 우리의 수가 많기 때문입니다'라고 대답합니다.

비로소 그 사람의 막강하고 제어할 수 없는 폭력성에 대한 이유가 제시되고 있습니다. 그 이유는 바로 그에게 들린 귀신의 이름이 '군대', 즉 '레기온'(λεγιὼν)이라는 데서 드러납니다. 귀신의 이름이 '레기온'이라는 것은 1세기의 로마제국 치하의 상황을 고려할 때 대단히 큰 의미를 갖고 있습니다. 본문에서 그 단어의 일차적 의미는 수가 많다는 것이고, 본문의 사회-정치적 상황에서 그 단어(레기온)는 로마제국의 군단(5,000~6,000명의 군인으로 구성된 군대)을 가리키는 말입니다. 따라서 '레기온'은 막강한 군사적 힘을 의미합니다.

본문의 삶의 정황이 1세기 로마제국의 치하라는 점을 고려하면 좀 더 의미가 분명해지는데, 악마적인 세력에 대항하는 예수님의 싸움과 관련해서 본문에서는 정치적, 군사적 차원도 반영되어 있다고 볼 수 있습니다.

이 이야기를 듣는 청중들은 즉각적으로 '레기온'이라는 라틴어가 무엇을 의미하는지 인식했을 것입니다. 왜냐하면, 로마 군대가 자신들의 마을을 무자비하게 공격하고, 그들의 집을 불태우고, 사람들을 학살하거나 노예로 삼고, 그들의 재산을 약탈하는 것을 최근에 경험했기 때문입니다. 그 사람을 사로잡고 있는 귀신의 이름이 '레기온'이라는 대답에서 실제로 인간답게 살지 못하게 하는 더러운 영이 사람들을 억압하고 공동체를 파괴하는 사회적 환경이 로마제국의 억압적이고 폭력적인 지배에서 비롯된다는 것을 생각해 볼 수 있습니다. 여러 학자들은 레기온의 의미가 로마제국의 사회적이고 정치적 그리고 문화적인 분야에서 자행되는 억압적인 식민지 지배라는 것에 동의합니다.

레기온의 군사적 의미는 돼지 떼에 대한 묘사에서도 나타납니다. 마가는 돼지 떼의 숫자를 이천 마리라고 구체적으로 밝히는데, 돼지 떼의 숫자가 이천 마리였다는 것은 마가복음에만 나옵니다. 그것은 당시 사람들이 일반적으로 치던 돼지 떼의 숫자보다 훨씬 많은 숫자입니다. 이것은 로마제국의 억압적 통치가 식민지 사람들에게 얼마나 큰 상처와 아픔을 주고 있는가를 그 군대 귀신에 포로가 된 사람을 통하여 표현한 것이라고 생각합니다.

그러므로 본문에서 한 사람이 귀신이 들린 것을, 복잡한 삶의 환경이 그를 인간답게 살지 못하도록 억압하고 폭력적으로 간섭하는 악마적인 배경과 삶에서 어떤 힘이 관여하여 작용하는 실제적인 억압, 차별, 배제, 폭력으로부터 자유롭지 못한 한 인간을 설명하고 고발하고 있습니다.

21세기를 사는 우리들의 삶에서 우리는 거대한 무엇인가가 우리들을 억누르고 있는 것을 압니다. 그래서 '피로사회'라고 합니다. '감시사회'라고 표현하기도 합니다. 이런 것과 관계없이 어떤 분들은 탐닉에 빠져 스스로 군대 귀신같은 어떤 것들에게 달려가고 있습니다. 뉴스를 보면 사람의 육체와 정신을 몰락시키는 약에게 중독되어서 성폭력을 저지르고도 자신이 무슨 짓을 했는지도 모르는 블랙아웃의 상태를 보도로 듣습니다. 그런가 하면, 조그마한 일에서 조차 인간다움을 포기하는 비상식적인 사람들의 욕망들을 봅니다.

이런 사실에 대해서 사람들은 쉽게 비난 할 수 있습니다. 비판할 수 있습니다.

그렇지만 시대가 그럴수록 우리에게는 더 크고 무거운 의무가 있습니다. 도저히 사람답게 살 수 없는 곳에서도 그리스도의 사랑을 나누는 자들을 우리는 그리스도인이라고 불렀습니다. 그것은 스스로든지 아니면 어떤 방식으로든지 내가 예수님을 만나고 그에게 나를 맡겼다는 자기 고백이 있었기 때문에 우리는 지나칠 수 없습니다. 초대 교회의 그리스도인들은 그리스도의 복음으로 이런 세상을 변화시켰기 때문입니다.

10-12절입니다. 한 사람과 그 지방을 군사적인 힘과 로마적 가치로 억누르던 '레기온' 귀신도 결국 예수님의 주도적인 영적 권세를 인정합니다. 그리고 자기가 쫓겨날 것을 두려워하며 자기를 이 지방에서 쫓아내지 말기를 간절히 구합니다.

왜 그럴까요? 고대 사회에서 귀신들이 위치를 옮기는 것을 두려워하는 것은 그들이 원래 있었던 장소로 돌아가는 것에 대한 두려움의 표현이라고도 볼 수 있습니다. 본문은 귀신들이 예수에게 간절히 부탁합니다. '간청하다'라는 단어는 병자들이 예수께 와서 간청할 때 쓰는 단어인데(1:40, 7:32, 8:32) 아주 어려운 상황에서 예수께 요청하는 단어입니다.

예수님이 허락하자, 더러운 귀신들은 나와서 돼지들에게로 들어갔습니다. 그런데 갑자기 거의 이천 마리나 되는 떼가 바다를 향하여 비탈로 내리달려 바다에 몰사했습니다. 여기서는 재산상의 손실을 말하려는 것이 아닙니다. 그만큼 악한 세력의 강함과 다수의 폭력적인 것이 무너진다는 사실을 강조하는 것입니다.

여기서 돼지의 숫자를 구체적으로 밝힌 것은 그 귀신의 정체를 레기온과 관계시킨 저자의 의도 때문입니다. 떼로 이동하지 않는 돼지들의 속성을 생각할 때, '돼지의 떼'라는 단어는 '군사들'을 일컫는 용어입니다. '허락하신데'라는 단어나 비탈로 '내리달렸다'는 표현도 병사들이 전투장으로 돌진하는 모습입니다.

돼지 떼가 바다로 치달려 물에 빠져 죽었다는 것은 군대가 전쟁을 치른다는 이미지를 기억나게 합니다. 여기서 바다는 로마 군대가 시리아와 팔레스틴 지역을 정복하기 위해 넘어온 지중해를 암시하는 것처럼, 돼지 떼가 바다 쪽으로 돌격해서 마침내 바다에서 익사했다는 표현은 바로의 군대가 이스라엘 민족들을 쫓아가다가 홍해에서 몰사했던 출애굽기(출 15:1-10)의 기억을 불러일으킵니다.

이렇게 사람들을 '억압하고 괴롭히는 배후'에는 분명히 세상의 권세들과 하늘의 사악한 통치자와 권세자들이 있습니다(엡 6:12, 골 2:15). 악한 영으로 불리는 더러운 영은 광명한 천사(고후 11:14)로 가장해서 전 세계를 속이고 있습니다(계 12:9). 사실 더 놀라운 것은 가랑비에 옷이 전부 젖는다는 말처럼, 별것 아닌 것처럼 여겨지는 것들이 사람들에게 작용해서 신앙에 대해 부정하고 욕하고 의심하게 합니다. 그래서 믿음에서 떠나게 하고 교회를 멀리하게 만듭니다. 우리 신앙의 중심인 교회에서 분명히 잘못된 것은 드러나야 하고 뜯어 고칠 것은 고쳐야 합니다. 그런데 잘못된 것에 영향을 받아서 신앙을 소홀하게 할 변명거리로 만들어서는 안 됩니다.

귀신은, 수천의 귀신 집단을 뜻하는 레기온은 한 개인에게 혹은 지역에 자리 잡고 활동을 합니다. 아마 거라사 사람들은 어떤 식으로든 귀신의 책동을 경험했을 것입니다. 더러운 영의 모사와 궤휼이 교회 안에서 떼를 지어서 서로가 옳다고 주장하며 서로를 손가락질 하며 주님의 몸을 더럽게 만듭니다. 그러나 우리는 예수님의 말씀과 명령에 순종하여 거룩한 교회와 신자가 되도록 노력해야 할 것입니다.

일곱째, 온전해진 사람 5:14-15

그 지역에서 도망쳐 나온 목자들로부터 이 사건에 대한 소식을 전해 들은 사람들이 예수님에게로 옵니다. 그리고 이미 옷을 차려입고 자기 정신으로 돌아와 앉아 있는 그 귀신들렸던 사람을 봅니다. 15절의 사람은 2-5절에서 묘사하는 그 사람의 처음 모습과 완전히 대조적입니다. 귀신 들렸을 때의 격렬한 광기가 사라진 남자의 온전하고 평온한 모습은 4:35절 이하에서 풍랑을 잠잠케 한 이후의 고요함과 다르지 않습니다. 그래서 예수를 제대로 만나면 이렇게 변합니다. 이 사람처럼 극적으로 변화되기도 하지만 서서히 변하는 경우가 더 많습니다. 일신우일신(日新又日新) 이라는 말처럼 매일 매일 조금씩 달라집니다.

제임스 스미스는 『습관이 영성이다』라는 책에서, 우리의 굶주림이 취하는 방향은 새로운 식습관으로 바뀌어서 습득된다고 했습니다. 즉, 새로운 습관을 새겨 넣을 때 방향은 습득되어지고 실천을 시작하게 만든다는 말입니다. 우리 마음의 근육을 움직이게 하고 행동하는 방식을 좌우하는 근본적인 욕망을 훈련시키는 습관을 반복적으로 하는 영적 운동이 필요하다는 뜻입니다.

뿌리 깊은 습관이 바뀔 수 있도록 훈련과 먹는 과정을 잘 받아들여야 합니다. 교회는 거룩하게 하시고 변화시키는 하나님의 가르침을 배우고 가르치는 곳이며 배우고 실천하는 공동체입니다. 이것은 온전한 사람이 하는 곳이 아니라 온전해지기를 바라는 사람이 참여하는 곳입니다. 많은 사람들이 착각하는 것이 있는데, 스스로를 잘하고 있다고 여겨서 남을 속으로 우습게 보는 것과 반대로 전혀 못하고 있어서 필요 없는 존재라고 생각하는 것입니다. 둘 다 온전하지 못한 것입니다.

예수님과의 만남은 먼저 이런 생각들을 바꾸어 줍니다. 더러운 귀신의 정체를 분명히 인식하여 솔직하게 나를 바라보고 나쁜 습관들을 몰아내고 날마다 훈련할 때, 부활에서 일어난 새로운 생명이 나를 완전히 사로잡습니다. 그러면 완전히 소외되고 버려진 삶에서 희망이 가득 찬 새로운 옷과 시각을 가질 수 있습니다. 사람들은 귀신들렸던 사람을 봅니다. 예수님에 의해 새로운 옷을 입게 된 사람을 봅니다. 이제 사람들은 이전과는 다르게 이 사람을 볼 것입니다.

여덟째, 같지만 다른 한 사람 5:16-20

더러운 영은 진실하고 거룩한 사람이 옆에 있으면 그 사람을 축출하려고 합니다. 적대감으로 대항합니다. 많은 사람들은 예수님이 떠나가기를 원하지만 한 사람은 그렇지 않았습니다. 예수님과 함께 있도록 그에게 간청합니다. '예수와 함께' 하는 것은 단순히 예수의 추종자가 되는 것만을 의미하지 않습니다. 이것은 마가복음 3:14절처럼 예수님이 부른 열두 제자에게만 부여된 특권적인 자리에 있는 것을 의미합니다.

그러므로 귀신 들렸던 사람은 이제 예수님의 제자들처럼 따라다니기를 원하고 있습니다. 그러나 예수님은 이를 허락하지 않고 그에게 새로운 임무를 줍니다. "네 집으로 가서 주께서 너에게 자비를 베푸시고 너에게 행하신 모든 일을 이야기하라"(19절). 이것은 앞에서 예수님이 침묵하라고 하신 말씀(1:25, 34, 44, 3:12)에 비하면 예상 밖의 명령입니다.

20절 말씀입니다.

> "그가 가서 예수께서 자기에게 어떻게 큰 일 행하셨는지를 데가볼리에 전파하니 모든 사람이 놀랍게 여기더라."

귀신 들렸던 사람은 예수님이 자기에게 행한 일을 데가볼리에 전파합니다.

예수의 말에서 우리는 치유 사역의 목표를 알아차리게 됩니다. 예수님의 치유의 목표는 전인적(육적이며 동시에 영적)이며 또한 통전적(개인적이며 동시에 사회적)입니다.

누가복음 2:52절에서 이렇게 말씀합니다.

"예수는 지혜와 키가 자라가며 하나님과 사람에게 더욱 사랑스러워
가시더라."

그 사람은 예수님과 함께 있기를 원하는 데까지 영적인 건강을 얻었
습니다. 그리고 자기를 버렸던 사회로 돌아가 지금까지 단절되었던 관
계의 회복하고 다른 사람들에게 예수님을 전해 주었습니다. 이런 사실
은 주께서 행하신 큰 일이며 주께서 그 사람을 불쌍히 여기신 결과입
니다. 우리는 한 영혼이 소중하다는 것을 다시 한 번 깨닫습니다.

여기서 19절의 '불쌍히 여기다'는 동사는 어원적으로는 하나님이
요구하는 것으로써 사람이 사람에 대하여 가져야 할 태도를 가리키는
말입니다. 참담하고 불행한 운명의 사람들을 구원하여 온전한 사람이
되게 하는 하나님의 구원 활동을 가리키고 있습니다.

나가는 말

우리는 본문을 통해서 예수님이 과연 어떤 분이신가를 깨달았습니
다. 그는 진실로 하나님의 거룩한 성령에 의해서 우리를 깨끗하게 하
시는 분이시며, 주님이십니다. 로마제국을 다스려서 사람들의 자유를
억압했던 로마의 시저가 아니라 하나님 나라의 새 주인이며 창조자이
신 새로운 주님을 소개합니다. 예수님은 사람을 귀신의 지배로부터 해

방시켜서 인간이 자유롭게 살아가도록 기쁨을 주십니다. 우리에게 기쁨이 없으면 참 자유가 있을 수 없습니다.

교회는 예수님을 만나는 곳이어야 하며 기쁨이 가득해야 합니다. 기쁨이 있고 자유함이 있는 교회여야 합니다. 이 말은 교회 '존재'를 강조하는 것이 아니라 '되어야 한다'는 것을 강조한 말입니다.

그리고 교회에 있지만 예수 안에 있지 못했던 어제의 내가 아닌 전혀 다른 새 사람을 만나는 곳이 교회입니다. 부정적인 의미에서 다른 사람이 아닙니다. 생각해 보면 거라사의 광인과 같은 동네에서 사는 사람들은 이 사람을 위해 해 준 것이 없습니다. 그러나 변화된 한 사람은 그런 것에 신경을 쓰지 않습니다. 과거에는 동네 사람들과 같은 사람이었으니까요. 이제부터 하나님 나라는 예수를 만나 혁명적인 변화를 겪은 이런 사람에 의해서 이루어져 갑니다. 우리가 볼 때 우리 교회에 오면 안 될 것 같은 사람, 사회에서 겪어보니까 별로인 사람, 자기 이익만 챙기는 사람, 이런 사람들이 예수님을 만나 변화되는 기적이 있어야 하는 것입니다.

이방인이 거주하는 곳에서의 선교사역은 귀신 들렸던 이 한 사람에 의해서 준비되고 있습니다. 그리고 이런 일이 사람들에 의해서 기이하게 여겨졌다는 사실입니다. 우리는 작을지라도 주님의 놀라운 일들을 진행할 수 있는 교우들과 교회가 있습니다. 주님의 교회는 머물러만 있고 감상만 하는 정원이 아닙니다. 하나님 나라는 새로운 정체성을 지향하고 있기 때문에 계속해서 퍼서 나누어 주어야 합니다. 우리에게 다가오는 어떤 장애물들이 있고 편견이 있고 무시와 거절이 있을 수도 있습니다.

교회는 소명이 있는 교회입니다. 하나님의 명령을 받은 교회입니다. 사명을 받은 교회는 하늘을 바라봅니다. 하나님이 주시는 지혜와 판단 그리고 용감함을 가지고 영원히 목마르지 않는 주님이 부어주시는 생명의 생수를 이웃에게 전해 줍니다. 낙심자와 불신자에게, 그리고 사회로 나가서 내가 받은 생수와 자유의 복음을 전해 주시기 바랍니다. 다가서기 힘든 벽들과 편견이 있어도 우리 앞에 있는 한 사람을 치유할 때 그 사람과 그를 아는 여러 사람들이 예수의 자유롭고 기쁜 영의 사람으로 행복하게 변화됩니다.

우리는 스캔들이라는 말을 자주 듣습니다. 이 말은 대개 추문, 수치, 남부끄러운 일로 번역되지만, 십자가의 사건인 "스칸달론"(여기서 스캔들이 나왔다.)은 그런 뜻이 아닙니다. 예수님이 달린 십자가의 "스캔들"은 한 사람을 걸려 넘어지게 해서 예수의 사람으로 근본적인 뿌리부터 변화시킨 사건이었습니다. 더러운 영이 가득한 한 사람이 예수님을 만난 후 그의 삶이 통째로 바꿔버리는 근본적인 변화를 가져왔지 그냥 만나 본 경험이 아니었습니다.

신자들 중에도 대부분 예수님을 만난 경험을 이야기합니다. 그렇지만 그들의 경험은 추억 속에만 존재합니다.

그러나 본문은 분명하게 변화된 한 사람을 증언하고 있습니다. 그는 예수님을 만난 경험으로 끝나지 않습니다. 추억을 간직한 채 생활하지 않습니다. 그는 자신의 동네로, 사람들 속으로 들어가 예수님을 전합니다.

우리는 이 사람처럼 우리의 변화 과정을 듣고 싶은 마음이 들게 하는 사람이어야 합니다. 그리고 아름다운 꽃을 피우기까지 자기에게 일어난 변화의 "스캔들"을 흥미롭게 전하는 그런 사람이 되어야 합니다. 하나님의 교회는 지나가는 듯이 가볍게 주님을 경험한 사람으로부터 시작하지 않습니다. 예수님의 "스캔들"로 변화된 그 한 사람으로부터 시작합니다. 아멘.

3.
죄인인 여자에게 하신 예수님의 놀라운 말씀

누가복음 7:36-50

들어가는 말

권력이란 개념이 언제부터 만들어졌냐고 인공지능에게 물어보았습니다. "권력이란 개념은 인류가 사회를 이루기 시작한 이래 존재해온 개념입니다. 권력은 어떤 사람이나 집단이 다른 사람이나 집단을 지배하거나 통제하는 능력을 의미합니다. 권력은 정치, 경제, 사회, 문화 등 다양한 분야에서 나타납니다." 그리고 "권력의 개념은 고대 그리스 철학자 아리스토텔레스에 의해 체계적으로 정립되었습니다. 아리스토텔레스는 권력을 정치적 권력과 도덕적 권력으로 구분했습니다. 정치적 권력은 강제력을 바탕으로 다른 사람을 지배하는 권력이며, 도덕적 권력은 다른 사람의 동의를 바탕으로 다른 사람을 지배하는 권력입니다."라고 가르쳐 줍니다.[1]

이러한 권력 개념이 생긴 이래 인간은 여러 종류로 나눕니다. 모든 사람은 평등하다고는 하지만, 실제로는 인종에 따라, 민족에 따라, 차별하고 배제합니다. 심지어 전쟁에 패배한 사람들을 노예로 삼고 사람으로 여기지 않았습니다. 칸트는 인간을 '이성'을 가진 존재라고 했습니다. 이 말은 이성적 인간은 생각하고 이성으로 판단하여 행동하기 때문에 인간 자신만의 목적을 가지거나 희망하며 산다는 뜻입니다.

그런데 인류학에서는 '인간'과 '사람'을 구분합니다. 인간이지만 사람이 아닌 경우가 있다는 겁니다. 김현경은 이렇게 말했습니다.

> "예를 들어 태아, 노예, 군인, 사형수입니다. 이 중에서 '노예'는 인간이지만 사람은 아니었습니다. 그들은 언제나 사회에서 배제됐고, 자유는 억압당했습니다. 그들은 사람이 아니었기 때문에 일종의 생각하는 물건 정도의 취급을 당했습니다. 노예가 죽었을 때는 의례를 치루지 않고 '치워버립니다.' 왜냐하면 노예에게는 온전한 성인 패밀리 네임이 없기 때문입니다. 그렇다면 인간이 아니라 사람이 되기 위해서는 어떤 조건이 필요할까요? 사람은 공동체 안에서 이름을 불러주고 그 사람을 위해서 자리를 내어주고 공동체에서 인정해주고 공동체의 구성원이 될 때 사람으로 인정됩니다. 그러나 역사적으로 수많은 사

람들이 사회로부터 충분한 환대를 받지 못했고 공동체의 구성원이 되지 못했습니다. 계급 사회에서는 하층민들과 노예가 그랬고, 흑인들이 그랬습니다. 2차 대전 당시 독일의 나치즘 아래에서 고통받았던 유태인들은 정해진 시간에만 나올 수 있었고, 유태인이라는 표식(노란 별)을 해야 했습니다."[2]

이렇게 사람을 차별하고 구별하는 구조는 현대의 자본주의 체제하에서는 더 교묘하게 실행됩니다. 고대에서도 당연하게 있었습니다. 동서고금을 막론하고 여성은 세상의 반을 차지합니다. 고대 그리스의 데모스테네스는 "우리에게는 영혼의 기쁨을 누리기 위해서 여자 친구들이 있으며 육체적 쾌락을 누리기 위해서 처녀들이, 우리의 혈통을 잇고 집을 지켜주기 위해서 주부들이 있다."라고 말했습니다. 그가 남긴 이 말은 당시 여성의 지위가 어떠한지 그대로 보여주고 있습니다.

예수님이 활동하던 시대에도 그리고 점점 기독교가 체계화되고 성장하던 시대에도 여성은 대체로 남성에게 종속된 존재로 살았습니다. 사회는 남성 중심적이고 가부장적 체계로 구성되었습니다. 이러한 구조와 체제는 별다른 저항 없이 그대로 받아들여졌고 사회와 사람들에게 내면화되었습니다. 그 결과 여성에 대한 차별은 만연하였고 여성이 누릴 수 있는 권리는 제한되었습니다.

"역사가 요세푸스의 여성에 대한 인식입니다. 율법은 여성이 남성보다 열등하기 때문에 남성들에게 복종해야 한다, 유대 철학자인 알렉산드리아의 필로는 여자는 연약한 존재이기 때문에 집 안에서 격리된 생활을 사모해야 한다, 당시 현인으로 알려진 벤 시라의 말은 더욱 엽기적이다. '옷에서 좀이 나듯이 여자에게서는 여자의 심술이 나온다. 여자의 친절보다는 차라리 남자의 심술이 낫다. 여자는 치욕과 비난을 자아낼 뿐이다.'"[3]

이것이 당시 여성들에 대한 인식입니다.

특히 종교가 사회의 구조를 지배하던 시대에는 더욱 엄격하게 차별하였습니다. 유대교 내에서는 여러 가지 정결법과 규약들을 가지고 사람을 차별하였습니다. 더욱이 여성이 죄를 지은 사람이라면 그 여성에게 맞는 사회에서의 자리는 없습니다. 왜냐하면 유대교에서 제의의 영역에서는 부정하기 때문입니다.

그러나 누가복음에서 예수님이 바라보시는 여성에 대한 관점은 특별합니다. 예수님은 사회적으로 소외당하고 고통당하고 있는 여성들을 바라보셨고, 찾아가 대화하셨으며, 손을 내밀어 주셨습니다. 특히 누가복음에는 다른 복음서에서 등장하지 않는 많은 여성들이 등장하고 있습니다. 예수님은 여성들이 다가올 때 자리를 내주고 인정해 주고 함께 동행해 주셨습니다.

본문에서 예수님은 사람으로 대우받지 못한 여성에 대해 환대하고 인정해 주고 믿음에 대해 크게 칭찬해 주었습니다. 예수님을 만나면 어느 누구라도 변화되고 새롭게 태어납니다. 예수님 당시에는 여성을 소외시키고 차별하고 배제했습니다. 하지만 예수님에 의해 여성은 사람다운 대우를 받고 환대를 받았습니다. 본문 속으로 들어가겠습니다.

첫째, 바리새인이 예수님을 식사에 초대함 7:36

누가복음 7장을 보면 예수님은 백부장의 종을 치유하고 나인성 과부의 아들을 살려주심으로 병과 상실로 인해 고통당하는 백성들에게 기쁨을 주십니다. 예수님의 긍휼하심과 자비로운 방문과 만남으로 사람들은 슬픔이 변하여 기쁨이 됩니다. 예수님께서 병을 치유해 주고 귀신을 쫓아내 주십니다. 그래서 걷지 못하던 사람들이 걷게 되고 나병 환자들의 피부가 깨끗하게 치료됩니다. 그리고 죽은 자가 살아나고 가난한 자들에게 복음이 전해집니다.

이 사실은 예수님이 이사야 61:1-2절에서 예언한 "기쁜 소식"을 전하도록 기름 부은 받은 메시아임을 증명합니다. 예수님의 사역으로 새로운 삶을 얻은 사람들 때문에 온 유대와 사방에 두루 소문이 퍼집니다(눅 7:17). 예수님께서 행하신 사역은 사람들에게는 기쁨을 주었고 하나님께는 영광이 되었습니다.

그런데 예수님의 말씀을 들은 자들은 이미 요한의 세례를 받았습니다. 이것은 하나님이 계획하신 구원에 관한 사역이 세례요한과 예수님을 통해 진행되고, 또 하나님의 방식대로 예수님을 통해서 성취됨을 보여줍니다(눅 7:29). 그러나 바리새인과 율법교사들은 요한의 세례를 받지 않고, 또 예수님의 구원을 위한 사역도 거부하며 하나님의 뜻을 저버립니다. 누가복음 7:30절 말씀입니다.

"바리새인과 율법교사들은 그의 세례를 받지 아니함으로 그들 자신을 위한 하나님의 뜻을 저버리니라."

이러한 바리새인들 가운데 "어떤 바리새인"이-그의 이름은 시몬(40절)- 예수님과 식사하기 위해 자기 집으로 초대합니다. 36절입니다.

"한 바리새인이 예수께 자기와 함께 잡수시기를 청하니 이에 바리새인의 집에 들어가 앉으셨을 때에"

바리새인은 본문에만 4번 언급됩니다(36/2번, 37, 39절). 누가복음에서 바리새인이 예수님을 3번이나 식사자리로 초대할 때(눅 7:36, 11:37, 14:1) 예수님은 바리새인의 초대에 거절하지 않고 들어가서 함께 교제합니다. 예수님을 초대한 바리새인은 예수님을 선지자로도 인식하지 못하고 선생님으로 알고 초대했습니다. 바리새인은 예수님을 판단할 때 자신들이 귀하게 여기고 철저하게 지켰던 정결법과 성결규례에 비춰보았습니다. 그리고 어긋난 사람으로 보지 않았습니다. 그래서 예수를 '선생님'으로 부르고 초청했습니다(40절).

바리새인의 이런 판단과 행동은 철저하게 자기들의 정체성을 규정 짓는 율법의 해석에 근거해서 하는 결정이며 행위입니다. 바리새인들은 매일 일상생활에서 같이 먹는 사람이 누구인지, 그리고 먹는 음식이 무엇인지에 관한 정결을 강조합니다. 그들의 규정에 따라 사람들을 '판단하고', '구별하고', 그리고 '낙인을 찍'습니다. 상대에 따라 환대할 사람과 무시할 사람을 구분하여 상대합니다. 그렇다면 왜 바리새인이 예수님을 초청했을까요?

누가복음 11:53-54절에서 "거기서 나오실 때에 서기관과 바리새인들이 거세게 달려들어 여러 가지 일을 따져 묻고 그 입에서 나오는 말을 책잡고자 하여 노리고 있더라."는 말씀을 봅니다. 바리새인은 예수를 적대시하며 책잡을 만한 증거를 노리고 있었는지도 모릅니다. 그러나 이것은 너무 바리새인 시몬을 부정적으로 본 것입니다. 그러면 무슨 이유일까요?

이 사람은 앞에서 언급한 바리새인과 율법학자들처럼 예수님에 대해 적대감을 갖고 대하지 않았습니다. 이 바리새인은 7:16절의 "모든 사람이 두려워하며 하나님께 영광을 돌려 이르되 큰 선지자가 우리 가운데 일어나셨다 하고, 또 하나님께서 자기 백성을 돌보셨다 하더라."의 말씀처럼 군중들의 판단을 의지해서 예수님이 정말 그런 분인지 알고 싶었습니다.

그러나 그는 '여기까지'였습니다. 누가복음 7:32절에서 예수님이 한

탄하신 것과 같이 새로운 시대가 오고 있는 전조를 보고도 자기의 범주 안에 있는 인식의 한계를 드러냅니다.

우리도 마찬가지입니다 나를 뛰어넘는 '체력'과 '관계' 그리고 '생각'의 도약(leap)이 필요하며 그것을 위해 무엇인가 해야 합니다. 그것을 위해 먼저 내가 정해 놓은 어떤 울타리, 범위, 경계, 또는 선을 넘어야 합니다. 이 '선'을 넘어가는 용기와 판단력이 필요합니다. 내가 무엇부터 뛰어넘을지 생각해 보시기 바랍니다.

둘째, 죄를 지은 한 여자가 나타남 7:37

예수님은 바리새인의 식사 초청에 응하고 그 집 안으로 들어갑니다. 그들은 헬레니즘 방식으로 식사를 하려고 테이블에서 멀리 떨어져 있는 상태에서 옆으로 기대었습니다. 그런데 바리새인들은 성전 외부에서, 그리고 개인의 가정에서도 성결의 율법을 지켜야 한다고 주장했습니다. 바리새인은 예수님과 일행에게 관습에 따른 정결의식에 필요한 것을 제공하지 않았습니다. 모두 생략되었습니다. "환영의 입맞춤(창 33:4, 45:14, 46:29, 눅 15:20, 행 20:37)과 손과 발을 씻을 물과 감람유를 주어야 합니다. 즉 환영의 입맞춤, 발 씻을 물, 그리고 머리에 바를 감람유를 집주인인 바리새인이 손님에게 제공해 주어야 합니다."[4] 그러나 바리새인 시몬은 이것들을 제공하지 않았습니다.

그때 만찬이 시작되려는 즈음에 한 여인이 나타납니다. 그것을 우리는 보아야 합니다. 37절 말씀입니다.

> "그 동네에 죄를 지은 한 여자가 있어 예수께서 바리새인의 집에 앉아 계심을 알고 향유 담은 옥합을 가지고 와서"

먼저 이 여인이 어떻게 시몬의 집에 들어올 수 있었는지 궁금합니다. "고대 중동 지역의 문화에서는 집의 문이 활짝 열려있어서 식사에 초대받지 않은 사람들도 자유롭게 드나들 수 있었습니다."[5] 그래서 37절에서 '여자가 들어갔다'고 하지 않습니다.

본문에서는 이 여인이 누구이며 하는 행동과 상태를 묘사합니다. 어떤 영어 성경에는 'then'으로 번역되었고, 'behold'는 생략되었습니다. 헬라어 "καὶ ἰδοὺ"가 "그리고 보라, and behold"로 번역이 되었습니다(Geneva Bible). 이 여인의 지금 모습을 보라는 것입니다.

이 여인은 '죄를 지은' 여인입니다. 이 여인이 죄인임을 동네에서는 모두 알고 있습니다. 본문에서 바리새인도 그렇게 생각하며(39절), 예수님도 그렇게 인정합니다(47절). 이 여인의 행동을 보고, 또는 '그 동네에 죄를 지은'으로 묘사하는 이 여인을 보고 성적인 범죄 즉 '창녀'라고 생각할 수 있지만, 그러나 그 죄가 무엇인지에 대해서 어떤 단서도 제공하지 않습니다. 어쩌면 가난으로 인해 몸을 팔지라도 생존을 위해서는 수치스러운 일에도 뛰어들 수밖에 없는 여인일 수 있습니다.

이 여인은 예수님이 바리새인 집에 계심을 알고 그곳으로 갑니다. 죄인인 이 여인이 그곳에 갈 수 있었던 이유는 예수님에 대해 알고 있기 때문입니다. 누가복음은 예수님을 이렇게 소개합니다. 첫째, "예수께 대한 이 소문이 온 유대와 사방에 두루 퍼지니라."(눅 7:17). 둘째, "인자는 와서 먹고 마시매 너희 말이 보라 먹기를 탐하고 포도주를 즐기는 사람이요 세리와 죄인의 친구로다 하니"(눅 7:34)입니다. 즉, 예수님에 대한 소문과 그가 사람을 차별하고 배제하지 않는다는 것을 알고 있습니다. 그런 면에서 누가복음을 "여성의 복음"[6]이라고 부릅니다.

이 여인이 예수님에 대해 알고 있는 것을 생각해 보겠습니다. 이렇게까지 용감하게 행동할 수 있는 원인은 예수님에 대해 '알고 있는' 것이 확실하기 때문입니다. 누구나 '이런 행동'을 하기까지는 어떤 동기가 있기 때문에 자기의 생각대로 용기 있게 행동할 수 있습니다. 한번도(?) 예수님을 만나지 못했지만 '온 유대와 사방에 퍼진 예수님에 대한 소문'을 들었습니다. 예수님의 사역을 소문으로 들은 것을 확실하게 내 것으로 삼은 것인지, 아니면 한번이라도 예수님의 사역 현장에 있었던 경험이 있었는지는 모릅니다. 그러나 예수님에 대한 정보를 '내면화'(internalization) 시킨 것은 분명합니다. 즉, 듣고 본 것을 자기 내면에, 머리와 몸으로 '체화'시키는 것입니다. 그렇지 않고서는 이 여인의 행동을 이해하기 어렵습니다.

우리도 신자 개인이 만난 예수님에 대한 경험을 지식과 의지의 차원에서, 그리고 일상생활의 실천에서 '체화'(incarnation)하지 않으면, 그

신앙은 모래 위에 지은 집이 되거나, 외식하는 믿음, 또는 자기만족에 빠진 나르시스트적인 신자로 전락하기 쉽습니다. 이런 신자는 '생각'이나 '삶의 현장'에서 '역동적인 태도'를 보이지 못합니다. 냉소적이 되어서 구경꾼으로 전락하거나 비평꾼의 눈으로 판단합니다. 그러나 죄인인 이 여인에게는 이 기회에 '내면화'된 예수님에 대한 신앙의 지식과 확신을 직접 표현하고 싶은 열망이 가득했습니다.

우리들이 조금이라도 새롭게 변화의 삶을 시작하고 싶다면, 먼저 목적을 세우고 비전을 그리기보다는, 분명하고 정확한 개념을 세우고 그 개념을 잘 다지는 것이 중요합니다. 의지와 추진력으로는 삶의 행태를 바꿀 수 없습니다. 그런 분들은 망상해수욕장[7]으로 가셔야 합니다. 올바른 개념을 만들고 생각을 바꾸고 생각에 열정을 불어넣으시기 바랍니다. 그럴 때 삶과 믿음은 적절한 '페어링'(짝을 지어 연결됨)이 되어 놀라운 일들이 벌어지게 됩니다. 그래서 우리는 이 여인을 '보아야' (behold)합니다.

셋째, 죄지은 여인이 하는 행위 7:37-38

누가복음 7:37-38절을 보면, 바리새인 시몬에게 초대받지도 않은 죄인인 이 여인은 예수님의 발 곁에 서서, 울며 눈물로 그의 발을 적시어 자신의 머리털로 닦고, 그 발에 입맞춤을 하고 향유를 붓기 시작합니다. 이 여인은 예수님의 식사 테이블 때문에 앞에 서지 못하고 뒤 쪽, 즉, 발 곁에 서서 자신이 알고 있는 지식에 근거한 행동을 합니다. 그녀가 집중하는 부분은 예수님의 발입니다. 그리고 울음이며 자기의 머리털로 예수님의 발을 닦고 입을 맞추고 향유를 붓습니다.

바리새인은 예수님의 집에 들어왔을 때에 음식을 먹기 전에 손과 발을 씻을 물을 제공하지 않은, 즉, 정결예식을 제공하지 않은 무례를 저질렀습니다. 이것은 예수님을 선지자나 선생으로도 인정하지 않는 태도에서 나온 것임을 알 수 있습니다.

그러나 여인은 '몸을 파는' 오해를 사는 행동을 하면서도 예수님의 발을 닦고 입맞춤을 하고 향유를 붓는 것은 단순하게 공경의 의미로 하는 행동이 아닙니다. 여인의 이런 행위는 자신을 정결 제물로 드린다는 의미입니다. 또한 구원의 복음을 전하는 예수님의 사역에 대한 감사이며, 앞으로 자신도 구원 사역에 동참할 헌신의 의미로 발에 입맞춤을 한 것입니다. 그리고 발에 입맞춤은 예수님에게 복종과 경의를 표하는 것이며 예수님의 뜻에 전적으로 순종하겠다는 마음의 표현입니다. 또한 예수님만이 공경 받을 분이며, 내가 드릴 최고의 예물은 바로 '자신'임을 향유를 부음으로 여인의 속마음을 나타냅니다.

그리고 여인이 우는 것은 '피리를 불어도 춤추지 않고 곡을 하여도 울지 않는 세대'(눅 7:32)에서 말씀에 대한 반응입니다. 세례요한을 보내어 길을 준비하게 하여도 반응이 없는 시대에, 이 여인은 말씀에 반응하고, 말씀에 확신하여, 자기의 사랑과 헌신을, 그리고 회개의 눈물을, 복음의 기쁜 소식을 전하는 예수님에게 '지금' 용감하게 표현하고 있습니다. "인자는 와서 먹고 마시매 너희 말이 보라 먹기를 탐하고 포도주를 즐기는 사람이요 세리와 죄인의 친구로다 하니"(눅 7:34절)라는 말씀을 믿고 의지하여 예수님을 만나는 '지금'(now), 그리고 '여기서'(here), 자신에 대한 연민의 눈물을 흘립니다. 그리고 자신을 '받아달라는' '입맞춤'을 하므로 예수님께 온몸을 드려 투신하는 자기의 헌신과 사랑을 바치고 있습니다.

입맞춤을 받아주시는 예수님에 의해 이 여인은 사람다운 존재가 되었으며 새로운 세계로 들어갑니다. 이 여인은 마치 누가복음 15장의 집 나갔다가 다시 돌아온 탕자에게 입을 맞추시는 아버지처럼 여인의 입맞춤을 거절하지 않습니다. 예수님은 가룟 유다의 입맞춤도 거절하지 않으시므로 용서하며 받아주시는 무한한 사랑을 이 여인에게도 보여주고 있습니다. 사회적 제약과 편견으로 사람대접을 받지 못했던 죄인들이 예수님에게 다가서서 자신을 드리는 뜨거운 눈물에 의해, 거룩함의 입맞춤에 의해, 그리고 예수님의 몸을 씻는 정결 의식을 통해, 인생의 혁명적인 변화가 시작됩니다.

그러므로 바울은 고린도후서 11:2절에서 "내가 하나님의 열심으로 너희를 위하여 열심을 내노니 내가 너희를 정결한 처녀로 한 남편인 그리스도께 드리려고 중매함이로다."라고 말씀합니다. 예수 그리스도는 교회의 남편이며, 교회는 예수 그리스도의 아내라는 의미입니다. 교회가 예수님의 신부이며 아내라면, 교회는 예수 그리스도의 아내가 차려내는 예수님의 식탁이어야 합니다. 같은 밥을 먹고 함께 있는 공감의 장소로써 누구도 소외시키지 않고 받아주고 들어주며 울어주고 이야기를 하는 교회가 되어야 합니다. 철저하게 예수님에게 속했고 그의 말씀에 따라 춤을 추기로 작정하여 그에게 입을 맞추었다면, 주님의 말씀을 자기 유익을 구하는 것과 내면화에 집중하는 단계에서 한걸음 더 나아가 교회에 오지 못하는 이웃에게 기쁜 소식을 전하는 복음의 발이 되어야 합니다. 모든 인간들을 사람답게 인정하고 받아주는 사람다움의 환대가 일상에서 실천되어야 합니다.

넷째, 죄인인 여인의 행위에 대한 바리새인의 속마음 7:39

바리새인이 주인인 집이라는 '공간' 안에 바리새인, 죄 있는 여인, 그리고 예수님이 같은 공간 안에 있다고 해서 모든 점유자가 그 공간에 동일한 의미를 부여하는 것은 아닙니다. 같은 공간 안에 있다고 해도 사람과 관계를 맺는 방식이 다르면 그 공간은 차이가 있습니다.

예수님을 식사자리로 초대한 바리새인은 예수님을 어떻게 판단하고 낙인찍었는지 보여줍니다. "예수를 청한 바리새인이 그것을 보고 마음에 이르되 이 사람이 만일 선지자라면 자기를 만지는 이 여자가 누구며 어떠한 자 곧 죄인인 줄을 알았으리라 하거늘,"(39)의 말씀에서 바리새인이 생각하는 밑바탕을 제시해 줍니다. 바리새인은 예수님을 선지자로 인정하지 않습니다. 왜냐하면, 첫째, 선지자는 사람을 꿰뚫어 보고 숨겨진 것을 아는 능력을 가진 자로 알고 있습니다(삼상 9:19-20, 요 4:17-19). 둘째, 누가복음 7:16절에서도 예수님을 "큰 선지자"로 생각했습니다. 그러나 지금, 바리새인의 집에서 사회적으로 죄인으로 낙인찍힌 여인의 지속적 손길과 행동을 피하지 않는 예수님의 태도에서, 그리고 어떤 여인인지 알아보지 못한다는 점에서 예수님은 선지자가 될 수 없습니다. 그래서 바리새인은 예수님을 "이 사람"(Οὗτος, this man)으로 지칭합니다.

당시에는 'this man'은 비하의 뜻으로 사용되었습니다. 사람에게 'labeling'하는 관습이 있었습니다. 이것을 'labeling effect'(레이블링 효과)라고 합니다. '어떤 대상에 대해 갖고 있는 고정관념과 생각'입니다. 이 효과는 긍정적인 면과 부정적인 면을 동시에 갖고 있습니다. 예를 들어, 예수님은 사람들에게 긍정적으로는 "그리스도", "왕"(눅 1:35), "선지자"(눅 7:16, 39), "선생님"(눅 7:40, 8:49) 등으로 불렸습니다. 어떤 사람에게는 부정적으로 '귀신들린 자'로 불리기도 했습니다.

특히 영향력 있는 사람에 의해 '저 사람은 이렇다'라고 '특징지어 지면' 진실과 관계없이 강한 영향력을 발휘합니다. 당시의 바리새인은 영향력이 있었습니다. 따라서 자기들이 규정해 놓은 것들이나 전통적인 윤리를 따르지 않거나 반대하면 'labeling'을 했습니다. 이런 것입니다. "여자들은 숫자에 약하고, 너도 여자니까" 이런 것을 '젠더 편향'이라고 합니다.

바리새인은 도시에서 죄인으로 알려진 여인이 식사 테이블에 와서 하는 행동을 거절하지 않는 예수님에 대해 속으로 '낙인찍기'를 하고 있었습니다. 바리새인들에게는 일반인 및 자기 규정 밖에 있는 사람들과 함께 식사하는 것이 허용되지 않았습니다. 더구나 성적인 범죄를 지은 여자와는 상상할 수도 없는 것이었습니다.

집이라는 같은 공간 안에 이렇게 사람들이 있지만, 예수님을 중심으로 관계가 이루어지는 매개는 바로 '말'에 있음을 알 수 있습니다. 말에 구원이 있고 말에 배제와 차별과 낙인찍기가 일어나고 있습니다. 이것을 깨뜨리는 예수님의 놀라운 말씀이 여인에게 들어갑니다. 그리고 이 말씀이 여인을 살립니다.

다섯째, 바리새인의 속마음에 대한 예수님의 응답 7:40-47

명목상으로는 바리새인이 아니지만 실제로는 바리새인과 같이 'labeling' 작업에 열심인 사람들이 있습니다. 체면이 있어서 겉으로는 못하지만 속으로는 열심히 낙인찍기를 합니다. 편향된 관점에 박혀 있는 사람, 자기가 정한 범주 밖의 모든 것에 대해서는 강하게 부정하거나 거절하는 사람, 또는 신학적 도그마에 사로잡혀서 다른 관점을 받아들이지 못하고 독선적으로 고집하는 신자들을 볼 수 있습니다. 눈에 보이는 것만을 믿는 사람들은 그 사람에게만 있는 삶의 이야기를 알려고 하지 않으며 그 사람의 마음속을 보지 못하는 의도적인 실수를 합니다. 이러한 바리새인의 속마음을 예수님은 꿰뚫어 보셨습니다.

40절 말씀입니다.

> "예수께서 대답하여 이르시되 시몬아 내가 네게 이를 말이 있다 하시니 그가 이르되 선생님 말씀하소서."

예수님이 바리새인의 이름을 부르자, 바리새인 시몬은 예수님을 선생님(Διδάσκαλε, teacher)이라 부르고 예수님의 말씀을 잘 듣고 질문에 답변을 합니다. "바리새인 시몬은 예수를 '선생님'이라고 부르는 첫 번째 사람입니다. 누가복음에서 '선생님'은 언제나 외부인이 예수님을 부르는 방식입니다. 누가복음에서 제자들은 그렇게 부르지 않지만, 마가복음에서는 그렇게 부릅니다(막 4:39, 9:38, 10:35, 13.1). 이 호칭은 초기 유대교의 그리스어 문헌에서는 나오지 않지만, 이방인 그리스어 문헌에서는 종종 나옵니다. 본문에서 '선생님'은 아마도 랍비나 랍부니의 번역일 것입니다."[8] "누가복음에서 예수님을 '디다스칼로스'라고 부르는 사람은 21:7절과 22:11절 외에는 모두 제자들이 아닌, 무리속의 사람들입니다(7:40, 8:49, 9:38, 10:25, 11:45, 12:13, 18:18, 19:39, 20:21, 28, 39)."[9] 바리새인은 예수님께서 죄인인 여자에게 하신 태도와 행동을 보고 실망하여 예수님을 선생님이라고 불렀습니다. 예수님은 말씀을 이어 갑니다.

첫째, 40-43절입니다. 예수님은 대화의 주도권을 잡고 "내가 너에게 말할 것이 있다."라는 독특한 표현을 사용합니다. 마치 선생님의 권위를 가지고 학생을 대하듯이 말씀합니다. '채무자'를 가진 한 '채권자'(δανιστής)에 관한 비유 이야기를 합니다. 두 채무자는 각각 오백 데나리온과 오십 데나리온을 빚졌습니다. 이 사람의 채권자는 채무자들이 갚을 수가 없다는 것을 알고 다 탕감하여 줍니다. 예수님은 질문을 합니다. "이 둘 중에 누가 그를 더 사랑하느냐?" 바리새인은 탕감을 많이 받은 자라고 대답을 합니다. 예수님은 그 대답이 옳다고 합니다.

둘째, 44-47절입니다. 예수님은 여자를 돌아보면서 바리새인에게 말씀합니다. "죄인인 여인을 네가 보느냐?" 예수님은 바리새인 집에 들어오셔서 식사를 하시려고 할 때 자신에게 한 두 사람의 행동에 대해 자세하게 묘사합니다. 44-46절입니다.

> "그 여자를 돌아보시며 시몬에게 이르시되 이 여자를 보느냐? 내가 네 집에 들어올 때 너는 내게 발 씻을 물도 주지 아니하였으되 이 여자는 눈물로 내 발을 적시고 그 머리털로 닦았으며 너는 내게 입맞추지 아니하였으되 그는 내가 들어올 때로부터 내 발에 입맞추기를 그치지 아니하였으며 너는 내 머리에 감람유도 붓지 아니하였으되 그는 향유를 내 발에 부었느니라."

먼저 예수님의 첫 번째 비유에서 큰 빚을 진 사람이 받은 탕감은 바리새인이 사람으로 인정하지 않은 죄 있는 여인이 받은 용서를 비유한 것입니다. 예수께서 죄 있는 여인의 많은 죄를 이미 집에 오기 전에 용서했고, 자신의 만짐을 허락하셨습니다. 그리고 사람들에게 차별받았던 이 여인은 예수님이 어떤 분인지를 알고 다가서서 자신의 사랑을 드립니다. 또한 그녀는 채권자가 얼마나 은혜로운지 알고 있었습니다. 모든 빚을 탕감해 주었기 때문입니다. 그러므로 죄 있는 여인은 자신의 죄를 인정했습니다. 그래서 이 여인은 예수님을 '아는' 사람입니다.

그렇다면 작은 빚을 진 사람은 당연히 바리새인입니다. 그런데 이 사람은 빚을 진 사람임에도 불구하고 자신의 처지를 인지하지 못했고 자신이 죄인임을 '알지' 못했습니다. 큰 사랑을 받은 사람이 큰 빚을 진 사람임을 알았지만 작은 빚을 진 사람도 탕감 받은 것을 알지 못했습니다. 사람을 차별하고 예수님을 바로 알지 못하고 작은 빚을 진 바리새인 시몬은 "보지 못하는 사람"입니다.

예수님께서 바리새인에게 "보느냐"라고 하신 것은 여자가 한 일만을 보라는 것이 아닙니다. 어두운 지식 속에 갇혀 있는 '너'를 보라는 것입니다. 더 나아가 여자가 예수님께 한 행동을 보라는 것이 아닙니다. 하나님의 은혜와 사랑에 의해 새롭게 변화되어 어느 누구도 예상하지 못한 진실한 행동을 한 여인의 큰 사랑을 보라는 의미입니다.

만찬을 초대한 바리새인은 생명을 만들지 못하는 오래되어 낡은 시대의 사람으로 고정됩니다. 용서를 필요로 하지 않는 사람입니다. 그러나 이 여인은 이미 받은 사랑을 예수님께 행함으로 하나님의 변하지 않고 차별하지 않는 사랑을 바리새인과 제자들에게 보여준 새 시대의 사람으로 등장합니다. 47절입니다.

> "이러므로 내가 네게 말하노니 그의 많은 죄가 사하여졌도다. 이는 그의 사랑함이 많음이라. 사함을 받은 일이 적은 자는 적게 사랑하느니라."

여섯째, 예수님의 말씀에 구원받는다는 것 7:48-50

비록 이 여인이 용서 받았다는 것을 알고 있었다고 해도 예수님께서는 이 여인에게 '네 죄 사함을 받았느니라'(have been forgiven)(48)라고 공개적으로 발표하셨습니다. '네 죄 사함을 받았느니라'(have been forgiven)는 이 단어는 47절에서 이미 나옵니다. 47절에 사용된 완료형 수동태 '아페온타이'(ἀφέωνται, have been forgiven)와 같은 동사로 48절은 47절의 반복이며 재확인입니다.

그러므로 예수님께서 이 여인이 이미 용서받은 사실을 공개적으로 말씀하시는 이유는 이 여인에게 개인적인 확신을 주기 위해서가 아닙니다. 예수님은 어떤 죄도 용서해 주시는 분입니다. 특히 사회적으로나 정결법에 의해 공동체에서 '사람' 취급을 받지 못하는 사람들의 죄를 용서해 주시는 분이십니다. 약하고 차별받고 따돌림을 당하는 소수의 사람들과 신체적, 사회적, 제의적 낙인으로 인해 이스라엘 사회에서 추방당한 사람들의 죄를 용서해 주시는 분이십니다. 예수님은 이런 사람들을 '사람'으로 인정하여 새롭게 만들어 나가는 공동체에 함께 하도록 하기 위해 공개적으로 죄 용서를 선언해 주십니다. 예수님과 접촉할 수 없는 어떤 종류의 인간이라도 예수님과의 접촉을 통해 몸이 치유되고 살이 살아나면서 공동체에서 어울려 살아갈 수 있는 존재로 회복시키기 위해 선언해 주는 것입니다.

그러므로 구원은 예수님의 말씀에 있습니다. 예수님은 여인에게 "네 믿음이 너를 구원하였으니 평안히 가라 하시니라."(50)의 말씀으로 여인의 구원을 선포합니다. 이제 죄 있는 여자는 더 이상 바리새인이 알고 있던 여자, '죄인'이 아니라 '죄 사함을 받은 여자', 오히려 바리새인보다 예수님이 누구인지를 바로 알고 있는 믿음의 여인이며 '구원을 받은 여인'입니다.

예수님의 이 말씀은 이 여인에게도, 제자들에게도, 심지어 49절에서 궁시렁대고 예수님의 정체성을 명백히 공격하고 비난하는 다른 바리새인들에게도, 그리고 예수님의 새로운 공동체 안에도, 개인과 사회를 변화시킬 기반을 만들어 갈 토대가 될 것입니다. 예수님의 말씀은 누군가의 입을 다물게 하기 위한 모든 압력들에서 자유롭게 말할 자유를 주시는 평안의 복음이며, 차별을 넘어 참사람이 되도록 예수님의 성품과 치유의 능력을 의지하고 기대하게 하는 '사람다움'의 말씀입니다.

나가는 말

누가복음에는 다른 복음서에서 등장하지 않는 수많은 여인들이 여러 명 등장합니다. 예를 들면, 엘리사벳(눅 1:57), 안나(눅 2:36), 사렙다의 과부(눅 4:26), 나인성의 과부(눅 7:11-17), 헤롯의 청지기 구사의 아내 요안나와 수산나를 위시한 갈릴리의 여인들(눅 8:1-3), 마르다와 마리아(눅 10:38-42), 18년간 꼬부라진 채로 지낸 여인(눅 13:10-17), 한 드라크마를 잃어버린 여인(눅 15:8-9), 맷돌을 가는 두 여인(눅 17:35), 불의한 재판관에게 호소한 과부(눅 18:2-5) 등이 나옵니다.

우리는 베드로의 장모가 고침을 받은 후에 예수님에게 처음으로 수종을 든 모습에서 제자도의 참 섬김의 모습을 찾을 수 있습니다. 예수님을 만나 말씀으로 놀라운 일을 경험한 이 여인의 뒤를 이어 많은 여인들이 '자신들의 소유로'(눅 8:3) 예수님을 섬기게 되었다고 전해주고 있습니다(눅 8:1-3).

예수님을 만나러 온 죄 있는 여인은 권리도 없었고 사람다움의 가치도 인정받지 못했습니다. 그러나 바리새인은 여인을 '도시의 여인'으로 낙인찍어서 어떻게 상호작용을 할 것인가를 결정했습니다. 바리새인이 속한 공동체의 범주와 맞지 않는다는 생각에 여인을 부정하고 접촉해서는 안 될 사람으로 고정시켰습니다. 예수님의 마음을 꿰뚫어 보는 말씀에도 아랑곳 하지 않는 태도가 바리새인의 문제였습니다. 예수님의 죄 사함과 평안히 가라는 말씀을 통해 새롭게 공동체의 '사람'으로 속하게 된 여인에게 속마음을 들킨 바리새인은 마음속에서 결정한 잘못된 결정을 더 공고히 하는 잘못을 저지르고 있습니다.

라벨을 붙이고 판단하는 것은 인간 본성의 일부이며 죄악입니다. 사람들이 다른 사람을 얼마나 빨리 낙인찍고 판단하는지 보면 놀랍습니다. 먼저 마음으로 찍고 눈으로 찍고 말로 찍습니다. 때때로 사람들은 여인을 큰 죄인으로 낙인찍은 바리새인 시몬처럼 행동합니다.

하지만 바리새인은 그 자신도 죄인이라는 것을 보지 못했습니다. 자신이 하는 이런 행동과 습관이 '사람 이하'의 모습인 것을 알지 못했습니다.

예수님은 여인의 헌신과 감사 그리고 사랑의 행위를 받아주심으로 환대해 주셨습니다. 예수님의 환대는 구원에 이르는 말씀입니다. 사람을 살리는 환대는 마음에서 생겨나는 작은 속삭임의 말에서 발화가 됩니다. 이 말이 사람을 살리기도 하고 죽이기도 합니다. 내가 어떤 사람을 보고, 또는 그 사람의 행동과 태도와 말을 듣고 살폈을 때 처음에 떠오르는 말이 부정적이고 나쁘게 규정짓는 말이라면, 내가 사람을 살리지는 못하면서 죽이는 구나 하고 빨리 돌이켜야 합니다.

우리가 먼저 하나님을 사랑하기 때문에 하나님이 우리를 사랑하고 용서하시는 것이 아닙니다. 주님이 우리를 먼저 사랑하시고 용서하셨습니다.

그러므로 우리는 이 여인에게 자리를 내어주고 공동체 안에서 자신의 장소를 갖도록 구원의 말을 주신 예수님을 주목해야 합니다. 그리고 예수님처럼 '자리를 내어주고' 평안한 삶이 되도록 그분들의 자리를 인정해야 합니다. 다정하게 건네는 사람의 '말에 구원 받는다'는 사실을 기억하고 '사람으로' 살아가도록 만들어 주는 신자와 교회가 되어야 합니다. 주님의 이름으로 축복합니다. 아멘.

4.

여자에게 일어난 놀라운 사건!

요한복음 4:4-26

들어가는 말

우리들이 살면서 반드시 겪게 되는 일 중의 하나가 있는데, 누군가를 미워하게 되는 일입니다. 저는 군시절에 동기 하나와 사이가 안 좋아서 정말 미워했습니다. 그렇게 생활하던 중 이제 미워하는 고리를 끊자고 다짐하고 둘이서 아무도 없는 내무반에서 주먹다짐을 했습니다. 그 후로 잘 지내게 되었습니다. 그 친구가 오래전 미국에 있는 저에게 전화를 했습니다. 인터넷에서 검색을 해서 저를 찾았다고 하면서 말하기를 자기도 이젠 교회를 다닌다고 했습니다. 제가 다짐하고 정한 목회의 정신은 "불인인지심"(不忍人之心, 미워하지 않는 마음으로 사용함) 입니다. 미워하거나 차별하거나 따돌리는 목회를 하지 않겠다는 다짐 입니다.

'미움'의 뜻보다 더 강한 의미를 가진 단어로 '혐오'가 있습니다. 한 자의 뜻대로 하면 '싫어하고 미워한다'입니다. '혐오'(disgust)는 어떠한 것을 증오, 불결함 등의 이유로 싫어하거나 기피하는 감정으로, 불쾌, 기피함, 싫어함 등의 감정이 복합적으로 이루어진 비교적 강한 감정(사람이 느끼는 것을 기준으로 함)을 의미합니다.[1] 『혐오 표현 해설』에 따르면 이것은 "개인이나 집단에 대한 격앙되고 불합리한 비난, 적의, 증오의 감정이며 '혐오'는 단순한 편견과는 다르며, 반드시 차별적이어야 한다. '혐오'는 어떤 감정 상태나 견해를 나타내는 것으로, 실제로 표출되는 행위와는 구별된다."[2]라고 합니다. 혐오는 개인이 가진 감정 상태와 표현을 나타내면서 이 감정과 생각을 다른 사람에게 표현하기 때문에 '혐오 표현'의 단어와 함께 사용합니다.

유럽인권재판소는 "인종적 혐오, 외국인혐오, 반유대주의, 또는 공격적인 국가주의나 자민족중심주의, 소수자·이주민·이주민 출신 사람을 향한 차별과 적대감 등으로 표현되는 불관용을 포함한 그 밖의 다른 불관용을 바탕으로 혐오를 확산, 선동, 고취, 또는 이를 정당화하는 모든 형태의 표현"을 '혐오 표현'으로 본다.[3]

즉 자기만 가지고 있는 혐오의 감정을 밖으로 표현하게 될 때 차별의 행위와 배제의 수단으로 작용하게 됩니다.

역사적으로 살펴보면 많은 사회가 인종, 성별, 성적지향, 장애, 나이, 그리고 지역과 종교로 사람을 미워하고 증오하고 공동체에서 배제시킨 안타까운 역사가 있습니다. 우리가 함께 읽은 본문의 한 여인에게서도 차별과 혐오의 피해를 찾을 수 있습니다. 예수님은 갈릴리로 가시던 중 사마리아의 수가라는 동네에 들립니다. 예수님께서는 사마리아 수가에 가려는 목적이 있기 때문에 의도적으로(헬라어 dei, it is necessary, 반드시) 사마리아에 가신 것을 알 수 있습니다(3-4절).

먼저 본문⁴의 배경을 이루는 사마리아가 어떤 동네인지 살펴보겠습니다.

첫째, 이야기의 먼 배경 공간 -사마리아 4:4

남쪽 유대지역과 북쪽 갈릴리지역 사이에 사마리아가 있습니다. 유대에서 갈릴리로, 갈릴리에서 유대로 가려고 하면 사마리아를 지나가야 합니다만, 경건한 바리새인들은 사마리아인들과 접촉을 피하기 위해서 일부러 요단 협곡의 왕의 대로를 이용했습니다. 유대인들이 사마리아를 통과하면 쉽고 빠르게 갈 수 있는 이 지름길을 사용하지 않는 이유가 있었습니다. 그것은 유대와 사마리아의 긴 분단의 역사와 갈등 그리고 혐오가 있었기 때문입니다.

이스라엘의 경우, 남과 북이 다투고 긴장하는 역사는 국가 건설 이

전부터 있었습니다. 사울이 죽자 남 유다에서는 다윗이 왕이 되고, 북 이스라엘에선 사울의 아들 이스보셋이 왕이 됩니다. 다윗이 결국 북쪽 지파들까지 장악하여 통일왕국을 세우고 그의 아들 솔로몬이 왕위를 계승합니다. 그러나 솔로몬의 사후에 다시 남북으로 나라가 갈립니다. 북쪽의 이스라엘은 수도를 사마리아에, 남쪽의 유다는 수도를 예루살렘에 세웁니다. 그렇게 분단의 역사가 시작됩니다. 북 이스라엘은 남 유다가 등에 업은 앗시리아[5]에 의해 B.C. 722에 멸망합니다. 이때 수많은 사람들이 포로로 끌려가고 흩어집니다.

열왕기하 17장을 보면 앗시리아는 다른 나라의 포로들을 사마리아 지역에 정착시킵니다. 왜냐하면 이스라엘의 정체성을 약하게 하려는 의도가 있었기 때문입니다. 그래서 많은 이방인들이 사마리아에 와서 살았고 자기들이 믿던 신상을 세우고 생활했습니다. 사마리아는 혼합 종교의 중요한 지역이 되었고 종교적이고 인종적인 혼합이 일어났으며 사마리아는 오염되고 더럽혀진 땅이라는 편견을 갖게 되었습니다. 제의적으로도 정결하지 못한 지역으로 생각했습니다.

사마리아에 대한 혐오가 더욱 강화된 계기는 에스라-느헤미야 시대에 있었던 예루살렘 성전과 성벽 중건 공사에서 볼 수 있습니다. 산발랏은 사마리아의 기득권 세력 즉 토착세력이었습니다. 사마리아의 총독이었습니다. 산발랏이 성전재건과 성벽재건 공사에 참여하려고 하자 에스라-느헤미야가 이것을 좌절시켰습니다.

왜냐하면 산발랏의 종교적 배경에 의구심을 가졌기 때문입니다. 그의 이름이 '달신이 그에게 생명을 주었다'는 의미를 가져서 혼합주의적인 종교배경이 있었다고 생각했습니다.

또한 사마리아 사람들에게는 그리심산에 신전이 있었고 신명기 27장에서 보면 그리심산 성전은 모세적 기원을 가졌다고 믿었습니다. 그들은 그리심산의 성전에 참여했으며 남 유대인들은 사마리아 사람들을 상당히 배척했습니다.

예수가 활동하던 당시 사마리아는 정치적으로 독립되지 않았으며 유다와 사마리아 둘 다 로마 총독의 관할 아래에 있었습니다. 그럼에도 불구하고 유대와 사마리아는 역사와 종교 모두 확실한 경계가 있었습니다. 유대인들에게는 사마리아인에 대한 사회적 편견이 강했고, 반목과 증오의 골이 깊어져 사마리아에 접근마저 금지되었습니다. 유대인들은 이방인과의 교제를 금했었는데(행 10:28), 사마리아인들을 이방인으로 취급했습니다(눅 17:18). 심지어 귀신 들린 사람과 동등한 위치로 보았습니다(요 8:48)

둘째, 이야기의 가까운 배경 장소 **-수가** 4:5

요한복음 4:5-6절 말씀입니다.

"사마리아에 있는 수가라 하는 동네에 이르시니 야곱이 그 아들 요셉

에게 준 땅이 가깝고 거기 또 야곱의 우물이 있더라. 예수께서 길 가

시다가 피곤하여 우물곁에 그대로 앉으시니"

'수가'는 초기 문헌에는 나타나지 않는 장소이지만, 오늘날의 그리심산 맞은편에 위치한 에발산 자락의 '아스카르'(Askar) 마을이라고 생각합니다.[6]

'수가'는 '야곱이 그 아들 요셉에게 준 땅에서 가깝고 거기 또 야곱의 우물이 있는 동네였습니다. 수가의 옛 이름을 세겜이라고 본다면, 세겜은 아브라함이 가나안 땅에 들어와서 처음으로 하나님께 제단을 쌓은 곳입니다. 아브라함은 여기서 가나안 땅을 그의 후손들에게 주시겠다는 하나님의 약속을 받았습니다(창 12:6-7).

또 야곱이 가족을 데리고 가나안 땅에 들어와서 세겜의 아비 하몰에게 장막 친 밭을 사고 하나님께 첫 제단을 쌓은 곳입니다(창 33:20). 그리고 야곱의 가족들이 이곳에 묻혔고(행 7:14-16) 후에 가나안 땅에 들어간 이스라엘 자손들에 의해 요셉의 뼈도 이곳에 묻혔습니다(수 24:32).

모세가 축복과 저주를 선포할 장소로 선택한 곳도 세겜의 에발산과 그리심산이었습니다(신 27장; 수 8:30-35). 이곳은 에브라임 지파에게 분배된 땅이었지만(수 20:7) 고핫 자손에게 재분배되었고 도피성이 세워졌습니다(수 21:21). 그리고 가나안 땅에 들어온 이스라엘 백성이 여호수아 말년에 하나님만 섬기겠다는 언약 갱신을 한 곳입니다.

요한복음 저자가 이곳을 세겜이라고 하지 않고 "야곱이 그 아들 요셉에게 준 땅"이라고 표현하는 이유는 지역적, 종교적 또는 갈등을 나타내기보다는 같은 조상을 둔 하나의 민족, 곧 언약의 자손임을 강조하기 위한 의도적인 표현인 것 같습니다.

셋째, 이야기의 밀접한 배경-우물가 4:6

현미경으로 자세히 보는 것처럼 본문의 장면을 아주 세밀하게 들여다보게 합니다. 예수님과 사마리아 여인이 만난 장소는 "야곱의 우물입니다." '우물'은 약혼과 결혼으로 이어지는 전형적인 만남의 장소입니다. 구약의 패턴과 내용에 익숙한 독자들은 이 장면에서, 아브라함의 하인이 이삭의 미래 아내인 리브가를 만나는 장면(창 24:10-33)과 야곱이 라헬(창 29:1-14)과 처음으로 만나는 장면을 떠올릴 것입니다. 그리고 모세가 십보라(출 2:15-22)를 만나는 장면을 떠올릴 것입니다. 특히 요한복음 2:1-11절의 가나 혼인 잔치와도 연결됩니다. 세례자 요한은 요한복음 3:29절[7]에서 이미 예수님을 신랑으로 여기도록 해석했습니다. 때문에 '우물'에 여자가 오면 이 만남이 결혼으로 이어질 것을 기대할 것입니다.[8] 물리적으로 여인이 예수님을 실제 자기의 신랑으로 만난다는 것이 아니라 다른 의미의 신랑 역할을 예수님이 하게 될 것이라는 해석의 여지를 은연중에 보여주는 것입니다.

따라서 우리는 요한복음의 사건들이 사실적인 묘사와 함께 상당히 상징적인 표현들로 기록되었음을 알게 됩니다. 본문에서는 이 우물을 '야곱의 우물'이라고 사용을 합니다. 이것은 야곱이 아직 새로운 사람으로 변하기 이전, 즉 혁명적인 사건으로 말미암아 "이스라엘"로 변하기 이전의 야곱입니다. 그렇다면 이 여인을 통해서 전혀 들어본 적 없고, 새 시대를 열기 위해 혁명을 이끌어가는 어떤 인물을 만나게 될 기대감과 희망의 단서를 예고합니다.

로마시대 팔레스타인의 주요 우물에는 우물 위에 거대한 도넛 모양의 커다란 돌이 올려져있었습니다. 이 돌은 중앙에 두레박을 내릴 수 있는 작은 구멍이 있었습니다. 돌을 올려놓는 이유는 우물에 흙이 날아 들어오는 것을 막고 아이들이 우물 속으로 떨어지는 것을 방지하기 위함입니다. 또한 물을 항아리나 가죽 가방에 담는 데 도움이 됩니다.

물을 원하는 사람은 우물 입구에서 돌을 들어 올린 다음 밧줄을 사용하여 가져온 양동이나 주전자를 내려 물을 퍼 올렸습니다(창 24:10-21에서 물을 길어 오는 레베카에서 볼 수 있습니다.).

"예수님께서 우물가에서 쉬셨다"는 말씀은 우물 입구를 덮고 있는 돌 위에 예수님이 앉으셨다는 것을 의미합니다. 예수님께서 우물의 덮개인 돌 위에 앉으셨다는 것은 특별한 의미가 있습니다. 성전으로서의 예수님을 최우선적으로 묘사하고 있는 것입니다.

유대교 전통에서 노아의 제단은 법궤를 지탱하는 지성소의 주춧돌과 언약궤를 지탱하는 지성소의 주춧돌이 연결됩니다. 신화에 따르면 성전은 창조의 중심이자 근원인 지구의 샘 위에 있습니다. "땅 아래의 물은 모두 성전 아래에 모였다고 믿었으며, 비옥함을 보장하기 위해 충분한 물이 방출되어야 하지만 홍수로 세상을 압도할 정도는 아니어야 한다고 믿었습니다." 성전은 하늘과 땅이 만나는 지점이며 에스겔 47장 1, 3, 5, 8-9, 12절에서 성전에서 흐르는 물로 묘사합니다. 그러므로 요한복음 2장에서 예수님은 성전 뜰에서 자신을 새 성전으로 계시하였습니다. 성전이 큰 심연의 물 위의 기초석 위에 서 있었던 것처럼, 이제 새 성전이신 예수님은 야곱의 우물 위의 반석에 앉아 계십니다.[9]

예수님은 요한복음 2장에서 자신을 "새 성전"이라고 말씀하셨습니다. 새 성전의 반석이신 예수님께서 혐오와 차별받는 동네에서 쉬고 계시다는 것은 앞으로 그 동네가 새신랑을 맞아 평안한 안식과 든든한 새 성전을 맞이하게 될 혁명적인 사건을 예고하고 있습니다. 예고되는 혁명적 사건은 혐오와 배제로 서로 증오하고 미워하는 유대 사회에 예수님이 가져오는 진정한 평화입니다.

자신들이 참 진리요, 참 이스라엘과 참 사마리아의 삶이라고 주장하며 자기 확신에 빠져 있는 이들에게 예수님이 제시하는 것은 '내가 곧 길이요 진리이다'입니다. 예루살렘 성전과 사마리아 성전, 에발산과 그리심산의 예배를 주장하는 이들에게 예수님이 새로운 성전임을 예고합니다.

넷째, 삶을 완전히 바꾸어버릴 시간-여섯시 4:6

6절에 보면, 예수님이 우물가에 앉으신 시간은 "때가 여섯 시쯤 되었더라."입니다.

예수님이 우물곁에 앉은 시각을 두 가지로 해석할 수 있습니다. 표준새번역에서는 정오쯤이라고 하지만 개역개정에서 시각은 여섯 시쯤이라 합니다. 대부분의 학자들은 이 시각을 정오로 해석합니다.

한낮에는 대부분의 농사일, 법정 소송, 사냥, 동물 방목, 때로는 전투를 잠시 쉬었습니다. 하루 중 가장 더운 시간대인 정오에는 목이 마르기 때문에 더러 야생 동물들이 그늘에서 물을 마시러 오기도 했습니다. 중동 지역의 여자들은 아침 일찍, 혹은 해가 지기 직전에 마을의 우물물을 나르며 한낮의 더위를 피했습니다. 때로는 무리 지어서 우물로 오고 갔습니다.

그런데 이 이야기에 나오는 여자는 정오에 물을 길으러 나옵니다. 이 여인이 물을 길으러 나온 시각을 정오 12시라고 이해한다면, 이 여자가 혼자 물을 길으러 나온 것은 다른 여인들과 만나기를 원치 않거나 다른 사람들과 교제하고 싶지 않기 때문입니다. 그렇다고 이 여인이 마을 공동체에서 완전히 소외된 사람은 아닙니다(28절, 사람들에게 이르되). 어쨌든 여자는 혼자 물을 길으러 나왔습니다. 따라서 예수와 사마리아 여인과의 만남은 매우 필연적인 것이고 의도적이었음을 알 수 있습니다.

시간은 우리의 삶에서 특별하며 중요합니다. 시간은 유한하지만 자기의 인생을 혁명적으로 변화시킨 그 시간은 특별합니다. 의미 없이 계산하는 시간이 아니라 인생을 통째로 변화시킨 시간은 질적으로도 의미가 깊은 시간입니다.

사마리아 여인이 예수님을 만나는 것이 자연 현상의 우연적인 시간이었다면, 예수님은 여인에게 주체적 인간으로 변화하게 하는 주관적 시간을 주시는 분입니다. 예수님과의 만남 후 이 여인은 새롭게 창조되는 시간을 경험합니다.

당신의 시간은 어디에 멈추어 있습니까? 어떤 시간을 맞이하고 보내십니까? 사마리아 여인이 혁명적인 사건을 맞은 제 6시가 나의 시간이 되어야겠습니다. 예수님을 만난 시간 정오(제 6시)는 과거의 시간이거나, 미래의 시간이 아니고, 언제나 현재인 시간입니다. 그런 의미에서 예수님을 만난 그 시간은 살아있고 움직이는 창조의 시간입니다.

정오의 시간은 햇빛이 밝은 시간입니다. 사마리아 여인이 정오에 물을 길으러 나온 것과 3장의 니고데모가 예수를 찾아온 이야기는 서로 대조를 이룹니다. 니고데모는 '밤에' 예수를 찾아왔습니다. 니고데모는 자신의 신분 때문에 사람들의 눈을 피해 어두운 시간을 택했을 것입니다. 요한은 이것과 함께 니고데모가 '밤'이 상징하는 어두움과 깨닫지 못하는 마음의 상태이며, 여전히 옛 생각에 머물러 있는 인물임을 알려주고 있습니다.

그러나 사마리아 여인은 한낮에 예수를 만나 대화를 나눕니다. 그녀

역시 니고데모처럼 처음에는 예수의 말씀을 이해하지 못하지만, 대화를 계속할수록 그녀는 혁명적인 변화를 하여 예수를 그리스도로 고백하고 동네 사람들에게 복음을 전합니다(4:28-30).

주님의 살아있는 말씀과 사랑하심이 만나처럼 내려오고 갖다 주어도 깨닫지 못하는 사람이 있습니다. 낮의 사람처럼 행하지 못하고 어두움이 꽉 차 있는 터널 속에 있는 것과 같은 그런 사람들이 있습니다.

지금의 '나'가 니고데모처럼 고민만 하는 사람이라면 자신의 삶을 바꿀 수 있는 혁명적인 시간을 마주할 수 없습니다. 그러나 '나'를 즉, 자신을 낡고 일그러진 인간이란 점을 인정하면 달라집니다. 나를 뛰어넘지 못하게 하는 어떤 장벽도 넘어서리라는 결단으로 예수님의 주도적인 질문에 답을 할 수 있도록 일시적인 판단중지의 상태를 만들면 당신도 혁명적인 시간을 마주할 것입니다.

다섯째, 혁명적인 만남-예수님의 의도적이며 우선적인 대화의 시작 4:7-8

예수님은 쉬고 계시고 제자들은 먹을 것을 사러 동네로 간(8절) 그 시간에, 예수님은 혼자 물 뜨러 나온 여자에게 장면의 전환을 시도합니다. 요한복음 4:7절입니다.

"예수께서 물을 좀 달라 하시니"

예수께서 사마리아 여자에게 물을 좀 달라고 말을 건네는 행위는 있을 수 없는 파격적인 행동이었습니다. 이 요구에 "당신은 유대 사람이면서 어찌하여 사마리아 여자인 나에게 물을 달라 하나이까 하니 이는 유대인이 사마리아인과 상종하지 아니함이러라."(9절)의 말씀과 요한복음 저자가 덧붙이는 해설에서 잘 알 수 있습니다. 물을 달라는 예수님의 요청에 여인은 냉소적으로 대답합니다. 그럼에도 불구하고 한결같이 따뜻하게 대하시는 예수님의 말씀 가운데, 수치심이 깊은 여인의 비판적인 말과 태도는 점점 달라집니다.

여인은 "어찌하여"라고 말합니다. "어찌하여"(포스, how)라는 말에서 여인이 가지고 있는 고정관념을 발견합니다. "어찌하여"는 도저히 있을 수 없는 일이라는 것이요 강한 부정의 말입니다. 왜냐하면 유대인 남자가 사마리아 여자인 자신에게 이런 요청하는 말을 거의 경험하지 못했기 때문입니다. 유대인이 자신들을 혐오하고 배제하는 것을 알고 있었을 뿐 아니라 자신들도 유대인들에 대한 적대감이 있었기 때문입니다.

예수님이 건넨 한마디의 말, 즉 "물을 좀 달라 하시니"는 먼저, 유대인과 사마리아 사람들과의 적대적인 관계에서 보면 할 수 없는 요청입니다. 예수님이 여자와 대화를 하는 것을 본 제자들의 반응을 보면 알 수 있습니다. 27절 말씀입니다.

"이 때에 제자들이 돌아와서 예수께서 여자와 말씀하시는 것을 이상히 여겼으나 무엇을 구하시나이까? 어찌하여 그와 말씀하시나이까?
묻는 자가 없더라."

제자들은 두 사람이 하는 대화가 심상치 않은 것을 알아차렸습니다.
예수님의 물을 좀 달라는 말씀은 여자에게는 혁명적으로 삶을 변화
시킬 수 있는 시발점이 되었습니다. 어느 누구도 시도해 보지 못한 말
을 건네는 것, 혐오가 가득한 지역에서 이같은 만남의 대화가 이루어
졌다는 것은 당사자인 이 여자뿐만 아니라 독자인 우리에게도 큰 가르
침을 주고 있습니다.

오랜 기간 더럽다고 여겼고 미워하고 증오하는 뿌리 깊은 나쁜 전통
을 깨버린 예수님에게서 우리는 희망을 발견합니다. 유대인들은 먼저
말을 건네지 못했습니다. 먼저 손 내밀고 말을 건네는 것을 두려워하
거나 사회의 흐름을 거슬러 갈 수 없다는 두려움이 있었을 것입니다.

그러나 예수님의 한마디, "물을 좀 달라"면서 여인을 부르는 호칭에
서 여인이 스스로 주체적인 자아를 발견하게 하는 단서를 주셨습니다.
예수님은 두려움의 깊은 골짜기를 건너면 희망이 있음을 아셨습니다.
예수님의 요청은 오랫동안 그렇게 해왔기 때문에 어쩔 수 없다는 무관
심 또는 체념에 대해, 그리고 현실에 안주하는 모든 기득권의 세력들
에게 던지는 도전장입니다.

예수님은 우리에게 희망을 먼저 보여주셨습니다. 희망은 혐오를 멈
추고자 먼저 건네는 말과 부르는 호칭에서 시작한다고 말입니다.

여섯째, 여자의 입장에서 보면 4:9

물을 달라는 예수님의 요구에 이 여인은 "사마리아인과 상종하지 않는 유대 사람이 어찌하여 나에게 물을 달라고 합니까?"(9절) 하고 되묻습니다. 예수님과의 대화를 통해서 이 여인의 현재 삶의 근본적인 상태가 드러납니다. 4:16-18절입니다.

> "이르시되 가서 네 남편을 불러 오라. 여자가 대답하여 이르되 나는 남편이 없나이다. 예수께서 이르시되 네가 남편이 없다 하는 말이 옳도다. 너에게 남편 다섯이 있었고 지금 있는 자도 네 남편이 아니니 네 말이 참되도다."

이 여자가 살던 시대는 지역 차별과 사회적인 차별이 당연하던 시대이며, 특히 성차별이 일상이던 시대입니다. 더욱이 이미 5명의 남자들과 살다가 이혼을 한 상태였고 지금의 남자도 법적으로 남편이 아닙니다. 이 당시에는 어이없는 이유로 여자들이 이혼을 당하고 쫓겨났습니다. 예를 들면, 빵을 태웠다고, 불을 껐다고 해서 이혼증서를 써주고 쫓겨나기도 했습니다.

이 여인은 수가 사람들과 교제하며 지내지만, 완전히 함께 살지 못했습니다. 이 여인은 자신을 수치스러워 하는 불쌍한 여인입니다. 여인들이 물을 길러 올 때는 친한 사람과 함께 오던 당시 풍습을 고려하면, 이 여인은 어울릴 사람이 없었거나, 다른 사람이 어울리는 것을 거부했을 것입니다. 우물은 여인들에게 즐거운 장소이며 마음을 열고 대화하는 회복의 장소이고 일상을 나누는 의미 있는 장소입니다.

하지만 이 여인에게는 삶에서 겪은 여러 가지 일들 때문에 스스로 여기게 된 수치심이 마음 깊이 자리를 잡고 있었습니다. 자신의 마음 문을 닫아버린 여인은 혼자 먼 거리를 걸어서 물을 뜨러 나왔습니다. 그런데 전혀 알지 못하는 유대 남자가 물을 달라고 하니, 부정적인 것이 작동하여 예수님에 대해 과도한 방어적인 말을 하였고 자기 비하를 하였습니다.

일곱째, 운명적이고 혁명적인 놀라운 대화 4:9-19

4:9-19절까지 긴 대화가 이어집니다. 9절의 여인의 질문에 예수님은 다시 대화를 이어갑니다. '물을 달라는 사람이 누구인 줄 알았으면, 반대로 당신이 예수님께 구하였을 것이고 그는 생수를 너에게 줄 것이라'고 대답을 하십니다.

여인은 "주여, 물길을 그릇도 없고 우물은 깊습니다. 어디서 당신이 생수를 얻습니까? 이 우물은 야곱의 우물이고 그 가족과 가축들도 마셨는데 당신이 야곱보다 더 큽니까?"라고 응대를 합니다.

예수님은 이렇게 말씀합니다. "이 물은 마셔도 다시 목마르지만, 내가 주는 물은 영원히 목마르지 않고 영생하도록 솟아나는 샘물이 된다."

이에 다시 여인은 "주여, 그런 물을 나에게 주시고 목마르지도 않고 다시 물을 길으러 오지 않게 해" 달라고 요청을 합니다.

예수님은 정곡을 찌릅니다. 여인의 핵심을 알아차립니다. 예수님은 친절하고 다정한 모습으로 여인의 도전적인 태도와 말투에 침착하게 말씀하십니다. 여인은 우물의 기원으로 야곱을 끄집어내면서 예수님과 야곱을 비교했고, 예수님을 야곱보다 작은 존재로 비하합니다. 예수님은 조금도 흔들리지 않습니다. 공격하거나 방어하지 않으시고 여인을 있는 그대로 인정하며 분명하게 답을 해 주십니다.

"내가 너에게 물을 요구하지만, 실제는 네가 나에게 물을 요구해야 하는 곳이 아닌가? 혼자 물을 길으러 나오는 너의 모습을 보니까 정작 네가 물이 필요하구나! 그런데 네가 나를 누구인 줄 알았다면 나는 이 우물의 물이 아니라 '생수'를 주었을 것이라."라고 말씀하십니다.

예수님이 말씀하시고 주시려는 '생수'의 배경은 에스겔 47:8절에 나오는 성전에서 흘러나오는 물이 사해까지 생명을 불어넣는다는 구절에 있습니다. 야곱이 아무리 뛰어난 조상이라고 해도 야곱의 우물은 마를 수가 있고 또 목마르게 됩니다. 그러나 예수님이 주시는 '생수'(living water)는 영원히 목마르지 않고 영생하도록 솟아나는 샘물입니다.

그렇다면 '생수'가 의미하는 것은 무엇일까요? 성령일까요? 계시나

지혜일까요? 물론 이런 해석도 가능합니다, 생수는 "현재의 삶에서도 계속 주어지는 주님의 생명력, 그리고 성전에서 흘러나오는 물이 사해까지 흐르듯이 주님이 주시는 생수는 영원한 구원이며, 하나님의 살아있는 성전이신 예수님이 주시는 생명의 물입니다." 이 생수를 마셔야만 우리는 혐오에서 벗어나며 차별에 저항할 수 있습니다. 수치심과 자기 연민에 힘들어 하는 자들에게 먼저 손을 내밀고 말을 걸어 그 사람의 이름을 부를 수 있습니다.

사마리아 여인의 목마름은 과거의 5명의 남자와 지금의 남자에게서는 결코 해결할 수 없습니다. 이 여자에게 필요한 것은 7번째인 남편이 필요합니다. 7번째 남편은 지금 여자 앞에 서 있는 예수님을 가리킵니다.

가나 혼인 잔치에서 비어있는 6개의 항아리(요 2:6-7)는 불완전하고 부족한 유대인들의 예배입니다. 여인의 6명의 남자도 부족한 사마리아 사람들의 예배를 가리킵니다. 예수님은 우물가에서부터 지금까지 성전의 기초석으로 성전에서 흘러나오는 생명의 물을 주시는 분이셨습니다. 이제는 예배를 받기에 합당하신 분으로 자연스럽게 대화가 이어집니다.

사마리아 여인은 비범한 예수님의 대답을 듣고 바로 자신의 내적 자아를 방어하려고 쌓아 놓은 장벽들과 수치심을 걷어버리고 한 걸음씩 전진해 갑니다. 불러주시고 만나주시는 예수님과의 대화를 통해 점차 예수의 정체를 알아가며 자기의 삶을 엎어버릴 혁명적인 단계로 올라

섭니다. 그 증거로 예수님에 대한 호칭이 변합니다. 요한복음 4:15절, "주여, 이런 물을 내게 주소서", 4:19절, "주여, 내가 보니 선지자로소이다." 4:29절, "와 보라. 이는 그리스도가 아니냐?"에서 그녀의 의식의 흐름, 즉 내면의 변화가 일어나고 있음을 알려줍니다.

여덟째, 우리가 예배할 참 예배자에 대한 진전된 대화 4:20-26

20-26절까지 이어지는 또 다른 대화에서, 변화된 자들이라면 반드시 물어야 할 예배에 관한 질문과 답변이 오고 갑니다. 혐오감에 시달리고 수치심에 괴로워하던 여인, 불완전하고 소외된 여인은 예수님을 만나 변화됩니다. 그리고 민족적이고 성별 차별의 경계선과 장벽을 넘어서 인생의 궁극적인 목적이 무엇이고 무엇을 추구하며 살아야 할지에 대한 답을 얻습니다.

놀라운 만남을 경험하고 있는 여인은 자기가 현재 하고 있는 예배에 대해 질문을 합니다. 여인을 포함하여 사마리아 사람들은 예언서를 알지 못합니다. 왜냐하면 그들은 사마리아 오경만을 가지고 있기 때문입니다. 그들은 예루살렘에서의 예배도 정통으로 여기지 않았고 자신들만의 예배가 정통임을 자랑스러워했습니다.

22절에서 예수님은 유대에서 드려지는 예배의 우선권을 보여주는 것 같지만, 실제로는 유대인의 성경에서 가르치는 예배가 바른 예배라고 하십니다. 사마리아 여인은 그리심산에서 드리는 예배를 예루살렘 성전에서 드려지는 예배보다 더 소중하게 여깁니다. 신명기 27장에서 그리심산은 이스라엘 여섯 지파가 이스라엘 전 지파를 위해 복을 빌었던 거룩한 산이었습니다. 그래서 자신들이 모세의 정통성을 이어받은 산이라고 자랑스러워했습니다.

그러나 유대와 사마리아가 서로 자신들에게 정통성이 있다고 자부심을 가지지만 예수님은 예배에 대한 근본적인 자세와 방향을 바꾸어 놓습니다.

요한복음 4:21, 23-24절 말씀입니다.

> "예수께서 이르시되 여자여 내 말을 믿으라. 이 산에서도 말고 예루살렘에서도 말고 너희가 아버지께 예배할 때가 이르리라. 아버지께 참되게 예배하는 자들은 영과 진리로 예배할 때가 오나니 곧 이 때라. 아버지께서는 자기에게 이렇게 예배하는 자들을 찾으시느니라. 하나님은 영이시니 예배하는 자가 영과 진리로 예배할지니라."

21절에서는 전통적으로 여겨져 왔던 장소의 중요성과 우선권이 아니라 예배를 누가 받으시는지를 알고 예배하는 것이 중요하다고 말씀을 하십니다. 참다운 예배는 정확하게 예배를 받는 자가 누구이며 그분을 향한 신심이 중요하고 모든 것에 우선한다고 말씀하십니다.

영과 진리로 드리는 예배는 하나님이 부어주시는 성령의 바람에 흠

뻑 젖고, 성령에 이끌림을 받아서 드리는 예배입니다. 그리고 예수님이 하셨던 혐오와 각종 차별을 뛰어넘어 모두가 함께 진실하게 드리는 예배입니다.

우리가 영에 이끌리는 신자라면 편견과 미움의 마음을 넘어 말씀에 반응하며 살아야 합니다. 그리고 생활에서 실제로 주의 포용과 똘레랑스를 반영시키고 실천해야 합니다. 지금 내가 변함없이 견고한 나의 신앙고백으로 드리는 예배가 주님을 향해 영과 진리로 드리는 것이라면, 삶에서도 같은 마음과 태도로 사람들을 대해야 합니다.

아홉째, 궁극적으로 우리의 변화는 본질을 아는 데서부터 시작한다 4:25, 26

사마리아 여인은 메시아가 오시는 문제로 한 단계 진전된 질문을 합니다. 25절입니다.

> "여자가 이르되 메시아 곧, 그리스도라 하는 이가 오실 줄을 내가 아노니 그가 오시면 모든 것을 우리에게 알려 주시리이다."

그리스도라는 분이 오시는데 그분이 우리에게 모든 것을 알려주시는 분, 모든 것을 드러내시는 분이라고 말합니다. 이런 말을 하는 의도는 아직까지는 현실적인 문제가 되는 예배의 정통성을 예루살렘에서도 그리심산의 성전에서도 해결할 수가 없기 때문에 앞으로 오실 메시아가 오시면 해결될 것이라는 말입니다. 이런 여인의 말에 예수님은 그 메시아와 본질적으로 예배를 받으실 그분이 자신이라고 말씀하십니다. 26절입니다.

> "예수께서 이르시되 네게 말하는 내가 그라 하시니라."

사마리아 여인은 예수님이 메시아이심을 직접적으로 드러내는 것을 제자들보다 먼저 알게 된 첫 번째 사람이 되었습니다. 여인은 예수님과의 대화를 통해서 자신의 세계가 본질적으로 더 깊게 그리고 더 넓게 자라가는 놀라운 모습을 우리에게 보여줍니다. 우리가 교회로 모이는 궁극적인 이유는 그리스도가 누구인지 더 알아가며 그분이 어떤 일을 하셨는지를 알아가는 것이 반드시 필요함을 교훈합니다. 예수가 그리스도라는 본질을 아는데서부터 놀랍고 혁명적인 사건이 우리 인생에 펼쳐지게 될 것입니다.

나가는 말

예수님과의 만남을 통해 여인은 그토록 감추던 자신의 실존을 정면으로 마주칩니다. 예수님을 인식하는 몇 단계를 거치면서 여인은 변화하고 인생의 본질을 찾아가는 구도자의 모습을 보여줍니다. 혐오감과 수치심은 다른 사람과 자신을 파괴합니다. 편견과 소외는 삶을 더 깊은 수렁으로 빠지게 합니다.

그러나 우리의 이름을 부르시면서 요구하시는 주님의 부르심에 응답하는 신자는 더 이상 자신도, 다른 사람도 파괴하지 않습니다. 삶에서 빈번하게 일어나는 흑백논리나 이분법적으로 구분하는 경계를 넘어 영원히 목마르지 않는 주님의 생수를 주는 사람으로 변할 것입니다.

예수님께서 자신을 그리스도라고 계시하실 때 예수님을 만난 사람은 '진짜 자기'로 거듭나게 됩니다. 이미 예수님을 만났던 니고데모는 주님이 주시는 생수와 성령으로 거듭나지 못하고 어두움의 밤에 머물렀지만,(그러나 요한복음 7:50-52과 19:39이 전하는 니고데모의 행적을 보면 그에게 새로운 변화가 일어났습니다), 사마리아 여인은 참 하나님을 만나 참 예배에 관심을 갖게 됨으로써 낮의 사람이 되었습니다. 그리고 깨어졌던 관계를 회복하고 바르게 세우는 사람으로 변했습니다. 혁명적으로 자기의 본질을 뿌리부터 엎어버린 모습으로 변화되었습니다.

우리도 마찬가집니다. 우리는 일상생활을 하면서 한 단계 한 단계 점진적으로 변해갈 것입니다. 경계를 무너뜨리는 일에 무모하다고 할 만큼 과감하고 놀라운 시도를 하는 주체적이고 개성 있는 신자가 될 것입니다. 두려움은 앞으로 나아가지 못하게 합니다. 그러나 희망은 새로운 눈을 뜨게 합니다.

5.

손 마른 자가 만난 예수

마태복음 12:9-14

들어가는 말

만약 누군가가 나에게 행복하냐고 묻는다면 바로 대답할 수 있습니까? 바로 대답하지 못하는 이유가 있다면 자신이 지금 행복한지에 대한 판단을 아직 못했기 때문일 것입니다. 그렇다면 먼저 자신이 생각하는 행복이 무엇인지를 알아야 할 것입니다. 어쩌면 내가 바라는 것, 내가 얻기 위해 강하게 추진하는 것을 얻는 것이 행복이라고 생각할 수도 있습니다. 또는 지금의 일상이 평온하게 유지되는 것을 행복이라고 여길 수도 있습니다. 만약에 자신이 힘겨운 상황에 처했을 때 손 내밀어 잡아주는 사람이 있다면, 그것을 행복이라고 말할 수도 있을 것입니다. 그리고 나를 있는 그대로 받아주고 대해 주는 사람이 있다면 '아! 나는 행복한 사람이다.'라고 생각할 것입니다.

아리스토텔레스는 "일반 사람들도 교양 있는 사람들도 다 같이 그것은 행복이라고 말하며, 또 잘 살며 잘 처세하는 것이 곧 행복이라고 여긴다. 그러나 무엇이 행복이냐 하는데 이르러서는 사람들의 생각이 같지 않으며, 때로는 같은 사람마저 경우에 따라 그것을 여러 가지로 다르게 본다. 가령, 병들었을 때는 건강을 행복이라고 보고 가난한 때에는 부를 행복이라고 본다."[1]라고 말했습니다.

아리스토텔레스가 말하는 행복은 어떤 것을 소유한 상태가 아니라 어떤 활동을 의미합니다. 즉, 부의 소유, 권력을 가지고 있는 것, 그리고 건강한 몸이 행복을 위한 외적인 조건이 될 수는 있지만, 행복 그 자체는 아니라고 주장합니다. 행복은 인간이 자신의 본성을 실현하기 위한 지속적인 정신의 활동이라고 말합니다. 이것을 위해서 인간은 선하고 올바른 삶을 살아야 한다고 합니다. 공동체에서 자아실현을 위한 행복관입니다.

에피쿠로스주의자들은, 행복이란 쾌락이 행복의 길인데 행복이 지속적이고 삶 전체에서 오는 쾌락이 되기 위해서는 욕망을 절제해야 한다고 합니다. '욕망의 절제를 지속적으로 하면 단순한 육체적, 감각적 쾌락이 아니라 정신적 만족과 평화를 이루게 되고 육체적 쾌락과 소유를 통한 만족은 시간이 흐르면 점차 감소한다, 그러면 어느 순간 욕망을 억누르거나 만족해야 할 때, 소박한 삶에 마음의 평화가 있으며 그 마음의 평화를 행복이다'라고 합니다.

예수를 믿는 사람들에게 행복은 무엇인가 생각해 보아야 합니다. 에 덴동산에서 아담과 하와가 하나님과 동행하는 것이 행복인 것처럼, 신 자에게 있어서 행복은 하나님과의 일치이며, 이러한 일치감은 육체적 정신적 쾌락을 넘어서는 최고의 행복으로 이해할 수 있습니다. 시편 73:28절에 보면, "하나님께 가까이 함이 내게 복이라."고 합니다. 하나 님의 본질인 사랑 안에 있을 때 행복하다는 뜻입니다. 이것이 신약의 '임마누엘'과 같은 의미입니다. '하나님과 함께 하는 것', 즉, '예수님과 함께 있을 때'가 행복합니다. 자동차의 연료가 다 떨어지면 자동차는 움직이지 못합니다. 외부에서 연료통에 가솔린을 넣어주어야 엔진이 작동하여 자동차가 움직이듯이 신자들도 외부에서 주입해 주시는 은 혜가 들어올 때 몸과 마음이 작동하여 삶이 행복하게 됩니다.

마태복음 12:13절 말씀을 보겠습니다.

"이에 그 사람에게 이르시되 손을 내밀라 하시니 그가 내밀매 다른 손 과 같이 회복되어 성하더라."

이 말씀은 신자들이 생각하며 누리는 행복에 대해 말씀해 주십니다. '손을 내밀라'고 하시는 예수님의 말씀에 그는 자기의 손을 '내밀 때' 손이 회복되어지고 자신이 행복하게 됩니다. 이것은 행복의 상태뿐만 아니라 행복이 무엇인지에 대해서도 우리에게 알려주고 있습니다.

그러나 행복은 당연하게 주어지지 않습니다. 장애물과 함정과 같은 일들이 우리의 삶에 그늘을 드리우기도 하고 직접적으로 공격하기도 합니다. 예수님이 손 마른 자에게 손을 내밀라고 하시는 말씀의 힘이 손 마른 자와 우리에게 어떤 영향을 주는지 살펴보겠습니다.

본문은 안식일에 손 마른 자를 고쳐주신 기적에 대하여 고발하려는 사람들의 행동을 다룹니다. 예수님은 그들이 갖고 있는 뒤틀린 안식일 개념에 대해 바른 정의를 내리십니다. 그것을 본 바리새인들의 음모에 대해 다루고 있습니다. 본문에 등장하는 인물은 손 마른 자, 예수님, 그리고 바리새인들입니다. 손 마른 자와 예수님과의 만남이 이루어진 장소는 회당이며, 만남이 이루어진 시간은 안식일입니다.

예수님이 주변 사람들과 심각한 갈등을 겪었다는 사실입니다. 웬만큼 인격이 갖추어진 사람들은 가능하면 충돌을 피하고 원만하게 지내기 마련입니다. 부처님이나 공자님도 전반적으로는 원만한 인간관계를 유지했습니다. 그런데 예수님은 그렇지 못했습니다. 공생애 3년 동안 계속해서 유대의 어떤 집단들과 갈등을 피하지 못했습니다. 그 결과가 바로 십자가 처형입니다. 말하자면 예수님은 십자가에 처형당할 수밖에 없을 정도로 세상과 불화했다는 뜻입니다. 이것은 예수님의 인격이 미성숙해서 원만하게 지내지 않았기 때문이 아니라 세상이 하나님 나라의 복음에 대해 가만두지 않았기 때문입니다.

본문인 마태복음 12장에는 바리새인들이 마음에 품은 적개심을 구체적으로 실행하기 위해 예수님을 죽이려 모의하는 장면이 처음으로 나타납니다. 후에 결국 예수님은 십자가에 못 박혀 죽게 됩니다.

첫째, 회당과 안식일 12:9-10

손 마른 자를 고치신 날은 안식일이고 그 장소는 회당이었습니다. 마태복음 12:9절, "거기에서 떠나 그들의 회당에 들어가시니"에서 알 수 있듯이 마태복음 12:1-8절에서 안식일에 밀을 잘라 먹은 사건과 연결이 됩니다. 예수님께서 안식일에 제자들의 배고픔을 해결하여 준 것은 하나님의 긍휼하심-헤세드-을 드러낸 것입니다. 이러한 하나님의 긍휼하심은 자연스럽게 본문에서도 이어집니다.

예수님은 그곳을 떠나 "그들의 회당으로 가십니다." "그들의 회당"은 바리새인들의 회당이라기보다는 유대인의 회당을 가리킵니다. 그곳에는 일반적인 유대인들과 바리새인들이 있습니다. 마태복음 9:35절에서도 예수님은 "예수께서 모든 도시와 마을에 두루 다니사 그들의 회당에서 가르치시며 천국 복음을 전파하시며 모든 병과 모든 약한 것을 고치시니라."라고 말합니다.

회당 안에는 유대인들과 바리새인들 그리고 손 마른 자와 예수님이 계십니다. 마태복음 저자는 회당을 '우리들의 회당'이라고 하지 않고 "그들의 회당"으로 표현합니다. 이것은 회당이 새로운 마태공동체와는 큰 관련이 없는 것으로 생각하게 합니다.

그렇다면 먼저 회당이 무엇인지 살펴보겠습니다. 회당의 존재 목적이 처음에는 예배가 아니었습니다. 원래 예배는 예루살렘 성전에서 하는 것이 원칙이었습니다. AD 70년에 예루살렘 성전이 파괴된 후에 회당이 예배하는 역할도 담당하게 되었습니다.

처음에 회당이 생길 때에는 공동체 구성원들이 함께 토라를 읽고 배우는 것이 주된 목적이고 기능이었습니다. 제사를 바칠 수 없던 유대인들이 회당에 모여 하나님의 말씀을 듣고 그 뜻을 되새기며 율법을 배웁니다. 후에 회당은 AD 70년 예루살렘 성전이 무너진 이후 성전의 기능을 대체하는 종교 활동의 중심지가 됩니다. 그러므로 회당은 유대인 공동체의 종교적, 사회적 생활의 중심역할을 했습니다. 율법을 공부하고 연구하는 곳이며, 학교와 같은 역할, 그리고 예배 장소와 공동체의 규율이 학습되는 곳, 재판장소로 사용되기도 했습니다. 심지어는 외국인을 환대하는 여관으로서의 기능까지 갖추고 있었습니다. 바빌론 포로기 때부터 회당이 발전을 합니다. 이것이 후에 랍비를 길러내는 학교의 역할로 발전합니다. 회당은 유대인들이라면 누구나 출입할 수 있는 장소이며 특히 율법을 연구하는 바리새인들에게는 기득권을 가진 중심지라고도 할 수 있습니다.

그렇다면 초기의 마태공동체는 '왜 회당에서 예수님과 적대자들과의 논쟁을 보도하고 있는가?'라는 질문을 할 수 있습니다. 아마 이것은 회당중심의 유대교의 일부로 여겨졌던 마태공동체가 독립적인 정체성 즉, 새로운 공동체를 형성하려는 의도에서 이런 갈등이 나타난 것으로 볼 수 있습니다. 새로운 믿음의 공동체를 만들기 위해서는 기존의 기득권 세력을 뛰어넘는 모습을 만들어야 하기 때문입니다. 특히 이 회당 안에는 손 마른 자가 있었지만, 회당의 지도자들은 그에게 어떤 것도 해주지 못한 것을 보면 본문을 이해할 수 있습니다. 예수께서 그들의 회당에서 가르쳤다고 5번 말씀합니다(4:23, 9:35, 10:17, 12:9, 13:54).

태초에 하나님께서 6일 동안 천지 만물을 창조하셨고, 제7일인 안식일에 쉬셨습니다(창 2:2). 안식일에 창조를 멈추신 것은 천지 만물이 다 완성되었고 전혀 부족함이 없다는 것을 보여주었습니다. 따라서 하나님이 창조의 일을 멈추셨던 것처럼, 인간들도 안식일에 모든 창조행위를 중단해야 합니다(출 20:8-11). 안식일에 일을 멈추는 것은 하나님의 창조가 완벽하다는 사실과 세계가 인간의 개입 없이도 존재할 수 있다는 사실을 인정하는 것입니다. 안식일에 일을 멈춤으로써 창조주 하나님을 진정한 하나님 되게 하는 것입니다.

그래서 안식일 개념은 '완성'입니다. 하나님께서 선민을 위해 안식일 법을 규범적으로 명령하기 시작하신 것은 출애굽기 16장의 만나 사건에서였습니다(출 16:22-30). 그 후 안식일 명령은 십계명을 통하여 다시 주어졌습니다. 안식일 명령은 여호와와 이스라엘 백성 사이에 맺어진 "영원한 (언약의) 표징"(출 31:16-17)이었습니다.

그런데 출애굽기 20장 10절에서 하나님은 "아무 일도 하지 말라"고 명령을 하셨기 때문에 우리는 무엇이 일이고, 무엇이 일이 아닌가 하는 문제에 부딪치면서 안식일에 무엇을 하고 안 해야 되는지에 대해서 고민이 생깁니다. 자연스럽게 이것을 연구한 바리새인들이 안식일 율법 해석의 주도권을 가지게 된 것입니다. 그것은 안식일에 할 수 있는 '일'이란 것이 정확하게 무슨 뜻이며 그 '일'을 어떻게 권위 있게 설명하고 해석할 수 있느냐 입니다. 그러므로 본문에서는 예수님이 안식일에 손 마른 자를 고쳐주신 것에 대한 바리새인들의 고발 사건이 일어나게 된 것입니다.

둘째, 바리새인들 12:10-14

바리새인들은 유대교 안에서 가장 큰 그룹입니다. 바리새파의 조직은 크게 소수의 지도자적인 상층계급과 대다수의 소시민으로 구성되어 있습니다. 상층계급은 율법 학자와 사제와 레위인으로 이루어져 있습니다. 대다수의 소시민은 대부분 상인, 수공업자, 농부들로서 바리새파적 십일조 규정과 정결규정을 준수해야 할 의무를 가지고 있었습니다.[2]

바리새인들은 민족주의적 성격을 가짐으로 이스라엘 백성들에게 많은 지지를 받았습니다. 지지하는 수가 많아지면서 바리새파 사람들의 영향력도 커졌습니다. 바리새파의 특징 중에 하나는 사두개파와 달리 모세오경 외에도 조상들의 유전을 성서와 동일한 권위로 보았습니다. 율법에 대한 바리새인들의 인식은 이들의 생활과 밀접한 관계가 있습니다. 이들은 포로기 때와 사회적인 상황이 변함에 따라 율법의 적용도 변해야 한다고 생각했습니다. 이리하여 이들의 율법은 삶의 세세한 부분에도 적용이 되었습니다.

바리새인들은 율법과 전승들을 통하여 하나님과의 '정결성'을 백성들에게 구체적으로 적용하고자 했습니다. 이들의 율법주의는 엄격했습니다. 그러므로 이들은 스스로 죄악된 것과 분리하려 했습니다. 그래서 행동적인 면에서 세세한 관심을 쏟았습니다.

더 나아가 이들은 지나칠 정도로 율법을 준수하고 선을 행하는 일에 가장 큰 가치를 부여했습니다. 바리새파 사람들은 자기들은 율법 해석에 있어 가장 권위 있는 사람들로 생각하였고, 자신들이 지도적인 종파라고 자부심을 가졌습니다.

바리새인들은 율법을 연구한 결과 율법을 삶에서 적극적으로 실천하여 하나님의 거룩한 공동체를 이루려고 했습니다. 그들은 율법을, 특히 레위기의 정결법들을 일반화하고 대중화했습니다. 그리고 이 법을 일반 유대인들과 바리새인들에게 적용하게 해서 이스라엘을 거룩하고 구별된 하나님의 제사장 나라로 만들고자 했습니다. 그래서 바리새인들에게는 생활에서 정결법의 세밀한 적용을 위해 손을 씻거나 몸을 닦는 것이 중요했습니다. 그 원칙적인 적용의 문제가 마태복음 12:1-9절에 나오는 안식일에 관한 법의 적용이었습니다.

셋째, 손 마른 사람 12:10

10절에 보면, 회당에 "손 마른 자"가 있었습니다. 목숨에는 지장은 없지만, 한쪽 손을 사용하지 못하는 장애인이었습니다. 이 사람은 장애인이기 때문에 '완성'을 상징하는 안식일에 그리고 안식일에 하나님께 예배하고 율법을 연구하는 장소인 회당과는 어울리지 않는 사람이었습니다. 어쩌면 장애인이었기 때문에 불완전한 사람으로 여겨지는 손이 마른 자는 회당과 회당의 주도 세력인 바리새인들에게는 눈에 들어오지 않는 외면 받는 사람일 수도 있습니다.

예수께서 병을 고쳐주는 것을 본 바리새인들의 질문에 대한 답에서 바리새인들이 가지고 있는 생명 사상을 엿볼 수 있습니다. 그것은 구덩이에 빠진 양 한마리보다 못한 존재임을 보여줍니다. 차라리 재산상 가치가 있는 양을 구하는 것이 손이 말라 일을 할 수 없는 장애인을 돕는 것보다 더 낫다는 그들의 생각을 봅니다. 손 마른 사람은 철저하게 소외되고 외면 받은 존재입니다.

넷째, 고발하는 자들에 대한 예수님의 대답 12:10-12

"사람들이 예수를 고발하려 하여 물어 이르되 안식일에 병 고치는 것이 옳으니이까?"(10절)라고 예수님에게 묻습니다. 바리새인은 예수가 안식일에 병자를 치유한 것을 안식일 규례를 범한 행위로 여겼습니다. 바리새인은 예수를 비난하기 위해, 병자를 치유한 행위가 안식일을 범한 것이라 주장합니다. 이들의 의도는 단순한 질문이 아니라 자신들이 세워놓은 기존의 안식일 법에 의해 제기하는 질문입니다. "랍비 전승에 따른 안식일 규례에서는 생명이 당장 위급한 경우에만 치료를 할 수 있습니다. 그러나 뼈가 부러진 것을 맞추거나 하는 것을 하지 못했습니다."[3] 즉, 생명과 관련한 위급한 상황이 아닌 경우에는 안식일에 치료행위를 할 수 없다는 것입니다. 그러므로 손 마른 자에 대한 치료는 안식일 다음날에 해야 합니다.

바리새인들이 함정을 파 놓는 질문에 예수님은 "너희 중에 어떤 사람이 양 한 마리가 있어 안식일에 구덩이에 빠졌으면 끌어내지 않겠느냐? 사람이 양보다 얼마나 더 귀하냐? 그러므로 안식일에 선을 행하는 것이 옳으니라."(11-12)라고 대답 하십니다.

안식일 법을 엄격하게 적용하면 양을 구해서는 안 되지만, 일반적인 사람들은 가축을 구출했습니다. 왜냐하면 경제적인 가치가 있기 때문입니다. 그러나 손이 마른 장애인은 실제로 쓸모가 없기 때문에 구할 필요가 없습니다. 효용가치가 없다는 뜻입니다. 개인 소유의 재산에는 안식일 법을 엄격하게 적용하지 않으면서 정작 장애인은 가치가 없기에 안식일 법을 세밀하게 적용해야 한다는 논리를 예수님은 깨부숩니다. 여기에서 기득권 세력과 새로운 공동체와의 구별이 뚜렷해집니다.

특히 예수님의 "끌어내지 않겠느냐?"라는 말씀은 모든 사람들이 양을 구덩이에서 *끄*집어낸다는 강조 용법입니다. 이것을 보면 그 시대에도 사람을 얼마나 쓸모가 있는가에 따라서 구별한 것을 알 수 있습니다. 더욱이 기존 회당의 율법주의자들은 아픈 사람과 약한 자에 대한 치유와 회복에는 관심이 없었습니다. 자신들이 해석해 놓은 율법의 조항을 누가 지키고 지키지 않는 것에만 관심이 많았습니다.

우리가 사는 사회나 교회에도 작은 차이로 따지기를 좋아하는 사람들이 있습니다. 물론 정확하게 해야 할 것들이 있습니다. 그러나 지나치게 구별하고 계산해서 사람을 잃어버리고 부도덕하게 몰아가는 사람들이 있습니다. 차이점을 부각시키고 따지는 조직이나 그룹은 행복할 수가 없습니다. 조금의 손해가 나고 마음에 부담이 있어도 함께하는 것에 중점을 둔다면 행복한 사람도 되고 행복한 조직도 됩니다. 새로운 예수의 공동체는 그런 면에서 달랐습니다. 현재 우리의 교회도 이런 점에서 달라져야 합니다.

예수의 새 공동체는 사람을 귀하게 여기는 공동체입니다.

"사람이 양보다 얼마나 더 귀하냐?"(11절).

마가복음 3:4절에는 "안식일에 선을 행하는 것과 악을 행하는 것, 생명을 구하는 것과 죽이는 것, 어느 것이 옳으냐?"라고 묻습니다. 사람의 가치를 '얼마나 쓸 만한가?' 또는 '유익한가?'로 구분지어서는 안 되며 사람이라는 존재 자체를 귀하게 여겨야 한다는 뜻입니다.

회당의 지도자들이나 율법의 권위자들인 바리새인들이 민중의 지도자라면 한 사람의 생명과 회복을 위해 '양'을 찾으러 나가는 목자처럼 찾아나서야 됩니다. 그래야 "네 이웃을 네 자신 같이 사랑하라 하셨으니 이 두 계명이 온 율법과 선지자의 강령이니라."(마 22:40)는 말씀에 맞게 행동하는 것입니다.

그러므로 모든 계명과 율법이 '사랑'이라는 하나님의 존재양식에 걸려있음을 알면서도 자기중심적인 해석으로 사람을 판단하고 구별하는 바리새인들의 이중적인 태도를 책망하는 것입니다.

현대 한국 교회의 문제는 사람을 귀하게 여긴다고는 하지만, 특히 경제적으로 약한 사람들이 교회에서 조용히 사라지고 있습니다. 육체적으로 약한 소수의 사람들도 제대로 교회에 있기가 힘듭니다. 엉뚱한 말을 하는 사람들도 손가락질을 당하고 외면을 당합니다. 이런 배제를 하기 위해서 조직적으로 움직이고 음모를 꾸밉니다.

설교도 사람들의 감정에 호소해야 호응을 받는 분위기가 되었습니다. 모든 것들이 다 섞여 있어서 진리의 말씀을 분간하기가 어렵게 되었습니다.

이런 상황에서 우리 교회가 가지고 있는 술을 담는 부대의 상태가 어떤지 살펴보아야 합니다. New wine must be poured into new wineskins(새 포도주는 새 가죽부대에 부어야 한다.). 바리새인들은 안식일에 양 한 마리를 구하는 노동은 허용했지만, 안식일에 병으로 고통당하는 자는 방관했던 모습에서 우리는 아무리 새로운 포도주를 넣어

봐야 터져버릴 수밖에 없는 수명을 다한 헌부대임을 알 수 있습니다.

그러므로 예수님께서 "선하게 행하는 것"이 "사람을 고치는 것"과 같은 의미로 말씀하시는 것은 오랫동안 진리로 여겨왔던 안식일 법에 대한 해석이 잘못되었고 하나님에 대한 인식에 오류가 있다는 질책이기도 합니다. 호세아 6:6절에서 "나는 인애를 원하고 제사를 원하지 아니하며 번제보다 하나님을 아는 것을 원하노라."는 말씀처럼 믿음과 삶의 우선순위가 율법의 틀이 아니라 하나님의 자비여야 합니다. 그래서 예수님은 안식일에 선을 행하는 것이 하나님을 바로 아는 것이라고 새롭게 정의를 해 주셨습니다. 그러므로 율법 해석의 키를 쥐고 있는 바리새인들에게서 떠나야 하나님에 대한 바른 인식의 틀을 새롭게 제작할 수 있습니다.

다섯째, 손 마른 자에게 말씀하시는 예수님 12:13

마태복음 12:13절 말씀입니다.

> "이에 그 사람에게 이르시되 손을 내밀라 하시니 그가 내밀매 다른 손과 같이 회복되어 성하더라."

예수님은 손이 마른 자에게 "손을 내밀라"고 말씀하십니다. 예수님은 자신의 아픔을 숨겨 놓은 곳을 찾아내어 드러내는 방식이 아니라 스스로 그 손을 내밀도록 하십니다.

"내민다"는 단어는 영어로 "stretch out"입니다. "내뻗다"는 뜻입니다. 부끄러워 슬쩍 보여주는 모습이 아니라 당당하게 자신의 장애를 보여주는 행위입니다. 이런 행위가 자연스럽게 이루어지는 공동체가 살아있는 공동체입니다.

예수님의 이 말씀은 소외당했고 효용가치가 없는 장애인을 챙겨주기 위해 먼저 취하는 배려의 나섬입니다. 먼저 나서주는 것입니다. 저는 장애가 있는 분이 계시면 먼저 가서 도움이 필요하냐고 하지 않습니다. 먼저 나서지 않는 것이 아닙니다. 마음은 이미 나서고 있습니다. 시선을 거두지 않고 지켜보고 언제 도움이 필요할지를 생각합니다. 그리고 나서 여쭈어봅니다. 왜냐하면 그분의 마음을 지켜주기 위함입니다.

마찬가지로 예수님의 이 말씀은 안식일의 주인으로서의 말씀이며 성전보다 더 큰 자로서 하시는 말씀이지만 강제적인 요청이 아닙니다. 배려하는 마음으로 손 마른 자의 인생을 챙겨주는 속이 깊은 요청입니다. 회당에서는 양보다도 못한 위치에 있던 손 마른 자를 하나님이 지으신 창조물로서 '참으로 아름다움'을 인정해 주는 부르심입니다.

마음을 챙겨주는 부르심에 한쪽 손이 마른 자는 손을 쭉 뻗어 내밉니다. 예수님께서 '마음을 챙겨주시는 부르심'에 이 사람은 자신의 인생을 다시 디자인할 수 있다는 기대감에 손을 뻗습니다.

손을 뻗으라는 예수님의 요청에 손 마른 자가 손을 내밀고 뻗을 때, 손은 다른 손과 같이 회복되어 정상이 되었습니다. 예수님의 말씀에 손이 마른 자가 정상의 손으로 돌아온 치유와 회복이 일어났습니다.

특이한 점은 어떤 도구나 만지는 것이 없이 "말씀"으로만 치유와 회복이 동시에 일어났다는 점입니다. 하나님께서 말씀으로 천지를 만드셨듯이 예수님도 말씀의 힘으로 마음도 챙겨주시고 몸도 고쳐주시는 축복을 주셨습니다. 나사로가 죽어 무덤에 있을 때도 예수님은 '나사로야 나오너라'고 말씀하셨습니다. 말씀이 손이 마른 자에게 들려질 때 말씀은 단순한 단어의 묶음이 아니라 마음과 육체 그리고 사회적인 관계를 다시 디자인해주시는 행복한 회복이 일어납니다.

손이 마른 자가 있는 곳은 회당이었습니다. 몸이 정상적인 유대인이나 율법에 정통한 바리새인들에게 회당은 자기들의 고향과 같은 곳입니다.

그러나 손 마른 자에게 회당은 맞지 않는 옷을 입은 것 같은 장소입니다. 손 마른 자가 있는 회당은 어색하고 어울릴 수 없는 곳입니다. 손 마른 자에게 회당은 자기가 서 있을 곳을 잃어버린 장소입니다.

그런 곳에서 예수님은 불러주시고 고쳐주심으로 손이 마른 자가 앞으로 있어야 할 장소는 부대가 터져서 물이 새는 것 같은 회당이 아니라 새로운 마음으로 새 영을 받은 사람들이 있는 반석같은 장소임을 분명히 합니다.

또한 자기가 원하는 장소가 아니라 불러서 고쳐주시는 예수님의 권위있는 말씀에 의해 세워지고 운영되어지는 새 술에 취해있는 공동체입니다. 이 공동체는 열린사회이며 인간의 존엄성을 추구하는 공동체이기 때문에 차별하지 않고 한쪽 시각으로 보지 않습니다. 서로를 존귀히 여기는 행복한 공동체를 목표로 하고 있습니다. 따라서 예수님의 말씀은 앞으로 만들어야 할 새로운 공동체에 대한 성격을 제시해 주고 있다고 저는 추측합니다.

나가는 말

이민 생활은 마치 물 위에 떠있는 부평초와 같아서 고향같은 안락함이나 편안함, 그리고 안전성을 보장해 주지 못합니다. 그러나 시간이 흐를수록 점점 자신의 거처를 단단하게 만들어가면서 내가 사는 곳에서는 주인처럼 완전한 권리를 주장할 수 있게 되었습니다. 예수를 메시아와 나의 주, 또는 그리스도로 따르는 새로운 공동체는 장소에서 주는 행복을 누릴 자유가 있습니다. 편견이 없는 곳이며 차별이 없는 곳, 육체가 불편한 자와 성적으로 자유로운 자, 그리고 어느 누구든지 행복할 자유를 누릴 수 있는 장소는 주도권을 쥐고 있는 자들 안에 있어야만 누리는 자유나 행복이 아닙니다. 새 영으로 마음의 변화를 받아 하나님의 기뻐하시고 온전하신 뜻을 이루려는 사람들이 있는 교회가 행복을 누리는 장소여야 합니다.

모든 지역의 교회들이 같은 목적이나 목표를 가질 필요가 없습니다. 소수의 사람만 누리는 행복, 그리고 손이 마른 곳을 숨겨야만 하는 곳은 '장소'이지 '교회'는 아닙니다. 안식일의 주인이신 예수님의 말씀으로 치유와 회복이 일어나는 곳은 '교회'입니다. 불러주시고 자유롭게 아픈 곳을 내밀라는 예수님의 마음 챙김이 일어나는 교회는 행복하고 편안한 교회입니다.

예수님 안에서의 행복함은 본질적으로 자신의 아픔도 인정하고, 공동체의 한 사람의 아픔도 내 자신의 일부로 여기려 합니다. 공동체 일원의 아픔이 나를 찢어내고 힘들게 하여도 그것을 품고 사랑하는 사람으로 만들어가는 인생의 디자인을 새롭게 그려나갈 때, 사랑은 여물어지고 상처마저 아름답게 볼 수 있는 신자로 만들어지게 됩니다.

그 첫걸음이 예수를 죽이려고 수군거리는 대적자들의 비난에도 불구하고 마음을 챙기고 마음을 함께 함으로 손이 마른 자에게 다가서는 것입니다. 그렇게 하신 예수님의 마음 씀씀이를 배워야 할 것입니다. 이런 마음이 행복한 공동체를 만들고 유지하는 행복한 태도입니다. 그러면 치유에 대한 감사 인사가 없어도, 우리의 사랑으로 온전한 사람이 되어 행복을 누린다면 우리는 보답과는 관계없이 쑥 자라나 있는 자신을 발견하게 될 것입니다. 그런 자신을 보면서 웃음을 짓는 그것이 참 행복입니다.

6.
예수님이 차려주신 밥상

마가복음 6:31-44

들어가는 말

식사에 대한 어두운 기억이 있습니다. 또 군대 이야기 하냐고 하면 드릴 말씀이 없지만, 상당히 오랜 기간 동안 영향을 미쳤기 때문에 기억을 끄집어냅니다. 훈련소에서 식사 시간에 밥을 먹으려면 큰 식판에 밥을 타 와야 하는데 제가 속해 있던 중대에서는 큰 식판 4개가 필요했고 그중에 3개는 밥을 가득 채운 채로 주고 1개는 빈 것으로 주어서 다른 내무반의 큰 식판에 덜어주어야 합니다. 심리적으로 적게 배당받았다고 모두가 생각을 합니다. 그런데다 전에 개인 식판에 덜어주는 밥의 양 때문에 밥주걱을 들고 싸웠다는 이야기가 전해져 왔습니다. 그래서 내무반장이었던 제가 개인마다 다 덜어주고 모두에게 확인을 시킵니다. 밥이 더 많이 담겨졌다고 말하면 동의를 얻은 후에 덜어서 아주 공평하게 분배를 해 주었습니다. 그만큼 식사에 대해 좋은 기억이 아니라 끔찍한 기억으로 남아있다는 증거이기도 합니다.

심리학의 이론 중에 정신분석요법이 있습니다. 정신분석요법의 1세대가 프로이트라면 2세대는 아들러이고 3세대가 빅터 프랭클입니다. 빅터 프랭클은 정신요법 제3학파라 불리는 로고테라피(Logotherapy) 학파 창시자입니다. 그는 유태인이어서 제2차 세계 대전 당시 아우슈비츠 수용소에서 3년을 살았습니다. 그곳에서 그는 다 같이 극한의 고통을 겪는 가운데서도 똑같이 굶주려도 더 배고픈 사람에게 자신의 빵을 나누어주거나 위로해 주는 어떤 사람이 있었다는 겁니다. 비록 환경이 최악이라도 이런 사람들과의 식사는 행복한 식사이며 인간의 존엄을 지키는 행위임을 우리에게 알려줍니다. 루이자 메이 올컷이 쓴 『작은 아씨들』에서도 성탄절 선물을 받지 못해 불평하던 자매였지만, 성장하여 남편과 아이들 그리고 제자들의 어머니에게 환갑잔치를 열어주는 행복한 식사에 대한 기억도 있습니다.

그러나 아주 비극적인 식사도 있습니다. 마가복음 6:21-28절을 보면 헤롯이 자기의 생일을 축하하기 위해 잔치를 엽니다. 그 잔치에는 초청받은 손님들이 있습니다. 대신들과 천부장들과 갈릴리의 귀인들이 축하하기 위해 잔치에 참여합니다. 생일을 축하해야 할 잔치에 비극적인 거래가 진행됩니다. 헤로디아의 딸이 어머니의 지시를 받고 세례요한의 목을 요구합니다. 헤롯은 거절하지 못하고 경비병을 시켜 세례요한의 목을 베어옵니다. 즐겁고 행복한 생일 잔치가 사람을 죽이는 잔치가 되었습니다. 그곳에는 고관들과 무관들 그리고 갈릴리의 지도자들이 있었지만 아무도 헤롯의 명령을 막지 못했습니다.

특이한 사실은 소녀의 어머니 헤로디아입니다. 그녀는 분명한 목적을 가지고 있었습니다. 자기의 부정을 질타하는 세례요한을 죽이는 헤로디아는 향유를 부은 여인처럼 타인을 위해 자신의 것을 희생하는 자가 아니라 자신의 유익을 위해 남의 목숨을 빼앗는 파괴적인 일을 행한 여성이라는 점입니다. 그녀는 목적과 목표가 분명했습니다. 그리고 헤로디아에게는 자신의 일을 뉘우칠 기회를 가지지 않았습니다. 헤롯의 생일 잔치 밥상은 사람을 살리지 못했습니다.

또 다른 밥상이 있다면 그 밥상은 사람을 살리고 생명을 만들어가고 이어가는 밥상이 될 것입니다. 우리는 그런 행복한 밥상을 기대합니다.

예수님은 광야에서 소박한 잔치를 엽니다. 초대받은 손님들은 갈릴리의 유지들이 아니라 "무리들"입니다. 잔치에 필요한 최소한의- 음식- 것들도 준비되지 못한 황량한 광야에서 예수님은 무리들을 위해 잔치를 여십니다. 예수님이 차린 밥상은 사람을 살리는 밥상입니다. 차린 것 없는 밥상이지만 모두가 먹고도 12바구니가 남은 풍족한 잔치상입니다. 예수님이 차려주신 밥상이 우리에게 무슨 의미가 있고 그

의미가 관념이 아니라 우리의 삶에 어떻게 실체가 되어야 할지를 살펴 보겠습니다.

첫째, 밥상이 차려지게 되는 배경 6:31-33

예수님께서 광야에서 많은 무리를 빵으로 먹이시는 기적 이야기는 네 복음서(눅 9:10-17, 요 6:1-15) 모두에 나타나는 유일한 기적 이야기 입니다. 특히 마가복음은 마태복음과 함께 기적의 먹이심, 즉, 오병이 어와 칠병이어의 기적이야기를 두 번이나 중복해서 기록하고 있습니 다(막 6:30-44; 8:1-10, 마 14:13-21; 15:32-39).

본문인 마가복음 6:31-44절은 예수님의 갈릴리 사역인 마가복음 1:14-8:21절의 후반부에 위치해 있습니다. 예수님의 갈릴리 사역은 지역에 따라 세 부분으로 나눌 수 있습니다. 첫째, 1:14-3:6절까지가 가버나움과 회당 주위에서의 사역이며, 둘째, 3:7-6:6절은 갈릴리 바 다 주위에서의 사역입니다. 셋째, 본문이 있는 6:7-8:21절은 두로와 시돈지역에서의 사역입니다.

특히 마가복음 6-8장에서는 '먹는 것'이 중요한 주제로 연결이 되어 있습니다. 7장에서 씻지 않고 먹는 제자들에 대한 장로들의 비난과 예 수님의 대응과 수로보니게 여인과의 대화에서 예수님은 자녀와 개들 이 먹는 것을 비교합니다. 8장에서는 예수님이 사천 명을 먹이시는 이야기가 이어집니다. 6장은 헤롯의 잔치와 예수님의 잔치를 비교하도록 자연스럽게 배치되어 있습니다.

예수님으로부터 더러운 귀신을 제어하는 권능을 받고 위임을 받은 12제자들은 나가서 회개를 전파하고 많은 귀신을 쫓아내며 많은 병자에게 기름을 발라 고쳤습니다(막 6:12-13). 그들은 자신들의 임무를 아주 성공적으로 실행합니다. 비록 스승인 예수님과 함께 하지 않은 첫 번째 독자적인 전도 여행이지만 제자들은 예수님께서 하셨던 왕국 선포와 같은 놀라운 역할을 해냅니다. 그러면서 예수님이 알려지게 됩니다. 마가복음 6:30절에서 제자들은 자신들이 한 모든 일들을("자기들이 행한 것과 가르친 것을 낱낱이 고하니") 예수님께 보고합니다.

예수님께 인정을 받은 '사도들'은 예수님으로부터 따뜻한 마음을 받습니다. 예수님은 사람들 때문에 식사할 시간도 갖지 못한 제자들에게 "한적한 곳"에 가서 '쉬도록' 말씀하심으로 특별히 자신의 제자들에 대한 예수님의 긍휼을 보여줍니다(31-32절). '한적한 곳'은 사막이나 고립된 곳이며 유대인들에게는 익숙한 지형인 광야의 다른 표현입니다(35절, 빈들/개역개정, desolate place(remote place)/NIV, a deserted place/NRSV) 이 표현에는 두 가지 의미가 있습니다.

첫째, 헤롯에 의해 죽은 세례요한의 사역지가 광야이고, 그가 마가복음 1:5, 7절에서 말씀한 내용인 세례요한보다 더 능력 많으신 이의 사역이 이루어지는 장소입니다.

둘째, 출애굽기 16장에서 언급하고 있는 광야라면, 그 광야에서 놀라운 사건이 벌어질 것을 예고하고 있다는 의미입니다. 광야는 여러 가지 의미를 가지고 있습니다. 이스라엘이 시험을 받는 장소, 훈련받는 장소, 그리고 하나님과 만나는 장소이며 은혜의 장소입니다. 그렇다면 본문의 광야는 부정적인 장소라기보다는 어떤 긍정적이고 극적인 효과를 나타낼 뜻 깊은 장소임을 미리 알려주고 있습니다.

마가복음 6:32-33절에서 사람들은 예수와 제자들이 한적한 곳으로 배를 타고 가는 것을 보고 그들을 따르기 위해 육로로 달려가서 먼저 도착합니다. 32-33절, "이에 배를 타고 따로 한적한 곳에 갈새 그들이 가는 것을 보고 많은 사람이 그들인 줄 안지라. 모든 고을로부터 도보로 그곳에 달려와 그들보다 먼저 갔더라." 무리들이 "먼저 갔더라"는 묘사는 무리들이 예수님과 제자들의 사역을 보고 경험한 것이 이미 있었다는 것을 전제합니다. 따라서 무엇인가 갈급하고 필요한 것이 있기 때문에 무리들은 희망과 기대감을 가지고 빨리 움직였습니다.

둘째, 무리를 보시는 예수님의 마음-불쌍히 여기사 6:34

예수님은 자기보다 먼저 온 무리를 보십니다.

> "예수께서 나오사 큰 무리를 보시고 그 목자 없는 양 같음으로 인하여 불쌍히 여기사 이에 여러 가지로 가르치시더라."(막 6:34).

예수님이 무리를 불쌍히 여기신 이유는 "목자 없는 양 같음"이었기 때문입니다. 먼저 우리는 "무리"가 누구인지 생각해 봅시다. "무리"(오클로스, a great crowd/NRSV)는 예수님께서 기적을 행하시는 현장에서 직접 만났던 병자, 죄인, 세리, 어린이와 여인을 포함하는 일반 서민입니다. 특히 예루살렘으로 대표하는 지배적 세력과는 대비되는 억압받고 가난하게 살아가는 백성입니다.

예수님께서 이 무리를 보시고 "불쌍히 여기사"라고 자신의 감정을 보여주십니다. "불쌍히 여기사"는 "σπλαγχνίζομαι(스플랑크니조마이, had compassion/NRSV)입니다. 이 단어는 '함께 아파하다'의 의미로 상대방의 상황에 자신을 대입하여 함께 체험하고 타인의 짐을 나누는 것을 뜻합니다.

마가복음에서는 1:41, 6:34, 8:2, 9:22절에서 4번 사용합니다. 그리고 예수님의 감정을 표현하는 단어 중에서 "공감"을 가장 잘 나타내는 단어입니다. 여성의 자궁으로부터 느끼는 것과 같은, 몸의 내부 깊은 곳에서 느껴지는 마음입니다. 몸의 내장이 아픈 것을 느끼는 것과 같은 공감의 마음입니다. 특별한 것은 이 단어가 일방적인 힘의 우위를 가지고 느끼는 공감 능력이 아니라 동일한 관계에서 상대방을 완전히 이해하고 같은 감정을 가지는 것입니다. 즉 함께 아파하고 함께 같은 감정을 가지는 애절한 마음입니다.

무리들을 보시는 예수님의 마음은 내장이 찢어지는 아픔을 가지고 무리들을 보십니다. 예수님께서 무리를 보고 애절한 마음으로 아파하는 이유는 그들이 목자 없는 양 같아서 그러는 것입니다. 그래서 34절에서 여러 가지로 가르칩니다.

"목자 없는 양"이란 개념은 유대인들에게 익숙한 것입니다. 구약성서에서는 민수기 27:17, 에스겔 34:1-24, 열왕기상 22:17, 스가랴 10:2절에서 사용되었습니다. 그중에서도 에스겔 34장에서 두드러집니다. 에스겔 34:5-8절을 보겠습니다.

> "목자가 없으므로 그것들이 흩어지고 흩어져서 모든 들짐승의 밥이 되었도다. 내 양 떼가 모든 산과 높은 멧부리에마다 유리되었고 내 양 떼가 온 지면에 흩어졌으되 찾고 찾는 자가 없었도다. 그러므로 목자들아, 여호와의 말씀을 들을지어다. 주 여호와의 말씀에 내가 나의 삶을 두고 맹세하노라. 내 양 떼가 노략 거리가 되고 모든 들짐승의 밥이 된 것은 목자가 없기 때문이라. 내 목자들이 내 양을 찾지 아니하고 자기만 먹이고 내 양 떼를 먹이지 아니하였도다."

이스라엘의 통치자이며 지도자들은 "자기만 먹이고 내 양 떼를 먹이지 않는 목자"입니다. 그런 통치 행위로 말미암아 백성들은 "노략거리가 되고 모든 들짐승의 밥이" 되었습니다. 예수님 당시의 갈릴리도 헤롯이라는 왕이 있지만, 왕은 권력자들 특히 자기의 통치에 도움을 주는 자들과 잔치를 열어 자기들끼리 향락을 즐깁니다. 그러나 불법과 부도덕한 정권에 대해 비판하는 선지자는 죽여 버리는 타락한 목자이며 왕입니다. 이 왕은 무리들에게는 공감 능력이 전혀 없는 왕이며 자기를 지지하는 타락한 고위층 사람들과는 함께하는 목자입니다.

마가복음 저자가 이처럼 구약에 등장하는 목자 이미지를 들추는 이유는 무리들이 바라보는 예수가 하나님이 다윗과 같은 목자를 다시 세워 양들을 친히 돌보시겠다고 한 분이며, 새로운 공동체가 지향하는 목자이기 때문입니다. 예수님은 "무리"와 공감하고 '사람을 존귀히 여기는' 지도자입니다. 진정한 목자이며 왕으로 오신 메시아이신 예수님을 통해 새로운 공동체의 탄생을 예고하고 있습니다.

셋째, 목자 없는 무리들을 대하시는 방식-가르치심 6:34

예수님이 밥상을 차려 주는 것은 무리들의 배고픔 때문이 아닙니다. 예수님의 아파하는 공감의 마음 때문입니다. 예수님의 아파하는 공감의 마음은 '가르침'으로 연결됩니다. 신명기 8:1-5, 16절에 보면 하나님은 광야에서 만나로 이스라엘 백성을 먹이십니다. 그것은 "사람이 떡으로만 사는 것이 아니라 하나님의 입에서 나오는 말씀으로 사는 것임"을 가르치기 위함이었습니다. 또한 외경인 지혜서(Wisdom) 16:20-21절에서는 광야에서의 '만나'를 하나님의 말씀으로 여겼습니다.

예수님은 먼저 무리를 먹이시기 이전에 "여러 가지로 가르치셨습니다." 마가복음 여러 곳에서 예수님을 가르치는 자로 소개합니다(막

1:21, 22, 2:13, 4:1, 6:2, 7:7) 예수님은 하나님 나라의 복음에 관한 것도 가르치셨고, 하나님 나라의 백성들의 삶에서 율법이 어떻게 작용을 하는지도 가르쳤습니다. 그리고 현실에 관련하여 광야에서의 삶과 어떤 연관이 있는지를 가르치셨을 것입니다.

목자로서 하나님은 양들을 먹이고 돌보십니다. 사랑하고 아파하는 "공감"의 마음을 가진 하나님은 양들을 푸른 초원으로 인도하십니다 (사 49:10, 13, 40:17, 54:7, 10). 배고픈 자들을 먹이고 목마른 자들을 마시게 합니다(사 49:10, 48:20, 출 17:2-7, 민 20:8 참조). 광야를 푸른 풀밭으로 바꾸실 것입니다(사 35:1, 6, 43:19, 41:17-20, 49:9, 51:3). 하나님께서 약속하셨기 때문입니다. 그리고 그 약속의 성취로 예수님을 보내셨습니다. 따라서 목자 없는 양 떼를 불쌍히 여기시는 예수님은 즉, 헤롯과는 정 반대되는 참 목자가 누구인지를 알려줍니다.

예수님은 백성들이 생각해야 한다는 것도 가르칩니다. 자신을 위해 권력을 남용하고, 가난한 자, 의로운 자를 억압하며, 힘 있는 자들끼리 모여 자신의 배만을 채우며, 권모술수를 더하는 헤롯의 만찬은 하나님이 약속한 것과 다르다는 것을 가르칩니다. 헤롯의 만찬은 세상의 권력에 짓밟혀 배고프고 서러워해야 할 무리들을 위해 안타까운 심정으로 무리를 가르치고 먹이는 새로운 공동체의 지도자인 예수가 차려 주는 밥상과는 다르다는 것을 가르칩니다. 예수님은 광야의 무리들을 "목자 없는 양"(막 6:34)으로 보며 진정한 지도자가 없음을 아파하며 그들의 영적, 육적인 양식을 제공하는 지도자가 누구인지를 생각하라고 가르칩니다. 그러므로 예수가 광야에서 차려 주시는 만찬은 양들을 억압하는 거짓 목자들에 대한 심판이며, 목자 없이 방황하는 양들을 위한 하나님이 약속하신 종말적 구원의 잔치임을 알려주는 것입니다.

넷째, 영적 어두움에 있는 제자들과 대화하시는 예수님 6:35-37

예수님이 얼마나 열심히 가르치셨는지 어느덧 저녁이 되었습니다. 35절의 "때가 저물어가매"는 문자적으로 가르침으로 인해 시간이 흘러 저녁이 되었다는 뜻입니다.

헤롯 왕의 시간이 왕의 권력을 비판하는 자를 제거하는 시간이고 측근들과의 환락에 빠진 시간이라면, 예수님의 시간은 새로운 공동체를 이끌어가야 할 새로운 지도자가 주도하는 시간으로 변하고 있습니다. 시간이 점점 저녁으로 저물어가면서 예수님이 개입하셔야 할 '카이로스'의 시간이 다가오고 있습니다.

제자들은 "이곳은 빈들이요 날도 저물어 간다."고 광야의 상황을 설명하면서 예수님께 말합니다. 36절입니다. "무리를 보내어 두루 촌과 마을로 가서 무엇을 사 먹게 하옵소서." 이에 예수님은 37절에서 "너희가 먹을 것을 주라."고 말씀하십니다.

우리는 제자들에게서 문제를 발견합니다. 새 시대의 목자이신 예수님은 백성들의 아픔을 '공감'하며 이스라엘을 다스리는 현재 지도자들과 고위직을 질책하는 마음을 품으셨습니다. 지도자들이 제대로 가르치지 않으므로 생각하지 못하는 무지한 백성들에 대한 안타까운 심정을 품으셨습니다. 그리고 자신이 새로운 시대를 오게 하는, 구원을 베풀 지도자임을 나타내셨습니다. 그런데 제자들이 말한 대로 무리를 보내면 예수님은 거짓 목자이며 희대의 거짓말쟁이이고 목자 없는 양을 그대로 버리는 무책임한 목자가 되는 것입니다.

37절 후반부에서 제자들이 "여짜오되 우리가 가서 이백 데나리온의 떡을 사다 먹이리이까?"라고 반문합니다. 예수님이 "너희가 먹을 것을 주라 하시니"라고 하신 것은 이미 앞에서 제자들에게 귀신을 쫓는 권세를 주셨고, 병자들도 고쳐 줄 능력과 권세를 주셨기 때문입니다. 그런데 제자들은 전혀 다른 대답을 합니다. "우리가 가서 이백 데나리온의 떡을 사다 먹이리이까?"라고 말입니다.

특이한 점이 있습니다. 제자들이 언급한 '이백 데나리온'은 당시에 3,200마리의 당나귀를 살 수 있는 가격입니다. 제자들은 무리들을 먹이려면 너무 큰 액수가 들어가기 때문에 그들을 먹이는 것은 불가능하다는 것을 강조하여 말한 것입니다.

여기서 제자들이 여전히 영적 어둠에 있고, 예수님과 전혀 다른 가치관에 사로잡혀있음을 알 수 있습니다. 제자들은 첫째, 예수님처럼 목자 잃은 양들의 아픔을 알지 못하는 마음이며, 둘째, 새로운 목자의 제자들이지만 아직도 기득권이 계산하는 법에 익숙한 어리석은 모습을 보이고 있습니다. 각자의 능력대로 해결하라는 신자유주의적인 해

법입니다. 셋째, 눈에 보이는 현실을 넘어있는 신앙의 실체를 알지 못하고 현실의 논리에 굴복당한 자들입니다. 예수님은 '믿음은 바라고 있는 것들이 실제로 이루어지는 것임'을 알 수 있도록 제자들을 기적의 사건에 참여시키면서, 그들이 기존에 가지고 있던 관점을 변화하도록 이끌어 갑니다.

다섯째, 예수님이 차려 주신 만찬 6:38-41

예수님은 자신의 능력과 목자로서 제자들에게 말씀합니다.

"너희에게 떡 몇 개나 있는지 가서 보라 하시니"(막 6:38)

제자들은 여전히 영적인 어두움에 있지만, 예수님의 긍휼하신 마음에 의해 말씀을 듣고 "알아봅니다." 제자들은 "떡 다섯 개와 물고기 두 마리가 있다."라고 보고합니다. 예수님은 말씀합니다.

"제자들에게 명하사 그 모든 사람으로 떼를 지어 푸른 잔디 위에 앉게 하시니, 떼로 백 명씩 또는 오십 명씩 앉은지라."(39-40).

헤롯의 경비병들은 사람을 죽이는데 쓰임을 받았다면, 예수님은 제자들을 사람 살리는 섬김의 종으로 세워주십니다. 예수님이 새롭게 만들어가는 공동체는 쓸모없는 사람이 없습니다. 누구나 모두 섬김의 종으로 부름받기 때문입니다.

39절의 "모든 사람으로 떼를 지어 푸른 잔디 위에 앉게 하시니"는 푸른 풀밭에 누운 양의 이미지를 보여줍니다. 무리들이 백 명씩, 오십 명씩 앉은 모양은 잔치가 벌어지는 곳에서 식사를 하려고 비스듬히 기대어 있는 것과 같습니다.

여기서 사용한 "숨포시아"는 "숨포시온"의 복수형입니다. 우리가 알고 있는 "심포지엄"(symposium)입니다. 따라서 39절에서 '무리를 지어'/'모든 사람으로' 번역한 것은 "심포지엄"의 뜻을 제대로 반영하지 못한 번역입니다. "심포지엄"은 '만찬', 또는 '향연'입니다. 이 '만찬'은 빵을 기본으로 하는 코스요리 식사이며 포도주를 마시며 즐기는 것과 토론 등을 하는 것을 말합니다. 예수님이 차려 주신 만찬에서 무리들은 손님이 되고 예수님과 제자들은 종으로 무리를 섬깁니다.

예수님이 차려주신 만찬-심포지엄-에 참여한 무리들은 빵과 물고기를 먹었습니다. 빵만 먹었다면 만찬이 아니라 그냥 먹는 것입니다. 그러나 "물고기"를 같이 먹었다면 이 식사는 만찬이며 "dinning"입니다. 특히 물고기는 "안식일을 기념하여 금요일 저녁에 먹는 음식으로, 이런 전통은 유대인들 가운데 아주 오래된 전통이었다고 한다면, 즉 물고기는 그리스-로마 시대를 살던 유대인들에게 '성스러운 만찬(pura cena)'을 위해 - 혹은 제의, 절기, 잔치를 위해 - 사용하던 귀한 음식이었다는 말씀입니다."[1]

"예수님 당시의 팔레스타인을 포함하는 지중해 연안의 여러 지역에서 물고기는 가난한 자들이 가장 손쉽게 얻을 수 있는 귀한 음식재료였고, 동시에 그리스-로마 만찬에서 독점적 위치를 가지고 있던 고기를 대신할 만한 최고의 음식 품목이었습니다."[2]

빵도 특별한 의미가 있습니다. 출애굽기 16장에서 배고픔과 힘든 삶에 대한 불평이 최고조에 이를 즈음, 하나님은 이스라엘 백성에게 아침에는 만나로, 저녁에는 메추라기로 생명의 음식을 공급해 주셨습니다(출 16:4, 13 민 11:7, 31). 특히 만나를 "하늘 양식"으로 표현합니다. 시편에서는 "천사들의 빵"이라고 합니다(시 78:24-25, 105:40).

그러므로 예수님이 차려 주신 만찬은 황량한 광야에서도 돌보시고 보호해 주시며 빵을 공급해 주시는 하나님과 같은 분이심을 상징적으로 알려줍니다. 그래서 주님이 주시는 "빵"을 먹는 공동의 식사와 만찬에 참여하는 자는 새 영과 새 마음을 가진 가족이며, 예수님이 참 목자임을 인정하고 고백하는 자임을 가르칩니다.

무리들이 만찬에 참여하는 모습은 마치 광야의 이스라엘이 천부장과 백부장 그리고 오십부장과 십부장처럼 비스듬히 앉아서 먹게 합니다.

이것은 이 무리들을 통해 새 언약 공동체로 광야에서 새 이스라엘로 설립되고 광야가 푸른 풀밭으로 변화하게 될 것을 예고합니다. 예수님이 차려 주신 만찬을 통해 새 출애굽의 탈출이 단지 정치적이고 육체적인 곳에서만 일어나는 것이 아니라 전 지구적으로, 전 인격적으로, 온전한 형태의 사회로 실현될 것을 예고합니다.

41절에서는 예수님께서 차리신 만찬의 방식을 소개합니다. 특히 빵을 "들고", "축복하셨고", "떼어서"(부수어서), 제자들에게 "주어" 사람들에게 "나누어 주게" 하셨습니다. 빵을 나누는 일은 상대방에게 푸짐한 환대를 베푸는 것이며, 모든 적대와 경계를 허무는 것입니다.

특히 같은 장소에서 일어난 행위라면 함께 한다는 연대감을 나타냅니다. 예수님이 직접 빵을 들고 축복하시고 떼었다는/부수었다는 것은 환대와 연대의 중심이 예수님이라는 것입니다.

그리고 새롭게 일어난 새 출애굽 공동체의 정체성은 같은 음식을 먹는 것에서 알 수 있습니다. 반드시 경계와 장벽을 허물고 차별을 극복하는 공동체입니다.

더 나아가 빵은 "많은 사람을 대신해서 죽으시는 예수님의 몸을 가리킵니다."(14:22). 빵을 들고 "축복"하시는 예수님은 무리들에게 가족의 특별함을 상징하기도 하지만, 마태복음 26장에서 예수님이 베푸신 마지막 만찬을 상기시킵니다.

그러므로 예수님이 떼어서(부수어서) 나누어 주는 빵을 먹는 것에 참여한 무리들은 예수님의 가르침과 행위와 가치관 그리고 종말론적 예언사역과 비전에 동의하고 동참한다는 서약입니다. 그것을 위해서 제자들은 무리를 섬기는 사역에 참여합니다.

여섯째, 만찬의 경과 6:42-44

42절의 "다 배불리 먹고"는 실제로 만족할 정도로 배불리 먹었다는 뜻이면서 부족함 없이 주시는 목자이시며 하나님이신 예수님을 봅니다. 이 만족함은 종말의 때에 차려지는 풍족한 잔치를 통해 사람이 만족하리라는 예언의 성취를 봅니다. 이사야 25:6-9절 말씀입니다.

> "만군의 여호와께서 이 산에서 만민을 위하여 기름진 것과 오래 저장하였던 포도주로 연회를 베푸시리니 곧 골수가 가득한 기름진 것과 오래 저장하였던 맑은 포도주로 하실 것이며, 또 이 산에서 모든 민족의 얼굴을 가린 가리개와 열방 위에 덮인 덮개를 제하시며, 사망을 영원히 멸하실 것이라 주 여호와께서 모든 얼굴에서 눈물을 씻기시며 자기 백성의 수치를 온 천하에서 제하시리라. 여호와께서 이같이 말씀하셨느니라. 그 날에 말하기를 이는 우리의 하나님이시라. 우리가 그를 기다렸으니 그가 우리를 구원하시리로다. 이는 여호와시라. 우리가 그를 기다렸으니 우리는 그의 구원을 기뻐하며 즐거워하리라 할 것이며,"

마가복음 6:43절입니다.

> "남은 떡 조각과 물고기를 열두 바구니에 차게 거두었으며"

여기서 남은 떡 조각과 물고기는 먹다 남은 것이 아니라 먹지 않은 온전한 빵과 물고기입니다. 예수님이 베푸신 만찬은 부족함이 없는 축복의 풍성함을 드러냅니다.

새 공동체는 풍성해야 하며 그 풍성함을 위해 12명의 제자들이 앞장을 서야 합니다. 남은 12개의 바구니가 새 공동체를 개척해야 할 12명의 제자를 상징하며 이스라엘을 회복시킬 일꾼입니다. 이 기적적인 만찬이 미래에 온전히 이루어질 것이기도 하지만 지금 현재에 우리들의 공동체에서 일어나야 할 것입니다. 분명하게 알려주는 만찬은 사회의 신분질서에 따라 차별하고 좋은 고기와 포도주를 먹었다면, 신분이 낮은 자는 남은 음식으로 배고픔을 해결해야 했습니다.

그러나 예수님이 베푼 잔치에서는 모두가 다 같이 배불리 먹었습니다. 모두가 똑같은 음식을 똑같은 양으로 나누어 먹었습니다. 어느 누구도 차별 없이 참석해서 평등한 관계를 유지했습니다.

나가는 말

예수님이 친히 차려 주신 만찬은 헤롯의 잔치와는 다르게 목자 없는 양 같은 무리를 불쌍히 여기시고 가르치시며 먹여주신 만찬입니다. 잔치에 참여한 오천 명과 남은 빵과 물고기 열두 바구니는 온전히 회복될 이스라엘 전체와 흩어지고 없어졌던 열두지파의 회복을 상징하며,

예수님이 가르치고 선포하셨던 하나님 나라에 대한 회복을 미리 보여 주고 있습니다.

참 목자이신 예수님은 실수하고 미처 깨닫지 못한 제자들을 내치지 않습니다. 오히려 자기의 사역에 적극적으로, 주도적으로 참여하여 무리를 시중들게 합니다. 실패했다고 해서 기회를 주지 않는 것이 아닙니다. 깨달을 수 있도록 기회를 주고 섬기는 일에 충실하게 하십니다.

7.

삭개오에게 일어난 소박한 혁명

누가복음 19:1-10

들어가는 말

폴란드의 천문학자 니콜라우스 코페르니쿠스는 1543년 3월 21일 (율리우스력)에 지동설을 발표했습니다. 그가 지동설을 주장하기 이전에는 우주의 중심이 지구라고 믿었습니다. 그는 『천체의 회전에 관하여』라는 책에서 지구도 하나의 행성이라고 주장했습니다. 물론 이전에도 지동설을 알고 있는 사람도 있었지만 이단으로 취급되어 탄압을 받았습니다. 코페르니쿠스의 지동설은 중세에서 근대로 전환시키는 혁명적인 영향을 주었기 때문에 코페르니쿠스 '혁명'이라고 부릅니다.

'혁명'(革命)이라는 단어의 뜻은 '그 이전에 있었던 제도와 관습 그리고 방법이나 생각들을 뿌리 채 뽑아서 완전히 새롭게 세우는 것'입니다. 프랑스 혁명에서의 혁명의 뜻을 '구체제를 완전히 무너뜨려서 다시 돌아갈 수 없는 시간과 체제의 근본적인 변화를 추구하는 것'으로 해석할 수 있습니다. 한문으로 '革命'(혁명)은 하늘의 명령을 바꾸는 것인데 하늘에서 낸 왕조를 교체하는 것이며 정치, 경제적 기본 구조를 완전히 뒤집어 놓는 것을 뜻합니다.

예수 그리스도께서 십자가에서 죽으신 죽음이 세상을 완전히 근본적으로 바꾸어 버리는 혁명이며, 하나님의 사랑이 실현된 사건으로 볼 때 이 사건 역시 혁명이라고 말할 수 있습니다. 예수님은 세상을 바꾸고 하나님께서 바라시는 세상을 향한 구원을 이루기 위해, 하나님 나라를 선포하시고 행동으로 보여주셨습니다. 예수님은 당시 기득권이 누리는 종교 제도와 사회의 관습과 일반 백성들에게까지 널리 퍼진 차별과 소외 그리고 병폐를 깨뜨릴 필요성을 가지셨습니다. 그래서 예수님은 누가복음 4:18-19절에서 "주의 성령이 내게 임하셨으니 이는 가난한 자에게 복음을 전하게 하시려고 내게 기름을 부으시고 나를 보내사 포로 된 자에게 자유를, 눈 먼 자에게 다시 보게 함을 전파하며 눌린 자를 자유롭게 하고 주의 은혜의 해를 전파하게 하려 하심이라 하였더라."는 말씀으로 해방과 회복의 사역을 자신의 핵심으로 사역으로 삼았습니다.

예수님과 삭개오의 만남은 한 인간을 완전히 변화시킬 뿐 아니라 고

정된 사회의 인식을 돌려놓은 혁명적인 사건이었습니다. 삭개오는 예수님을 만남으로 인해 근원적인 혁명이 일어났습니다. 그것이 어떤 것인지 알기 위해 말씀 속으로 들어가겠습니다.

본문 누가복음 19:1-10절은 예수님과 삭개오의 만남(1-6절)과 삭개오의 발언, 그리고 예수님의 구원 선포(7-10절)로 구성되어 있습니다. 좀 더 자세하게 본문을 보면, 먼저 삭개오에 대한 소개가 나옵니다(1-2절). 그는 세리장이자 부자이며 키가 작은 자입니다. 그가 예수님을 보려고 어떤 행동을 하려는 것(3-4절)과 예수님이 그를 보시고 부르신 후에 삭개오는 예수님을 영접(5-6절)합니다.

그러나 뭇사람은 삭개오의 집으로 들어가시는 예수님을 향하여 수군거립니다(7절). 이 말을 들은 삭개오는 예수님께 자신의 생각을 말합니다(8절). 예수께서는 삭개오의 말을 들으시고 그의 집에 구원을 선포하십니다. 예수님께서는 삭개오 역시 아브라함의 자손이므로 그의 집에 구원이 이르렀으며, 인자는 잃어버린 것을 찾아 구원하러 왔다고 말씀하십니다(9-10절).

첫째, 하나님의 뜻에 의해 두 사람이 만남 19:2-5

바리새인들은 하나님 나라가 언제 임할지에 대해서 묻지만, 예수님은 이미 하나님 나라는 "너희 가운데"(눅 17:21) 임해 있다고 말씀했습니다. 하나님 나라는 세상에서 활동하시는 예수님을 통해 임재합니다. 그 증거로 하나님의 자녀들이 기도할 때 하나님은 귀를 기울여 들으시고 가장 좋은 것으로 주시는 분임을 가르쳐 주셨습니다(눅 18:1-8). 그뿐 아니라 하나님 나라의 본체이신 예수님은 어린아이, 제자들, 앞을 못 보는 자, 그리고 낮아진 자들이 은혜로 들어가는 나라임을 말씀하시면서 하나님 나라를 깨닫지 못하는 제자들과 깨달은 앞 못 보는 자와의 대비를 통해 하나님 나라를 볼 줄 아는 눈이 필요함을 교훈하셨습니다(18:9-34).

예수님께서 여리고로 들어가실 때 삭개오라는 사람이 등장합니다. 누가복음 19:2-3절에서는 그 사람에 대해서 "세리장, 부자, 그리고 키가 작은 사람"이라고 소개합니다. 히브리어로 보면 '삭개오'는 '깨끗한 그리고 순결한'을 뜻하는 형용사입니다. 삭개오는 세리장입니다. 세금을 걷는 사람들 중에서 책임자입니다.

여리고는 베뢰아 지역에서 유다 지역으로 무역할 때 반드시 거쳐야할 도시입니다. 그렇다면 당연히 세금을 거두어야 합니다. 그는 로마 정부와 연결이 되어 있기 때문에 임의로 세금을 거둘 수 있습니다. 세리들이 거두어들인 세금은 그 일부만 정부에 바치고 대부분을 그들이 차지했으므로 막대한 부를 이룰 수 있었습니다.

예수께서 여리고에 오셨다는 소식을 들은 삭개오는 예수가 어떤 사람인지 보려고 했습니다. 본문에서는 삭개오가 예수님을 보려고 한 이유에 대해서는 설명하지 않습니다. 아마도 예수님에 대한 소문이 삭개오의 호기심을 자극했을 것입니다.

누가복음 18:37절에서 "나사렛 예수께서 지나가신다."는 소문을 듣고 앞을 보지 못하는 자가 외친 것처럼, 삭개오도 예수님이 여리고로 지나가신다는 소문을 들었습니다. 돌아다니면서 하나님 나라의 복음을 전하였던 예수님에 대한 소식을 들었습니다. 앞을 못 보던 바디매오가 예수님을 보고 "다윗의 자손 예수여, 나를 불쌍히 여기소서."라고 고백한 것처럼 삭개오도 바디매오와 같은 신앙과 호기심이 있었다고 추측합니다.

삭개오는 예수가 소문과 같은 사람인지 확인하기 위해 나섰지만, 예수님을 보지도 못하게 되었습니다. 왜냐하면, 삭개오는 키가 작아서 무리들 뒤에 서서는 예수님을 볼 수 없었기 때문입니다. 그는 사람들 사이를 밀치고 갈 수도 있었겠지만, 그렇게 하지 못했습니다. 그럴 용기도 없었고 사람들이 자신을 대하는 태도와 수군거림을 알기 때문입니다. 삭개오는 자기에게 있는 두 가지 장애물인 키가 작다는 열등감과 스스로를 소외시킨 자기혐오를 물리치는 대신 다른 묘수를 짜냅니다. 그것은 돌무화과 나무 위에 올라가는 것입니다.

삭개오는 스스로를 소외시켰습니다. 직업에 대한 적대적인 외부의 시선과 스스로 규정지은 직업 혐오와 키가 작음에 대한 수치심을 가졌습니다. 그래서 당당하게 나서지 못했습니다. 사람들이 막무가내로 예수님께 다가오지 못하게 막지는 않았지만, 삭개오는 몸도 마음도 작은 자였습니다. 그러나 예수님에 대한 열망이 강렬했기 때문에 포기하지 않고 예수님이 지나가게 될 곳에 위치한 돌무화과나무(Sycamore- fig Tree)를 향해 달려가 그 위로 올라갑니다.

예수님의 예지에 의해-하나님의 뜻에 의한-두 사람의 운명적인 만남이 이루어집니다. 예수님은 이 만남을 미리 아셨지만, 삭개오는 다가설 수 없었던 환경을 이기고 행동합니다. 마치 앞을 보지 못하는 자가 예수님을 만나려고 한 것처럼 말입니다.

앞을 못 보는 자는 사람들의 제지에도 불구하고 '다윗의 자손 예수여 나를 불쌍히 여기소서'라고 외쳤습니다. 예수님과 함께 길을 걷는 자들이 꾸짖어 잠잠하라고 했지만 그는 더 크게 외쳤습니다. 마침내 앞을 보지 못하는 사람은 예수님께로 나왔고, 다른 사람의 방해에도 불구하고 예수님을 만나 믿음으로 구원(σῴζω)을 받았습니다.

주님을 만나는 것을 방해하는 장애물이 때로는 외부적인 것보다 내면적인 것이 더 클 때도 있습니다. 그러나 삭개오처럼 희망이 더 크다면 희망에 만족하지 결과에 두려움을 가지지 않을 것입니다. 희망은 희망이 이루어지는 것과 이루어지지 않을 두려움을 동시에 가집니다. 삭개오는 두려움 대신 소문으로만 들었던 예수님에 대한 정보를 확인하려고 했습니다. 그래서 혹시 예수님을 만나지 못해도 실망하지 않았을 것입니다. 그러나 복음의 실체를 확인하는 만남을 희망했습니다.

희망이 크면 절망도 큰 것이 아닙니다. 희망의 노력 끝에 찾아오셔서 말 걸어주시는 주님과 조우할 때 큰 절망은 기억하지도 못하고 기쁨에 묻힙니다. 수치심 때문에 과부의 간청을 들어주는 관리보다, 더 사랑하시고 자비로우신 하나님은 가장 좋은 선물을 우리에게 주시는 분입니다. 바로 그분이 오신다는 소문에 삭개오의 마음은 꿈틀거렸습니다. 왜냐하면, 그는 알고 있었기 때문입니다. 나를 잘 대해 주실 예수님의 만남을 기다렸고 어떤 장애물과 자기혐오와 열등감도 막을 수 없었습니다. 두 사람에게 일어난 이심전심의 마음의 교류는 설사 직접적인 만남이 이루어지지 않았을지라도 삭개오는 담담했을 것입니다.

우리들은 자기를 미워하는 마음 때문에 정해놓은 길을 걸어가지 못하게 되는 경우도 생깁니다. 자기혐오에 빠지면 자기를 둘러싸고 있는 환경과 상황, 그리고 자기를 사랑하지 못하는 것 때문에, 또는 타인과 비교하기 때문에 늘 그늘 속에 있기도 합니다.

그렇지만 어떤 가치를 기준으로 나를 재단하고 평가하려는 사람들로부터 나를 보호하고 벗어나기 위해서는 '하나님이 나를 가장 아름답고 가치있는 존재로 만드셨다'는 말씀을 마음으로 되새기고 입의 말로 중얼거려야 합니다. 나를 비난하는 말과 홍보는 말에 자기 자신을 칼로 찌르는 자해행위를 하기보다 주님이 나에게 주신 '넓은 마음의 바다'에 뛰어들어야 합니다.

그러면 나를 찔렀던 비수 같은 것들이 흔적도 없이 사라질 것입니다. 그리고 내 마음을 새롭게 지으시고 가꾸어가시는 주님을 바라보면, 단순히 상처나 찔림에 견디어 내는 내가 아닌, 더 자라 있는 나를 발견하게 됩니다. 왜냐하면, 삭개오에게는 목적이 분명했고 그렇게 부끄럽지 않은 삶을 살았다고 여겼기 때문입니다.

예수님께서는 어떻게 삭개오의 이름을 아셨는지 알 수 없습니다. 예수님이 신적인 능력이나 세리장이라는 직함으로 아셨는지는 정확하지는 않습니다. 어쨌든 아시고 돌무화과나무 위에 있는 삭개오를 쳐다보십니다. 그리고 부릅니다. "삭개오야!" "속히 내려오라." "내가 오늘 네 집에 유하여야 하겠다."라고 말씀하십니다(5절).

예수님이 삭개오의 이름을 구체적인 개인으로 부를 때 소외당하고 수군거림 당하고 차별받았던 삭개오가 하나의 세리장에서 주체적 개인으로 바뀌게 됩니다. 예수님에 의해 이름이 불리기 전까지는 아무것도 아닌 자가 새롭게 무엇을 하기 위한 존재가 된다는 뜻입니다. '아무나'가 불렀다면 해프닝으로 끝나지만, 예수님이 "쳐다보시며" 부르셨다는 것은 새로운 탄생입니다. 그분의 부르심에 응답하는 자는 자신이 주체가 되며 주체가 됨을 재인식하게 됩니다.

예수님의 부름은 권력에 종속시키기 위한 쳐다봄과 부름이 아니라 새로운 자아로 변화시키고 진정한 자기 정체성을 만들어가는 과정화의 부름입니다. 주님이 쳐다보는 것과 주님의 부름은 모든 차별적인 생각을 잠재워버리는 자유와 해방의 부름입니다.

예수님께서 부활하신 후에 시몬 베드로를 향하여 "요한의 아들 시몬아, 네가 이 사람들보다 나를 더 사랑하느냐?"라고 부르시고 물으셨을 때 베드로는 예수님을 거절해서 부담스러웠고 힘들었던 마음에서 새 영을 가진 제자로 거듭날 수 있었습니다. 이때 베드로의 마음이 헝클어졌다면 예수님의 부름에 응답하지 못하고 실패했을 것입니다.

불러 주시는 이가 누구인가에 따라서 사람들은 반응을 다르게 합니다. 예수님의 부름에 종속되어 어쩔 수 없이 끌려가는 존재가 아니라 예수님과 계속 주고받는 반응과 응답을 통해 한 단계 도약하는 자아로, 주체적 신앙인으로 발전하게 됩니다.

주님은 지금도 우리를 쳐다보시며 부릅니다. 당신은 어떻게 응답하시겠습니까?

둘째, 혁명적 사건이 일어난 곳- 여리고와 죄인의 집 19:7

예수님과 삭개오의 만남은 예수님께서 여리고로 들어가는 길에서 발생했습니다. 여리고를 배경으로 일어난 사건은 누가복음 9:51부터 시작되는 '예루살렘을 향한 긴 여행 이야기'(눅 9:51-19:44)의 마무리입니다. 본문, 누가복음 18:9절부터 사회에서 소외당하고 낮은 자들이 등장합니다. 그들은 선포된 하나님 나라에 반응하므로, 다시 말해 하나님 나라는 낮아진 자들이 은혜로 들어가는 나라임을 분명히 알려주고 있습니다. 누가복음 18:20-30절에 나오는 의인이면서 부자인 관리는 삭개오와 같은 질문을 받지만 돈이 장벽이 되어 근심합니다. 하지만 삭개오는 예수님으로부터 구원이 임했다는 대답을 듣습니다.

예수님은 "여리고로 들어가 지나가십니다."(1절) 여리고는 예루살렘에서 북동쪽으로 약 35킬로미터 떨어져 있습니다. 팔레스틴 지역에서 가장 오래된 도시입니다. 이스라엘 백성들이 애굽을 탈출한 뒤 40년 광야생활을 마치고 가나안 땅으로 들어갈 때 처음으로 전쟁을 벌인 장소가 바로 여리고입니다. 이 지명이 복음서에도 몇 번 나옵니다. '선한 사마리아 사람'의 비유(눅 10:30 이하)와 눈이 보이지 않는 사람의 치료 이야기(마 20:29-34)에서 그리고 오늘 본문입니다.

본문은 예수님과 삭개오의 만남이 이루어진 장소와 공간에 대한 구체적인 묘사를 합니다. 정통 유대인들에게 있어서 여리고는 그리 주목받지 못하는 장소이며 하나님의 나라와는 전혀 관계가 없는 장소였을 것입니다. 그런데 그런 장소에서 이미 앞을 못 보던 자와 세리에게 구원을 베푸셨습니다. 이런 점에서 삭개오를 만나는 이 번에도 우리로 하여금 기대를 갖게 해줍니다. 그 혁명적인 만남의 소박한 장소가 돌무화과나무에서 삭개오의 집으로 옮깁니다. 삭개오와 예수님과의 만남이 이루어지는 장소가 점점 더 구체화 됩니다.

예수님의 말씀 중에 "오늘"과 "~하겠다"라는 표현은 하나님의 분명한 때가 이르렀다는 의미이며 소심하지만 분명한 '혁명'이 일어난다는 기대를 불러일으키며 흥미를 가지게 합니다. 삭개오는 속히 내려오라는 주님의 말씀에 응답도 하고 적극적인 행동을 합니다. 삭개오는 급히 나무에서 내려와서 즐거워하며 예수님을 영접하여 자기 집으로 모시고 갑니다(6절).) 앞의 부자 관원은 예수의 말씀에 근심을 했지만(눅 18:23) 삭개오는 전혀 다른 반응을 보입니다. 적극적으로 수용하며 순종합니다. "오늘, 네 집에 머물겠다"는 말씀에 기쁨으로 반응합니다.

왜냐하면, '머물겠다'는 말은 단순히 거쳐 가는 집이 아니라 그곳에서 주는 것을 먹고 마시겠다는 의미이기 때문입니다(눅 10:7절).

이제부터 삭개오의 집은 동네의 사람들에게 주의를 끄는 집이 되었습니다. 삭개오의 집은 누구에게나 집중을 해야 하는 장소가 되었습니다.

삭개오와 예수를 제외한 모든 사람들이 수군거립니다. 7절입니다.

"뭇사람이 보고 수군거려 이르되"

한번 상상해 봅니다. 집에 들어오신 예수님은 급히 차린 밥상-아니면 간단한 빵과 포도주- 앞에 삭개오와 마주 보고 있습니다. 집주인인 삭개오가 간단한 음식을 차리지만, 식탁의 주인공과 주도권은 예수님이 가지고 있습니다. 삭개오는 즉각적으로 행동합니다. 어쩌면 미리 음식을 준비해 두었는지도 모릅니다.

삭개오의 집에서 처음 본 두 사람의 즉석 만남이 이루어졌습니다. 두 사람은 빠르게 가까워집니다. 두 사람의 친밀감이 깊어집니다. 두 사람이 얼굴을 맞댄 경험이 이전에는 없었기 때문입니다. 삭개오의 집은 단순한 공간이 아니라 공간과 시간 속에서 한 인간을 혁명적으로 변화시키기 위해 사랑으로 유대감이 깊어지는 곳이 되었습니다. 서로 소통하기 위해 이미 그어 놓은 선이나 경계는 무너졌습니다. 이것이 예수님이 가지고 계신 사람 대하는 태도였습니다. 먼저 삭개오를 보고 부르시며 집에 가자고 하였지만 힘의 우의를 가지지 않았습니다. 그러나 보통 사람들은 한 공간에 있지만 자기만의 주장을 늘어놓거나 권력자와 가진 자의 중심으로 해석하기 때문에 그곳은 '하나의 공간'이지 한 인간을 근원적으로 변화시킬 장소는 아닙니다.

사람들은 수군거려 말합니다.

"저가 죄인의 집에 유하러 들어갔도다 하더라."

'뭇사람'은 모든 사람이거나 특히 예수님에 대해 불평하는 바리새인과 율법 학자들이기 때문에(눅 5:30, 15:2) 수군거림의 주체는 율법학자와 바리새인입니다. 바리새인들은 세리를 죄인으로 여겼습니다. 누가복음 18:11절에서 바리새인은 세리를 토색, 불의, 간음하는 자와 동일하게 여깁니다. 그러나 세리들이 모두 죄인인 것은 아닙니다. 특히 누가복음에서는 세리를 부정적으로 보지 않습니다((3:12, 5:27, 7:29, 15:1, 18:10).

유대인들의 삶에 중요한 기둥인 율법 해석에 권위를 가진 바리새인들은 물론이고 보통의 유대인들도 세리에 대한 고정관념 즉, 세리들은 힘과 억지로 세금을 거두어들였다는 것을 믿었습니다. 삭개오를 아예 죄인으로 정죄를 합니다. 특히 삭개오가 세리들의 장이었기 때문에 더 큰 죄인으로 여겼을 것입니다. 그곳에 예수님이 들어가셨고 죄인과 함께 음식을 먹는다는 사실은 그냥 넘어갈 수 없는 일입니다. 예수님은 비난받을 만한 행동을 했습니다. 그러나 법을 어기면서까지 들어가신 예수님은 분명한 의도가 있었습니다. 그것이 무엇일까요?

셋째, 삭개오의 항변과 예수님의 혁명적 선언 19:8-10

예수님이 죄인으로 정죄된 사람과 한 공간에서 먹고 마시고 자는 행위는 유대인들의 하나 됨을 깨는 일탈적인 행동입니다. 삭개오가 죄인이라는 수군거림은 사람들이 가진 통념에서 나온 것이기에 본문에서는 실제로 삭개오가 세리장으로서 어떤 죄를 지었는지에 대해서는 말하지 않습니다.

소외와 죄인이라는 낙인찍기의 효과가 발휘하는 순간입니다. '낙인찍기'는 'labelling effect'입니다. 한번 그런 사람으로 낙인을 찍으면(stigma) 그런 사람 또는 그런 결과를 만든다는 이론입니다. 한쪽으로 치우친 마음의 진단이며 이 진단을 그대로 그 사람에게 적용시키는 것입니다. 세리는 죄인이므로 삭개오는 세리장이니까 더 큰 죄인이라는 겁니다.

본래 예수님은 낙인찍기에 벗어나 있는 분이었습니다. 그렇지만 사역하면서 수많은 낙인찍기를 당했습니다. 그래서 더욱 삭개오는 예수님 앞에 내놓을 말이 있었습니다. 마음이 두근거립니다. 빨리 말하고 싶습니다. 숨쉬기가 어려울 겁니다. 그래서 앉지도 못하고 서서 그가 드디어 말합니다. 누가복음 19:8절입니다.

> "삭개오가 서서 주께 여짜오되 주여, 보시옵소서. 내 소유의 절반을
> 가난한 자들에게 주겠사오며 만일 누구의 것을 속여 빼앗은 일이 있
> 으면 네 갑절이나 갚겠나이다."

삭개오는 예수를 "주"(κύριος)라고 부릅니다. 누가복음 18:38절의 앞을 보지 못하는 자도 예수를 다윗의 자손이라고 불렀으며(18:38, 39), 보기를 원한다며 "주"라고 부릅니다(18:41). 그리고 못 보는 사람에게 예수님은 메시아였습니다. 그가 가진 이 메시아 신앙은 분명히 소문으로 들은 예수를 구세주라고 믿었다고 저는 생각합니다.

그렇다면 삭개오도 이미 예수님에 대한 믿음이 생겼을 수도 있습니다. 부자 관원과는 달리 보지 못하는 자의 실례가 그대로 적용된다면 삭개오에게도 같은 은혜가 부어질 것입니다. 그것도 소박하지만 혁명적인 은혜입니다. '소박하다'는 뜻은 사람들의 낙인찍기에 제대로 대꾸하지 못한 삭개오의 절망과 자기혐오를 예수님께 항변하므로 얻어지는 꾸밈과 거짓이 없는 행복한 마음입니다. 삭개오 자신만이 가진 행복과 안도감입니다.

삭개오는 말합니다.

> "내 소유의 절반을 가난한 자들에게 주겠사오며 만일 누구의 것을 속

여 빼앗은 일이 있으면 네 갑절이나 갚겠나이다."

그런데 이 구절에서 생각해 보아야 할 것이 있습니다. NRSV는 "Look, half of my possessions, Lord, I will give to the poor, and if I have defrauded anyone of anything, I will pay back four times as much."라고 "주겠사오며"(will give)와 "갚겠습니다"(will pay back)를 미래형으로 번역했습니다.

"주겠사오며"(to give, δίδωμι)와 "갚겠사오며"(to give back, ἀποδίδωμι)를 어떤 시제로 번역하느냐에 따라서 삭개오가 회개를 하고 이렇게 하겠다는 것인지, 아니면 지금까지 이렇게 해 왔다는 것을 예수님께 항변하는지 달라집니다.

첫째, 미래적 현재라면 "앞으로 저의 재산의 절반을 주고 만약 누군가의 것을 토색했다면 네 배로 갚아주겠습니다."로 번역하고 해석합니다. 대부분의 경우와 사람들은 이것을 채택하고 있습니다.

둘째, 습관적 현재로는 "지금도 저의 재산의 절반을 가난한 자들에게 주고 있으며, 만약 누군가의 것을 토색했다면 지금도 네 배로 갚아 주고 있습니다."로 번역하여 해석합니다. 이 해석을 따르면 삭개오는 이미 재산의 절반을 가난한 자들에게 주고 있었습니다. 토색했을 경우는 네 배로 갚아 주고 있었습니다. 저는 이 둘째 해석을 선호합니다.

삭개오는 다른 세리들과 달리 토색 없이 정당한 수입으로 부자가 되었습니다. 삭개오는 재산을 아끼지 않고 구제에 힘쓰고 있으며, 직업을 악용하지 않는 윤리적인 사람입니다. 삭개오라는 이름대로 의로운 자의 삶을 살고 있었습니다.

수군거리는 자들 즉 낙인찍기에 앞장선 사람들은 삭개오의 의로운 행실을 보지 않고, 오직 세리장이란 직업을 가지고 있다는 이유로 수군거렸고 죄인으로 취급했습니다. 어디에다 자신의 일을 말하기도 멋쩍은 삭개오는 자신의 마음과 행위를 알고 있을 예수님께 항변합니다. 소박한 항변은 주님의 보좌 앞에 나와서 자신의 마음을 열 때 불씨가 생기고 활활 타오르게 됩니다.

예수님은 삭개오의 열변에 이렇게 선언합니다.

> "예수께서 이르시되 오늘 구원이 이 집에 이르렀으니 이 사람도 아브라함의 자손임이로다."(눅 19:9).

수군거리는 자들이 삭개오의 말도 들었듯이 당연히 예수님의 이 선언도 들었을 것입니다. 삭개오의 항변을 의식한 예수님의 답변은 권위를 담은 말씀입니다. 더욱 선한 길을 가라는 격려의 말씀입니다. 예수님은 아브라함의 아들이기 때문에 삭개오와 그의 집에 구원을 선포하십니다.

> "오늘 구원이 이 집에 이르렀으니 이 사람도 아브라함의 자손임이로다."(눅 19:9).

여기서 '구원'은 누가복음에서 3번 사용한 단어입니다(눅 1:69, 71, 77). 이 단어는 세례 요한과 예수님의 사역을 예언한 사가랴의 예언과 관련이 있습니다. 사가랴의 예언에 의하면, 예수님은 아브라함을 향한 하나님의 맹세에 따라 구원을 베푸십니다(눅 1:68-73). 세례 요한은 회개에 합당한 열매를 맺는 자가 아브라함의 자손이라고 말씀합니다(눅 3:8). 누가복음에서 말씀하는 세례 요한의 회개는 '합당한 열매를 맺는 것'(눅 3:8)과 '좋은 열매를 맺는 것'입니다(눅 3:9). 바리새인들과 율법학자들이 책상에서 말하고 논쟁하는 이론이 아니라 삶의 현장에서 살아지는 삶의 변화입니다.

누가복음 3;13절에서는 요한에게 무엇을 해야 되는지 묻는 세리들에게 "부과된 세금만 걷으라"고 합니다. 회개는 반드시 말로 고백되어지는 것도 포함하지만 누가복음의 저자 입장에서는 공정하게 세금을 거두는 것을 의미합니다. 그런 면에서 삭개오가 회개에 대한 말의 고백이 없었고 공정하게 세금을 걷었다는 뜻입니다. 만약에 부당한 세금 징수가 있었다면 네 배로 갚아 주었다'는 그의 항변은 회개의 한 표현으로 생각할 수 있습니다. 특히 누가복음 5:20-24절에서는 회개에 대한 고백이 없어도 믿음을 보시고 죄를 사해주십니다. 예수님의 선언은 삭개오와 그의 집에 구원이 바로 예수님이 베푸신 식탁을 통해 재확인되는 축복을 받습니다.

그러나 더 혁명적인 예수님의 선언이 동시에 선포됩니다.

"인자가 온 것은 잃어버린 자를 찾아 구원하려 함이니라."(눅 19:10)

예수께서는 잃어버린 것을 찾아 구원하기 위하여 오셨습니다. 에스겔 34:11-12절에 "주 여호와께서 이같이 말씀하셨느니라. 나 곧 내가 내 양을 찾고 찾되, 목자가 양 가운데에 있는 날에 양이 흩어졌으면 그 떼를 찾는 것 같이 내가 내 양을 찾아서 흐리고 캄캄한 날에 그 흩어진 모든 곳에서 그것들을 건져낼지라."라고 목자의 긍휼함과 애타는 심정을 표현하듯이 예수님은 하나님을 떠난 악인과 죄인을 찾아 구원하기 위해 오셨습니다. 그리고 하나님이 필요한 사람을 찾으러 오셨습니다.

예수님께서 여리고를 지나가시다 삭개오를 만난 것은 우연이 아닙니다. 낙인찍기와 따돌림이 성행하고 편견에 의해 희생당하고 그것 때문에 자기를 혐오하고 열등감에 시달리는 자들에게 소박한 회복을 위해 만나셨습니다. 이런 자들에게 혁명적인 선언을 하기 위해 여리고로 오신 것입니다.

예수님은 삭개오의 집에서 혁명적인 선언을 하십니다.

"인자가 온 것은 잃어버린 자를 찾아 구원하려 함이니라."

이 혁명적 선언으로 인하여 아브라함의 잃어버린 자손, 삭개오와 그의 집은 그동안의 시달림과 따돌림으로 발생한 죄인으로 정죄된 심리적인 병으로부터 회복되는 은혜를 입었습니다. 삭개오는 참으로 긴 세

월 동안 피해를 입어 스스로도 잃어버린 자로 여기는 우울감에 빠졌습니다. 하지만 예수님께서 그의 이름을 불러 주시고, 모두가 보는 가운데 그의 집으로 들어가시고, 함께 음식을 먹고 마시고, 삭개오의 이야기를 듣고 "오늘 구원이 이 집에 이르렀으니 이 사람도 아브라함의 자손임이로다."라고 선언해주셨습니다.

그래서 그의 집에서 회복의 역사가 일어났습니다. 지금까지 그의 집은 의미 없는 공간이었지만 이제는 사람들에게 희망을 주고 상처를 쓰다듬어 주는 장소가 되었습니다. 잃어버린 자들이 회복될 수 있는 기대감이 넘치는 장소가 되었습니다.

나가는 말

삭개오의 행동과 말을 보면 본문의 주인공이 삭개오라고 생각할 수 있습니다. 그러나 본문의 핵심은 예수님의 미리 아심과 말씀과 행위입니다.

예수님과 삭개오의 만남은 우리에게 희망하기를 멈추지 말라고 합니다. 예수님에 대해 소문을 들었을지라도 그분을 만나려는 열정을 가지라고 합니다. 예수님은 일상에서 아무도 관심을 갖지 않는 시간과 장소를 소박한 혁명을 일으키는 도구로 사용하십니다. 소박한 한 인간일지라도 옛 것을 끊어버리게 하는 사건을 바로 오늘 경험하게 하십니다.

사람들은 스스로 자기 집 입구를 좁게 만듭니다. 잘 들어오지 못하게 이런저런 이유로 문을 좁힙니다. 우리 집은, 우리 교회는, 그리고 나 삭개오는 아무나 올 수 있는 집과 문이 아니라고 해서는 안 됩니다. 주님이 삭개오를 부르시고 찾아오신 그의 집은 예수님이 '오늘' 찾아와서 먹고 마시고 마음으로 대화한 이후로는 열린 문이 되었습니다. 교인이라도 이래서 안 되고 저래서 안 되고, 또 이런저런 이유로 안 된다고 해서는 안 됩니다.

주님의 문은 나만을 위한 문이 아닙니다. 그러므로 문을 여는 자가 되기를 축복합니다. 자신이 나름대로 열린 문이라고 생각한다면 감사하고 조화롭게 하려는 마음으로 주님께 나아가기를 바랍니다. 만약 자신이 힘들고 어려운 상황이라면 그 모습 그대로 내 이름을 불러 주시고 만나려는 예수님께 나아가기 바랍니다. 낙인찍기의 피해자라고 한다면 그것을 소박한 혁명으로 끊어내고 주님께 향하기를 바랍니다. 태양과 달이 구름에 가려졌다고 해서 없는 것이 아니듯이 낙인찍기나 자기혐오와 열등감 또는 수군거림을 당한다고 우리들이 가진 신앙의 빛이 없는 것은 아닙니다.

주님을 만나려는 열정적인 사랑을 간직하고, 돌무화과나무에 올라갔던 삭개오처럼 열정적인 사랑을 끝까지 간직하고 주님을 기다리시기를 바랍니다. 그리고 힘껏 주님과 함께 씨름하시기를 바랍니다.

두려움과 수군거림은 희망을 이길 수 없습니다. 삭개오에게 일어난 소박한 혁명은 어두움과 수군거림을 극복하게 합니다. 그래서 주님이 선포하신, 찾으시는 목자의 심정에 일치하는, 기쁨으로 가득하시기를 축복합니다.

8.

네 자리를 들고 걸어가라!

요한복음 5:1-9

들어가는 말

사람들이 '힐링'이라는 말을 많이 합니다. 예술을 통해서도 힐링, 철학을 통해서도 힐링, 문학을 통해서도 힐링, 그리고 어떤 사물이나 일이나 행위들을 통해서도 힐링 된다는 말을 합니다. 심지어 타오르는 장작의 불꽃을 보거나 호수나 개천의 물을 보면서도 마음의 힐링을 느낀다고 합니다. 왜냐하면 현재를 살아가면서 마음이 공허하거나 피곤하고 살기가 힘들기 때문입니다.

사실 사람들은 자기의 삶에 기대를 가집니다. 무엇인가 욕망하면서 인생을 살아갑니다. 최선을 다해 노력하면 성공할 수 있다고 생각합니다. 그런데 노력해도 안 되면 공평하지 않다고 말합니다.

노력하면 성공할 수 있다고 말은 하지만 그렇게 생각하는 사람은 점점 줄어듭니다. 시간이 흐를수록 사회는 불평등이 확고하게 진행됩니다. 불평등이 고착화 된 사회에서 진행되는 일은 불공정한 결과를 낼 수밖에 없습니다.

그런데도 '할 수 있다'는 말을 계속 반복하게 하므로 우리가 살고 있는 사회는 긍정 사회임을 보여주려고 합니다. 긍정 사회라는 것은 성공하지 못하는 사람은 자기의 삶을 주체적으로 살아내기 힘들다는 것을 의미합니다. 긍정적으로 성취하는 자만이 살아남고, 승자가 모든 것을 가지는 사회입니다.

그러니 성취하지 못하는 사람들, 또는 성과를 내지 못하는 사람들은 사회의 변방으로 밀려날 수밖에 없습니다. 이런 구조 속에서 밀려난 사람들은 부정적인 사람들로 변합니다. 겉으로는 능력에 따른 공정성이라고 말하지, 실제로는 차별과 구별입니다. 이런 차별과 구별이 일상화되면 사람들은 무너지고 현실에 적극적으로 참여하지 않습니다.

이런 구조 속에서는 사람들이 자신의 삶을 사는 것이 아니라 떠밀려 살거나 그저 '연명'한다고 할 것입니다. 즉, 죽지 못해 겨우 산다는 뜻입니다. 그러나 자신의 삶을 산다는 것은 자신의 의지대로 행복을 누리며 사는 것입니다. 불공정한 사회에서 그리고 기울어진 운동장의 끄트머리에서 할 수 있으니까 자신의 삶을 살아보라는 것은 오히려 자신의 삶을 살지 못할 가능성이 큽니다. 그러므로 잘못된 구조에 있는 사회에서 '잘하면 잘 살 수 있다'는 말은 거짓입니다.

여기에서 우리가 믿는 기독교의 정체성이 무엇이냐? 하고 질문합니다. 예수를 그리스도로 믿고 고백하는 것이 나의 삶에 중요한 의미가 있고 어떤 방향과 목적을 지향해야 하는지를 조금이나마 알려준다고 생각합니다.

그러므로 차별과 불공평한 사회 때문에 고통과 어려움을 겪을지라도 "그래도 너의 인생은 살만하냐?"라고 질문하면 "예"라고 대답하게 해주는 실마리를 본문에서 찾을 수 있습니다. 그것은 바로 예수와의 만남입니다. 성공한 사람들만 있는 사회나 종교에서, 그리고 삶에 영향을 주고 힘을 행사하는 그런 사람만 살만한 것이 아닙니다. 불쾌한 냄새가 나고 우울하고 힘들어하는 사람도 살만합니다. 그 이유는 신음의 자리에 찾아오시는 예수와 만날 때 '살만한' 인생의 전환점이 되기 때문입니다.

그리고 그의 말을 올바로 들을 때 상처받은 우리의 삶은 숨을 쉬는 틈과 간격을 갖게 됩니다. 들숨과 날숨 중에서 어느 하나라도 작동하지 않으면 죽습니다. 죽는다는 것은 살지 못하는 것입니다. 죽지 못해 사는 사람이라도 인간이 주체가 되어 찾아오시는 주님을 만나면 살만한 인생으로 방향이 전환됩니다. 더욱 감사하고 희망적인 것은 성경은 "인간이 하나님을 찾고 발견하는 이야기가 아니라 하나님이 주도적으로 인간을 찾고 구원하는 이야기"[1]라는 사실입니다.

말씀하시는 예수를 만나는 그곳에서 '사건'이 일어납니다. '사건'은 단순한 해프닝으로 끝나지 않습니다. 완전하게 인생을 전복시킵니다. 마지못한 인생에서 꼭 살아야 할 이유를 갖게 합니다. 별것 아닌 것 같았던 틈 사이로 나에게 일어난 일들을 마주하며 세상을 바라볼 때 위로를 받기도 하고 위로를 전해 줄 자로 마음이 커지기도 합니다. 본문을 보면서 어떤 '사건'이 일어났는지 그 사건이 우리에게 어떻게 적용되고 살아가야 할 충분한 이유가 되는지 살펴보겠습니다.

요한복음에서의 치유사건은 공관복음과는 조금 다릅니다. 요한복음에서는 귀신을 쫓아내는 축귀사건이나, 안수에 의한 치유, 혹은 나병 환자를 깨끗케 하시는 치유사건이 나오지 않습니다. 요한복음에서 치유 이야기는 4장 46-54절, 5장 1-20절, 9장 1-41절에만 나옵니다.

첫째, 시간과 장소-유대인의 명절과 베데스다의 연못 5:1-2

요한복음 5장에 나오는 앉은뱅이 병자의 치유 이야기는 요한복음에서 세 번째 표적입니다. 요한복음 2장부터 4장에 나오는 물로 포도주를 만든 표적과 사마리아 여인의 이야기와 왕실 관리의 아들을 고친 이야기가 가나안 가나에서 시작하여 가나에서 끝난 표적이라면 요한복음 5-12장은 유대인의 명절 기간에 일어난 표적입니다. 그래서 요한복음 5:1절 첫 부분을 "그 후에"(Μετὰ ταῦτα)라는 표현으로 시작합니다(요 5:1; 2:12; 3:22; 4:43). 이것은 앞으로 전개될 이야기가 새로운 방향으로 나갈 것임을 알려주는 표현입니다. 그러므로 우리는 기대감을 갖고 이 이야기를 살펴봐야 합니다. 요한복음 5:1절입니다.

> "그 후에 유대인의 명절이 되어 예수께서 예루살렘에 올라가시니라."

예수님은 유대인의 명절인 축제 기간에 예루살렘으로 가서 머무십니다. 정확하게 유대인의 어떤 명절인지는 알 수 없지만, 유대인들이 유월절, 오순절, 초막절에는 예루살렘에 올라갔기 때문에 이것들 중의 하나일 것입니다. 2절입니다.

> "예루살렘에 있는 양문 곁에 히브리 말로 베데스다라 하는 못이 있는 데 거기 행각 다섯이 있고"

유대인들은 예수님이 말씀하시는 "양문"이란 단어를 들으면 예루살렘 성전으로 들어오는 문, 즉 성전 북쪽에 있는 "양문"을 떠올립니다. 느헤미야 3:1절에 보면 "양문"은 예루살렘 성전과 성벽을 느헤미야의 주도로 재건할 때 가장 먼저 건축된 문입니다. "양문"은 사람들이 다니는 문이 아닙니다. 이 문은 양이나 소 같은 제사에 쓰이는 가축들이 들어가는 문입니다.

당시에 성전으로 들어가려면 성전세를 내야했기 때문에 가난하거나 아픈 사람들은 자연스럽게 가축들이 드나들었던 양문으로 다니게 되었습니다. 이방인의 뜰에서는 제사에 쓰는 가축의 거래가 있었습니다. 양문으로 가축들을 들여왔고 순례객들은 가축을 가져올 수 없기 때문에 구입을 하면 되었습니다. 예수님은 성전 안으로 들어갈 수 없는 가난한 사람들이 그곳에 있음을 알고 있었습니다.

또한 "양문" 곁에는 연못과 행각 다섯이 있었습니다. 즉 양문 곁에 다섯 개의 기둥을 세워서 복도처럼 만든 행각입니다. 연못의 이름은 "베데스다"입니다. 이름의 뜻은 '자비의 집' 또는 '긍휼의 집'입니다. 이 연못은 기원전 2세기에 시몬이 대제사장으로 있을 때 성전에 물을 공급하기 위해 만들었지만, 지금은 유대인들이 제사를 드리러 성전에 갈 때 희생 제물로 드릴 양들을 깨끗하게 씻겼던 곳으로 추측합니다. 그런데 이런 기능도 사라집니다. 왜냐하면, 이미 장사꾼들이 잘 기른 제사용 가축들을 팔고 있었기 때문입니다.

이 행각에는 많은 병자와, 맹인, 다리 저는 사람, 혈기 마른 사람들이 누워 있습니다(3절). 그 이유는 때가 되면 천사가 연못에 내려와 물을 휘젓곤 했다는 것입니다. 그리고 천사가 휘저어서 물이 움직일 때, "먼저 들어가는 사람은 그가 어떤 병에 걸렸든 건강해지곤 했다."는 것입니다. 그렇다면 다섯 개의 행각은 환자들을 수용하기 위한 시설이라고 볼 수 있습니다(4절). 이 연못에 치료의 효과가 나타났다는 말이 진실처럼 돌아다니면서 고치기 힘든 병에 걸린 사람들도 일말의 희망을 가지고 모여들었습니다. "양문"을 경계선으로 성전 안에는 돈을 주고

산 제물로 정결함과 거룩함과 죄 사함을 얻는 가진 자들이나 성취한 자들이 있습니다. 그리고 양문 곁에는 천사가 물을 움직일 때 누군가가 먼저 데려가 주기를 기다리며 삶을 연명하는 자들이 있습니다.

"양문" 곁의 병자들은 언젠가는 나도 나을 수 있다는 희망 고문이 지속되고 있었습니다. 왜냐하면, 때를 따라 천사가 연못에 내려와 물을 움직이게 한다는 데 '그때'가 언제인지는 아무도 모르기 때문입니다. 병자들끼리 경쟁하는 하위 리그가 치열하고 살벌하게, 그리고 날마다 촌각을 다투면서 벌어지고 있는 이 곳은 지옥과도 같습니다. "자비의 집"이라는 이름을 지어 삶의 경쟁에서 낙오한 자들을 따로 모아 놓았습니다. 특히 병자가 된 이유가 하나님의 징벌이라고 낙인 찍으며 거룩하고 정결하지 못하고 더럽고 부정한 자들이라고 구별하였습니다.

이런 것들이 바로 "구별짓기"입니다. 사람들은 어떤 형태의 집에 사는지에 따라서, 어느 지역에 사는지에 따라서, 정치적인 지향에 따라서, 그리고 다양한 취향에 따라 사람들을 구별합니다. 프랑스의 사회학자 피에르 부르디외(Pierre Bourdieu)는 "취향의 차이"가 사회적 신분을 구별 짓는다고 주장합니다. "취향"은 습관이나 관습을 넘어 한 사람이 가지고 있는 삶의 양식을 의미합니다. 이 삶의 양식과 취향이 사회적 신분을 구별 짓습니다. 아주 교묘하게 구별짓기 때문에 그것을 당연하게 받아들입니다. 그러므로 경제력, 인맥, 교육, 도덕성과 같이 다른 사람을 향해 자신의 힘과 영향력을 행사할 수 있는 것들을 가지고 개인마다 힘을 사용합니다. 그런데 이것은 개인마다 불평등하게 소유하고 있습니다.

교회 안에서도 아주 자연스럽게 구별짓기를 합니다. 서로 말하지 않아도 출신 지역과 직업 그리고 다양한 구별을 짓는 방식을 통해 교회 안에서 핵심그룹을 만듭니다. 흔히 말하는 중산층이 안 되면 교회의 모임에 참여하기 힘들어져서 자연스럽게 교회를 떠나기도 합니다. 예수님은 "구별"을 앞장서서 만들어 내는 바리새인들이나 기득권 종교세력에 맞서 "구별짓기"의 폭력체계를 폭로합니다. 예수님은 구별짓기로 배제당하고 차별당하는 사람들을 해방시킴으로써 더불어 사는 사회와 새 시대를 이끌어내고 있습니다.

둘째, 이름 없는 38년 된 병자 5:5, 7

베데스다 연못 곁에는 많은 환자들이 있었습니다. 환자들은 정해진 기간이 없는 희망을 가지고 연못 가에서 자리를 지켰습니다. 그러나 이 환자들은 방치된 사람들입니다. 사회적 연대에서도 도움을 받지 못하는 사람들입니다. 소외된 사람들이고 기능적인 면에서도 효율성이 떨어지는 병자들입니다.

그곳에 38년 된 병자가 있습니다. 38년은 이스라엘이 광야에서 보냈던 고난과 불평 그리고 하나님의 은혜를 경험했던 기간이기도 합니다. 그러나 이름 없는 환자의 38년은 기적이라고는 하나도 기대할 수 없는 절대 절망의 시간입니다. 더구나 이 사람은 유대인입니다. 스스로 거룩하고 정결하고 의로운 자라고 여겼던 핵심 그룹에서도 완전히 버려진 존재입니다.

특히 이 사람이 성전의 입구에 그토록 오랫동안 있었다면 현재 자신들이 믿고 신봉하는 종교의 무능함을 보여주고 있습니다. 같은 믿음의 가족이지만 그곳에서도 외면해버린 존재입니다. 구약에서는 장애인에 대한 부정적인 표현도 있지만, 장애인을 보호의 대상이며 비장애인들과 동일하게 하나님의 형상으로 지음 받은 존재로 봅니다. 다른 사람들과 동일한 인격을 가지고 삶의 권리와 영적권리를 가진 존재이며 하나님의 관심과 사랑의 대상으로 여기고 있습니다. 그러나 당시의 유대 종교 구조에서는 전혀 보호를 받지 못하고 있음을 알 수 있습니다. 38년을 언급함으로써 당시 종교의 무기력함, 무능력을 그대로 보여줍니다.

이런 구조 속에서 이 병자는 전혀 움직이지 못하는 사람이고 자신의 힘으로는 길을 낼 수 없는 사람이지만, 누구 못지않게 간절하고 긴급한 상황입니다. 그런데 베데스다의 연못은 무조건 1명만 치료받을 수 있는 구조입니다. 따라서 그가 예수님에게 하는 말이 맞습니다. 7절입니다.

> "병자가 대답하되 주여 물이 움직일 때에 나를 못에 넣어 주는 사람이 없어 내가 가는 동안에 다른 사람이 먼저 내려가나이다."

다른 사람의 도움이 없이는 움직이지 못하는 사람이기 때문에 자신을 연못에 넣어 줄 사람이 필요하지만 이 사람은 자신의 가족이나 친척 그리고 친구들과의 관계도 다 끊어졌기 때문에 도와줄 사람이 없습니다. 38년 된 이름 없는 이 병자는 자본도 없고 사회적 관계도 없는 버려진 존재입니다.

마비가 되었다는 것은 정말 심각합니다. 마음은 정말 간장이 녹을 정도로 절절한 데 마비된 자신과 도움을 받을 수 없는 자신의 처지를 원망합니다. 더 나아가서 가까운 사람들이 자기를 도와주지 않는 것을 떠올리며 불만을 말하고 심지어 원망과 저주까지도 합니다. 왜냐하면, 자신의 힘으로 자기의 발을 단 1cm도 움직일 수 없고 100g의 무게도 이동시킬 수 없기 때문에 누군가에게 책임을 돌리고 싶은 심정이기에 그렇습니다. 마비환자는 누군가의 도움이 없으면 절대로 살아갈 수 없습니다. 그런데 38년 된 병자는 주위에 단 한사람도 자신을 도와줄 사람이 없었습니다. 누가 양보하겠습니까? 하나님의 자비로움도 이곳에서는 매우 제한적으로 작동하는 곳입니다.

셋째, 예수님의 시선 5:6

베데스다 연못가의 병자들에게는 명절도 안식일도 축제가 아닙니다. 심지어 편안한 쉼도 없는 기간이고 날입니다. 그들은 오직 연못의 물이 움직이기를 바라면서 기다림에 모든 것을 걸고 사는 인생입니다. 38년 동안 마비된 사람은 오늘도 어제와 같이 아무 일도 일어나지 않을 날로 생각했을 것입니다.

예수님은 38년 동안 누워있던 그 사람을 보십니다. 그의 병이 오래되었고 희망 없이 하루하루 살아가는 인생임을 아셨습니다. 주님의 눈길은 연못이 아니라 마비된 환자에게 집중하십니다. 요한복음 2-4장에서 물은 풍성함을 나타내고 그물을 통하여 자신을 드러내셨지만, 그래서 물을 통하여 무엇인가 일어날 것을 기대하지만, 예수님은 전혀 물에 관심을 갖지 않고 냉정하게 대하고 있습니다.

예수님의 시선은 마비된 환자에게 향하셨습니다. 예수님의 시선은 사람을 보십니다. 자신의 삶을 살지 못하고 겨우 연명하는 자들을 보십니다. 가진 자들과 힘 있는 자들이, 심지어 평범한 자들도 외면해 버린 구별된 장소에 있는 사람들 중에서 38년 된 마비된 환자를 바라보십니다.

시선의 방향이 바뀐다는 것은 인식의 체계가 변하고 관점의 전환을 의미합니다. 예수님의 시선이 마비된 병자를 바라보셨다는 것은 "양문" 너머에 있는 세력들에 의해 곤고하게 자리 잡은 구조를 이미 아셨다는 것입니다. 그리고 "양문" 곁에서 삶을 연명하는 자들의 기대와 희망도 인지하고 있습니다.

"예수께서 그 누운 것을 보시고 병이 벌써 오래된 줄 아시고 이르시되 네가 낫고자 하느냐?"라고 마비된 병자에게 말을 건넵니다. 예수님은 물어 볼 필요도 없는 질문을 합니다. "네가 낫고자 하느냐?"(요 5:6)

그런데 우리는 예수님이 이미 아시는 사실인, "병이 오래된 줄을 아시고"를 주목해야 합니다. 오래되었다는 것은 이미 마비가 되어 다시 살아날 가능성이 없다는 뜻입니다. 그리고 마비가 오래되었다는 것은 육체의 마비는 물론이고 마음의 마비까지 잠식해서 다시 살려는 의지까지 잃어버렸다는 것일 수 있습니다.

그렇지만 그의 답변을 보겠습니다. '나보다 다른 사람이 먼저 들어갑니다.'라고 말합니다.

"병자가 대답하되 주여, 물이 움직일 때에 나를 못에 넣어 주는 사람이 없어 내가 가는 동안에 다른 사람이 먼저 내려가나이다."(요 5:7).

다시 인간답게 살아보고 싶은 마음과 원망과 불평 그리고 아픈 마음의 병이 혼합되어 있는 답변입니다. 병이 깊어 마음 속 깊은 곳에서 나오는 말입니다. 그러나 그는 '시선'을 바꾸지 못했습니다. 아니 자기 앞에 '서 있는' 예수가 누구인지 알아차리지 못했습니다. 우리들은 조금은 알아차립니다. 요한복음 2-4장에서 물은 풍성함과 새로운 삶을 열게 하는 분으로 예수님을 보여주셨습니다.

그러나 지금의 베데스다의 연못의 물은 겨우 일 년에 한번 사람을 고치는 정도의 역할을 하는 물입니다. 아니, 사람을 낮게 한다는 것도 만들어진 허황된 소문일지도 모릅니다. 그런데도 가장 먼저 들어가야만 고칠 수 있는 베데스다의 물이라도 필요합니다.

그래서 사람들은 얼마나 많은 시간 동안 그것에 얽매여서 살았을까요? 그들은 자기 인생을 제대로 살지 못했습니다. 지금 우리가 같은 예배당에서 하나님을 예배한다고 해도 내가 선택한 구원에 관한 바른 진리를 얻지 못했다면, "양문" 너머에 있는 성전 중심의 기득권자들의 구원 신화에 물들어 있거나, 아니면 전혀 다른 구원 체계를 쫓는 어리석은 신자의 모습일 수 있습니다.

성전의 기득권자들이 하는 예배의 모습과 양문에 있는 연못의 신화는 서로 이야기가 다르지만 본질은 같습니다. 어리석은 민중들을 끌어당기는 힘이라는 점입니다. 서로가 침범하지 않고 적당히 공존하고 있습니다. 따라서 우리는 이 둘을 뛰어 넘는 '시선'이 필요합니다.

그것은 우리가 소망하고 진리라고 쫓았던 것들이 진리와 닮은 유사품일 수도 있다는 사실을 인지하고 과감하게 '시선'을 바꿀 수 있는 용기가 필요합니다. 마비된 환자는 38년 동안 아무런 효능도 발휘하지 못하고 말로만 효력을 발휘한 물에 관한 이야기를 하지만, 예수님은 이 환자와 이야기하면서 자신이 '물'임을 드러내십니다.

> "예수께서 대답하여 이르시되 네가 만일 하나님의 선물과 또 네게 물 좀 달라 하는 이가 누구인 줄 알았더라면 네가 그에게 구하였을 것이

요 그가 생수를 네게 주었으리라."(요 4:10).

수가성 여인에게 했던 것처럼 마비된 환자에게 예수님이 하신 말씀이 '물'이고 자신이 '생명의 물'이라고 건넵니다. 그런데 그는 알아차리지 못합니다. 오래되어 고여 있는 베데스다 연못의 물에 대한 신화에 철저하게 묶여있는-세뇌되어 있는- 상태에서는 '바른 시선'을 가질수가 없습니다. 그래서 예수님은 그에게 "원하느냐?"라고 물었습니다. 이 물음은 '시선'을 바꾸고 살려는 '의지'가 너에게 필요하다는 것을 깨우치기 위한 것입니다. 그러나 그는 그렇지 못했습니다.

넷째, 일어나 네 자리를 들고 걸어가라 5:8

예수님은 전혀 다른 차원의 물을 주십니다. 이것은 생명의 물이요 치유하는 물이며, 완전히 온 몸을 총체적으로 낫게 해 주시는 말씀이라는 물입니다. "일어나고 싶으면, 너의 자리를 정리해라, 그리고 걸어라"고 말씀하십니다. 예수님의 말씀에 있는 생령, 즉 '영'이 마비된 환자의 마음에 가서 꽂혔습니다. 예수님이 "일어나라"고 먼저 말씀하십니다. "동굴에 갇혀 있는 것과 같은 어리석은 생각과 결별하라. 잘못된 전통에 매인 줄을 끊어라. 무엇보다 너를 짓누르는 지금의 마음 상태와 시선에서 벗어나라. 그리고 예수의 말씀인 '생수'를 들여 마셔라"라고 말씀하십니다.

이 사람이 일어나기까지는 어떤 물리적인 것들이 작용하지 않았습니다. 그러나 생명의 영이 마음속에 들어가 스스로 주체적인 삶으로 그리고 살만한 인생이 되도록 혁명적인 작용이 일어났습니다. 예수님의 말씀이 마비된 환자의 마음에서 한 알의 밀알 같은 믿음의 씨앗처럼 싹을 틔웠습니다. 이것이 "에게이레"(get up, egeire, 일어나라)입니다. 말씀의 힘이며 능력입니다. 사람을 다시 살리는 힘이 되었습니다. 그는 스스로 일어섰습니다. 생명의 말씀에 의해 새로운 영이 생기면 누구의 도움 없이 자기의 자리를 떨치고 일어나게 됩니다.

예수님은 이어서 "네 자리를 들고 걸어가라"고 하십니다. 즉 자기가 앉아 있었고 누워있었던 자리를 걷어내고, 또는 잘 정리하거나 치우라는 의미입니다. 장기간 함께 했던 병석의 흔적을 치우라는 것입니다. 이 침상은 마비된 환자의 상태를 알려주었던 무기력함, 비굴함, 원망과 분노 그리고 냄새나고 때가 묻어있는 자신의 상태를 걷어치우라는 것입니다.

그리고 "걸어라"고 하십니다. 즉 걷기 이전에 걷기 위한 준비를 하라는 것입니다. 저는 이것을 '셋업'(set up)이라고 정의합니다. 캠브리지 사전에 보면 '셋업'을 '어떤 일이 일어나도록 하는 사물의 배열, 또는 이러한 배열을 준비하는 과정이다.'라고 정의합니다. '셋업'이 형편없으면 좋은 경기 결과를 가져오지 못합니다.

골프에서 셋업을 할 때는 네 가지 기본원칙(fundamental)이 있다고 합니다. 첫 번째는 얼라인먼트(alignment)라고 불리는 몸의 정렬입니다. 두 번째는 자세(posture)이며, 세 번째는 그립(grip)이고, 마지막은 공의 위치입니다. 'Greatest of all times'라는 말이 있습니다. 모든 시대를 통틀어 최고라는 뜻입니다. 이런 사람들의 공통점은 골프를 하건 테니스를 하건 '셋업'이 좋다는 특징이 있습니다. 아주 기초적인 것에서부터 세밀하게 준비하며 앞으로 나아가는 과정을 말합니다. 서브 한 개를 하더라도 자신 만의 '셋업'을 진행하기 때문에 신중하고 예민하게 자신 만의 루틴을 '셋업'해 나갑니다. '셋업'이 좋으면 좋은 결과를 내고 훌륭한 퍼포먼스를 실행합니다.

예수님께서 "네 자리를 들고 걸어가라"는 말씀은 마비된 환자에게 옛 것에 대한 미련을 끊어내고 철저하고 과감하게 자신을 '셋업'하라는 것입니다. 지금까지의 삶의 자리가 연못만을 바라보고 있는 행각과 침상이었다면, 그에게 아무런 도움도 주지 못하는 무능력하고 허망한 곳에서 벗어나 당당히 세상으로 걸어 나가라는 것입니다. 우리는 이 걸음을 위해서 '셋업'을 잘 준비해야 합니다.

나가는 말

예수님은 생을 완전히 포기한 채 연명하던 사람을 다시 일으켜서 살게 하셨습니다. 예수님께서 마비된 환자에게 생명의 물인 말씀으로 말을 걸어주신 덕분에 38년 된 병자는 살아서 세상으로 나가 살게 되었습니다. 사람들은 양문 곁에 있는 연못을 보았지만 예수님은 친히 "양문"이 되셨습니다. 38년 병자뿐만 아니라 어느 누구라도, 어떤 절망에 처한 상황에 있더라도 새로운 세상으로 나아가는 문이 되어 주십니다. 사람들은 겉으로는 화려하고 정결하고 거룩한 사람들이 모여 있는 성전을 바라보고 부러워합니다. "양문" 곁의 연못가의 사람들은 물이 동할 연못만을 바라봅니다.

그러나 예수님이 제시한 '장소'는 성전도 아니며 연못도 아닙니다. 참담한 상황에서 눈물을 흘리고 있는 민중들의 현장으로 들어가는데 반드시 "양문"이신 예수 그리스도의 문을 통과하라는 것입니다. 왜냐하면, 성전으로 들어가는 "양문"이 요한복음 10:7절에서 예수님이 "나는 양의 문이라"고 하신 것을 은유적으로 상징하고 있기 때문입니다. 선한 목자이신 예수님은 자신의 양들이 굶주리고 고통당하고 공격당하고 겨우 살아가는 것을 마음 아파하시는 분입니다.

"양의 문"이신 예수님을 통해 새로운 세상으로 걸어갈 때 우리들은 신비로운 주님의 은총을 경험할 것입니다. 그 세상은 평안하지 않습니다. 사람들은 이런저런 규율과 전통으로 우리를 공격하고 괴롭힐 것입니다.

그러나 예수님은 안식일에 민중들이 안식과 평안을 누리도록 친히 "양의 문"이 되십니다. 그리고 자신을 공격하는 자들에게도 사랑으로, 또 자신의 양 떼들과 함께 행복한 공동체를 위해 선한 목자로 앞으로 걸어가십니다. 그리고 우리를 보고 "양의 문"으로 나오라고 생령의 말씀을 주십니다. 따라서 예수와 함께 일어나서 자리를 걷고 걸어가기를 바랍니다.

9.

"봄길"이 되는 사람

마태복음 20:17-28

들어가는 말

'인생은 드라마와 같다.' '인생은 등산이다.'와 같이 인생을 은유적으로 표현하는 말들이 많습니다. 특별히 인생을 '길'로 비유하는 경우도 여기에 해당합니다. 어머니의 태에서 나와 길에서 여행을 하며 살다가 죽는 여정을 인생의 길을 걸어왔다고 합니다. 자신이 살아온 길을 살펴보면 어떻게 살았는지 짐작할 수 있습니다.

정호승의 〈봄길〉이라는 시에 이런 내용이 나옵니다. "길이 끝나는 곳에서도 길이 있다. 길이 끝나는 곳에서도 길이 되는 사람이 있다."

시인의 말처럼, '길이 끝나는 곳에서도 길이 되는 사람'이 있습니다. 길이 끝났다고, 더 이상 갈 길이 없다고 주저앉거나 절망할 때, 길이 되는 사람이 있습니다.

또한 시인은 "한없는 봄 길을 걸어가는 사람이 있다"라고 합니다. '봄'은 겨울의 찬바람과 꽁꽁 언 땅을 뚫고 새롭게 싹을 틔우는 새봄입니다. 겨울의 나무에 아무것도 달리지 않은 황량한 가지와 죽음과도 같은 들과 산에 파릇파릇 희망의 싹을 틔우는 새봄에 길을 개척하며 가는 그 길은 봄 길입니다. 목사 채희동은 "봄길"에 대해서 이렇게 말합니다. "봄은 먼저 깨어나 잠든 대지를 흔들어 깨우고, 봄은 먼저 일어나 생명을 일군다. 처음 길, 봄길을 따라 가다 보면 어느덧 우리가 봄이 되고, 우리 가슴이 뜨끈해진다."[1]

아무도 가지 않은 길을 걸어가는 예수는 "한없이 봄길을 걸어가는 사람입니다." 그분은 "말씀으로 오셔서 사람이 되시고 우리와 함께 계신 분입니다"(요 1:14). 그리고 스스로 '길'(요 14:6절)이라고 말씀하시고 끝없는 '자기의 길'을 가신 분이십니다. 또한 우리에게 자신이 걷는 길을 본받고 따라오라고 말씀하십니다.

예수님은 '길'에 관한 이야기를 여러 번 하셨습니다. 누가복음 10장 30~37절을 보십시오. '예루살렘에서 여리고로 내려가는 사람이' 길에 있습니다. 누가복음 24:13절에서는 '그들 중 둘이 예루살렘에서 이십오 리 되는 엠마오라 하는 마을로 가는 사람들이 있습니다.' 이 사람들은 각자의 길을 걷고 있습니다. 강도는 불법의 길을, 제사장과 레위인은 자신이 판단한 외면의 길을, 그러나 사마리아 사람은 긍휼과 자비의 길을 걷고 있습니다. 엠마오로 가는 두 제자는 체념하는 마음으로 안개와 같은 길을 걷는 것을 봅니다. 모두 자신이 판단한 자기의 길을 걷습니다.

모든 사람들은 '길 위'에 있습니다. 살아있는 모든 사람들은 자신이 판단하고 결정한 길을 걷습니다. 그런데 '당신은 어떤 길을 걷고 있습니까?'라는 질문을 하면 과연 내가 지금 걷는 길이 올바른 길인지, 또는 바르지 못한 길인지 진지하게 생각해 봐야 합니다. 왜냐하면, 이 질문은 개인의 인격과 삶의 전존재에 대한 평가를 요구하기 때문입니다. 내가 좋은 평가를 받기 위해, 또는 바른 길을 걸으려면 어떤 길 위에 있어야 하는지 질문하기 때문입니다. 그리고 올바른 길을 걷기 위해 '신자'는 어떻게 걸어야 하는가? 하고 질문하기 때문입니다.

스스로를 예수님을 믿는 신자라고 여기는 사람들은 진리를 위해 잘 걷고 있다고 여길 것입니다. 그러나 누가 진리의 길을 걷고 있다고 자신 있게 말할 수 있을까요? 주님은 "내가 길이요, 진리요, 생명이다"라고 말씀하셨습니다.

이 말씀의 의미는 믿고 따른다는 마음의 결정만 아니라 그 길을 걷는 자의 방법과 태도와 꾸준히 실천하는 문제까지 다룹니다. 그리고 이것이 그렇지 않은 사람과 차이를 만들어 내고, 주님이 원하시는 생명 길이 되고 진리를 드러내는 신자로서 삶입니다.

오늘날 교회와 신자 개인에게 문제가 되는 것은 '예수님이 말씀하신 봄 길의 방식'을 무시하는 데 있습니다. 그리고 세상 방식을 들여와서 이 방식이 바른길이며 효율성이 큰 방법이라고, 그리고 지름길이라고 강하게 외치고 있습니다. 과연 그럴까요? 예수님은 말씀하십니다. 바보야! 문제는 마음만 먹는 것이 아니야, '삶으로 살아내는 것'과 '너의 말과 삶이 일치하는 살림의 방식이야.'라고 말씀하십니다.

예수님이 몸소 보여주신 삶이 방식인 이 길은 비밀스럽지 않습니다. 숨겨져 있지 않습니다. 이 길의 방식을 모두가 알지만 모두가 실천하지 못합니다. 그 길이 어떤 길인지 주님이 말씀하시는 한가운데로 들어가겠습니다.

첫째, 길 위에서 말씀하시는 예수님 20:17-19

예수님께서는 마태복음 20:17-19절에서 자신에게 앞으로 일어날 일에 대해서 제자들에게 예고하십니다.

> "예수께서 예루살렘으로 올라가려 하실 때에 열두 제자를 따로 데리시고 길에서 이르시되 보라 우리가 예루살렘으로 올라가노니 인자가 대제사장들과 서기관들에게 넘겨지매 그들이 죽이기로 결의하고 이방인들에게 넘겨주어 그를 조롱하며 채찍질하며 십자가에 못 박게 할 것이나 제삼 일에 살아나리라."

예수님께서 말씀하시는 장소는 예루살렘으로 올라가는 길입니다. 이 말씀은 예수의 수난과 죽음에 대한 세 번째 공식적인 예고입니다. 마태복음은 예수님의 고난에 대한 예고가 3번 나옵니다. 첫 번째는 마태복음 16:21절, "이 때로부터 예수 그리스도께서 자기가 예루살렘에 올라가 장로들과 대제사장들과 서기관들에게 많은 고난을 받고 죽임을 당하고 제삼 일에 살아나야 할 것을 제자들에게 비로소 나타내시니"입니다. 두 번째는 마태복음 17:22-23절, "갈릴리에 모일 때에 예수께서 제자들에게 이르시되 인자가 장차 사람들의 손에 넘겨져, 죽임을 당하고 제삼 일에 살아나리라 하시니 제자들이 매우 근심하더라."입니다.

그런데 본문의 말씀과 이 두 말씀은 눈에 띄는 차이점이 있습니다. 이방인들의 손에 넘겨져 능욕과 채찍질을 받으실 것과 특별히 "십자가에 못 박히심"에 대한 언급은 세 번째 예고인 본문에만 나옵니다.

지금 예수님이 제자들에게 말씀하시는 시점은 "예루살렘으로 올라가려 하실 때"입니다. 예루살렘은 하나님의 영광이 가득한 성전이 있는 거룩한 장소입니다. 그러나 예수님은 자기 죽음의 장소가 예루살렘이라고 말씀합니다. 화려한 왕의 길이 아니라 조롱과 채찍질이라는 육체적, 정신적 고통이 수반될 십자가의 길임을 제자들에게 알려줍니다. 즉, 예수님께서 예루살렘으로 가는 길 위에서 하시는 말씀은 영광의 길이 아니라 철저하게 고독한 길이며 사람들의 조롱과 모욕이 기다리는 길이라고 말씀합니다.

그들의 의도대로 자신의 몸은 망가지고 죽지만 자신의 길은 다시 살아나는 길이 되며 남이 가지 않는 길이 될 것임을 말씀하십니다. "내가 권력자들에게 망신을 당하고 무지한 민중들에 의해 혹독한 손가락질을 당해도 그것이 무슨 대수인가? 나는 '길이 끝나는 곳에서 길이 될 것이며, 사랑이 끝난 곳에서도 스스로 사랑이 될 인자'임을 그리고 '봄길'임을" 미리 말씀하십니다. "할 만큼 했다"와 "이만하면 됐다"를 허용하지 않으십니다. 자신이 걸을 길은 '고상함'과 '올곧은 십자가의 길'임을 예고합니다.

예수님이 말씀하신 길에 대해 어느 누구도 상상조차 하지 못했습니다. 그럼에도 예수님은 자신이 걸어야 할 "봄길"에 대해 구구절절이 설명하지 않습니다. 앞으로 그분이 걸어가실 길에서 죽음의 길을 가는지 아니면 생명의 길을 구현하는지 알게 될 것입니다.

그러므로 '십자가의 진리'를 신자들 자신이 뱉어내는 말에서 찾기는 쉽지 않습니다. 말에서 짐작은 할 수 있지만, 실체를 알아차릴 수 없습니다. 길 위에 있는 제자들이 내뱉는 말과 지향하는 지점이 딱 맞을 때 어렴풋이 알아차릴 수 있습니다. 그리고 삶의 태도를 적당주의와 타협하지 않는 진실함으로 '살아낼 때' 말과 삶에서 '차이'와 '일치'를 만듭니다. 주님이 12제자를 따로 불러서 말씀하신 것은 당신이 하는 말의 의미를 알고 실천하는 제자와 신자가 되기를 바라기 때문에 따로 불러서 말씀하신 것입니다.

어떻게라도 살아가는 것이 중요합니다. 그렇지만 어떻게라도 살기 위해 생의 한복판에서 이정도면 괜찮다고 생각하기보다는 모욕과 수치와 불편한 감정을 받아낼 수 있는 것이 중요합니다. 그리고 철저한 자세와 올바른 정신을 가다듬고 주님이 말씀하신 길을 걷는 것이 중요합니다. 그 어떤 것에도 타협하지 않고 주님이 걸어가신 길을 깨끗하고 고상한 자세로 걸어가는 '길 위의 신자'가 되는 것이 중요합니다.

둘째, 드러나는 제자들과 그들의 어머니의 욕망 20:20-21

예수님께서 담담하게 자신의 여정에 대해 말씀을 하실 때, "야고보와 요한의 어머니가 두 아들을 데리고 예수님께로 옵니다." 그리고 무릎을 꿇고 구합니다. 마태복음 20:20절입니다.

> "그 때에 세베대의 아들의 어머니가 그 아들들을 데리고 예수께 와서 절하며 무엇을 구하니"

두 아들의 엄마는 예수님께 권위에 복종하는 듯이 무릎을 꿇으며 자신의 속마음에 있는 '무엇'을 구합니다. '무엇'은 예수님의 질문에 대한 답을 보면 압니다. 예수님은 그녀의 마음을 알아채십니다. 그리고 원하는 것이 무엇인지 묻습니다.
마태복음 20:21절입니다.

"예수께서 이르시되 무엇을 원하느냐? 이르되 나의 이 두 아들을 주의 나라에서 하나는 주의 우편에, 하나는 주의 좌편에 앉게 명하소서."

그녀는 다가오는 세상에서 예수님이 중요한 주관자이자 주인임을 알았습니다. 어머니는 자식들을 위해서라면 창피함도 장애물이 될 수 없습니다. 자식을 위해 앞장서기 위해서는 몇 배의 용기가 필요합니다. 한국에서 '헬리콥터 맘'이라 부르고 미국에서는 '스테이지 도어 맘'이라고 부르는 엄마는, 즉 자식의 일이라면 물불을 안 가리고 앞장서는 엄마입니다. 두 아들의 엄마는 이미 예수님의 첫째 제자인 베드로가 있는데도 아랑곳하지 않습니다. 자기 자식 둘을 예수님의 우편과 좌편의 자리에 오르게 해달라고 요구합니다. 평범한 부모의 모습입니다.

마태복음 15:25~27절에서 자녀를 향한 엄마를 보십시오. "여자가 와서 예수께 절하며 이르되 주여, 저를 도우소서, 대답하여 이르시되 자녀의 떡을 취하여 개들에게 던짐이 마땅하지 아니하니라. 여자가 이르되 주여, 옳소이다마는 개들도 제 주인의 상에서 떨어지는 부스러기를 먹나이다 하니" 엄마들은 자녀들을 위해서는 창피함이나 체면 따위는 중요하게 생각하지 않습니다.

"랍비 예후다(Rabbi Yehudah)는, 위치를 정하는데 있어서 가장 중요한 자리는 중앙이고 다음은 오른쪽이며 그 다음은 왼쪽이다. 모세가 하나님으로부터 받은 신탁에서 보면, 아론의 자리는 영원히 모세의 오른쪽이며 아론의 아들들은 모세의 왼쪽에 자리한다. 그리고 천사들의 위치도 미가엘은 중앙에, 가브리엘은 오른쪽에 라파엘은 왼쪽에 자리를 잡을 것이다. 시편 110:1절의 말씀처럼, 랍비 유단(Rabbi Yudan)은 랍비 하마(Rabbi Hama)의 이름으로 다음 세상에서 하나님께서는 왕이신 메시아를 오른쪽에, 아브라함을 왼쪽에 앉힐 것이라고 말했다."라고 합니다.[2]

그녀에게 어떤 한 아들이라도 예수님의 오른쪽에 있으면 됩니다. 이렇게 생각할 수 있는 이유는, "주의 나라"라는 단어에서 생각해 볼 수 있습니다. 어머니가 생각하는 "주의 나라"는 당시 다른 유대인들과 마찬가지로 묵시사상적인 차원에서 메시아가 친히 다스리는 새로운 세계를 생각했을 것입니다. "주의 나라"는 하나님께서 모든 원수들을 물리치시고, 모든 악을 영원히 멸하셔서 주님에 의해 새롭게 변화된 백성이 모든 압제에서 풀려나 영광 중에 통치하게 될 나라입니다. 유대 민족을 중심으로 이 세계를 주님이 직접 다스리게 되리라는 기대는 결코 공허한 환상이 아닙니다. 그러므로 그녀의 꿈은 야무집니다. 그녀는 자기가 원하는 개인적인 욕망 이상의 것을 요구합니다.

사실 욕망이 잘못된 것은 아닙니다. 그러나 시편 119:3절, "내 마음을 주의 증거들에게 향하게 하시고 탐욕으로 향하지 말게 하소서."에서 말씀하듯이 '지나치게 많은 욕심과 넘치게 바라는 것이며, 잘못된 방향으로 나아가는 욕망을 가진 마음이 잘못입니다. 또한 적절함을 넘어서서 탐하는 욕망이 잘못된 것입니다.

사람들은 인정받고 자신의 위치가 수직 상승되기를 바랍니다. 자기가 속해 있는 조직이나 그룹 또는 부서에서 인정받고 자신의 위치를 리더가 인정해 주기를 바라고 그렇게 하기 위해 여러 가지 좋은 방법을 사용하기도 하지만 불의한 수단과 방법도 동원합니다. 나의 욕구를 가지고만 있는 것을 뭐라고 판단하고 비평할 수 없지만 사회구조가 그냥 두지 않을 것입니다. 그렇게 욕망을 드러낼 수밖에 없는 주변의 상황과 기회를 우리는 외면할 수 없기 때문입니다. 심지어 사람을 다스리고 명령을 내릴 수 있는 자리를 차지하라고 부추길 때가 있습니다.

두 제자들의 어머니의 이런 행동과 말을 듣고 다른 10명의 제자들은 분을 냅니다. 마태복음 20:24절입니다.

"열 제자가 듣고 그 두 형제에 대하여 분히 여기거늘"

예수님의 제자라고 하면서 함께 먹고 자고 기적과 치유의 현장에 있었지만, 두 형제가 속마음을 어머니를 통해 드러낼 때 그들은 분노했습니다.

왜냐하면, 그들도 예수님이 누구신지 알았기 때문입니다. 제자들은 예수님이 18절에서 자신을 "인자"라고 하신 것을 다니엘서 7:13-14절에서 지시하고 있는 승리자와 주권자를 가리키는 것임을 알고 있었습니다. 제자들은 마태복음 16:16~17절에서 고백한 것처럼 "주는 그리스도이신 메시아"임을 알고 있었습니다. 그리고 예수님은 마태복음 19:28절에서 "예수께서 이르시되 내가 진실로 너희에게 이르노니 세상이 새롭게 되어 인자가 자기 영광의 보좌에 앉을 때에 나를 따르는 너희도 열두 보좌에 앉아 이스라엘 열두 지파를 심판하리라."고 말씀하셨습니다. 이러한 말씀들을 밑바탕에 깔고 보면 제자들은 예수님께서 예루살렘으로 올라가는 길이 과거의 다윗 왕이 가졌던 영광이며, 성공을 회복하며 그리고 개인적으로는 신분 상승의 길이 주어질 줄 알고 있습니다.

그래서 '두 형제가' 먼저 선수를 쳤습니다. 더구나 수제자인 베드로는 이미 예수님에게 책망을 받아서 잠자코 있었기 때문에 지금이 기회였습니다. 예수님에 의해 따로 선발된 제자였지만, 마음속의 욕망을 전한 제자들은 '예루살렘'이 외적으로 '나타내는 것'과 각자가 예루살렘을 해석한 것을 확신해서 나타낸 것이 어머니의 요청이었으며 속을 아직 표현하지 못했던 제자들이 드러낸 것은 분노였습니다.

예의도 없이 스승 앞에서 다투지만 제자들은 솔직합니다. 사실 솔직하지 못한 우리들이 문제 아닙니까? 솔직히 말해보면, 우아한 교회와 큰 건물의 교회를 다니지만 적응하지 못하고 내 말이 먹힐 교회를 찾아 떠돌아다니는 사람들이 얼마나 많습니까? 건물이 크고 인원이 많은 교회를 다니면서 거들먹거리며 무시하는 직분자들도 있다고 합니다. 조그마한 교회에서 행사하는 힘을 권력과 권세라고 여기고 우쭐거리는 사람들도 있습니다. 자기 힘을 유지하기 위해 은근히 고기를 사서 먹이고 선물도 주고 용돈을 주며 작업하는 사람들은 없습니까?

우리가 예수님께서 올라가시는 예루살렘의 길 위에 있다면 우리는 욕망에 사로잡혀 있음을 인정해야 합니다. "예수께서 이르시되 무엇을 원하느냐?"는 질문을 끊임없이 적용시켜야 합니다. 그래서 회초리로 자신을 때리면서 잘못 인식하고 있는 하나님 나라의 올바른 정의를 배우고 정리해야 합니다. 사람들은 호시탐탐 권력의 빈자리를 노리고 있습니다. 기회가 되면 양보 없이 재빨리 차지합니다. 두 제자는 베드로의 빈자리를 다른 제자들이 선수를 치기 전에 자기 것으로 만들기 위해 재빨리 움직였습니다.

셋째, 예수님의 "잔"과 제자들의 "잔" 20: 22-25

어머니가 요청한 하나님 나라가 임할 때 차지해야 할 '자리'는 아들들의 세속적인 욕망과 오만함입니다. 두 아들은 자신들의 본심을 들키지 않도록 어머니를 이용해 대신 말하게 합니다. 예수님은 22절에서 "너희는 너희가 구하는 것을 알지 못하는도다."라고 말씀합니다. 어머니가 구하지만 실제로는 제자들이 구하는 것입니다. 하지만 '실체'를 알지 못하고 구합니다.

예수님은 어머니와 제자들을 혼내지 않습니다. 대신 질문을 합니다. 22절 중간 부분입니다.

"내가 마시려는 잔을 너희가 마실 수 있느냐?"

예수님은 주님의 나라가 임할 때 '한자리'를 차지하려는 제자들에게 예수님이 마시려는 '잔'을 마실 수 있겠느냐고 반문합니다.

예수님이 언급하시는 '잔'은 구약에서는 축복의 은유(시 16:5, 23:5, 116:13)로 쓰였습니다. 그러나 심판에 대한 은유(시 75:8, 렘 25:15-29, 겔 23:31-34)로 더 자주 사용했습니다. 그리고 악인에 대한 형벌로 묘사되었습니다. 그러나 이사야 51:17-23절과 예레미야애가 4:21절에서는 '하나님의 백성이 당하는 고난'으로 사용되었습니다.

본문에서 예수님이 말씀하시는 '잔'은 그가 당하실 '고난'을 의미합니다. 실제로는 예수님이 채찍에 맞으시며 친히 지고 가실 십자가입니다. 오죽하면 마태복음 26:39절에서 "조금 나아가사 얼굴을 땅에 대시고 엎드려 기도하여 이르시되 내 아버지여, 만일 할 만하시거든 이 잔을 내게서 지나가게 하옵소서. 그러나 나의 원대로 마시옵고 아버지의 원대로 하옵소서."라고 기도하면서 자신의 답답한 심정을 토했겠습니까.

예수님이 말씀하시는 '잔'은 하나님의 뜻에 따라 마시는 '잔'입니다. 이 잔은 고난과 처절한 심판을 뜻합니다. 그런데도 하나님께서 바라는 것이라면 마시겠다는 마음의 순종을 보여줍니다. 알지 못하는 상태에서 무작정 결정해서 무조건 마시겠다가 아닙니다. 정확하게 하나님 아버지의 의도를 알고 능동적으로 순종하겠다는 마음의 의지와 지향성입니다.

이러한 마음을 두려움이 삼킬 수 없습니다. 자신을 보내신 하나님의 사랑을 알기에 "고난의 잔"을 감사와 기쁨으로 받아 마실 수 있습니다. 예수님의 몸은 십자가를 지고 십자가에 달려서 극한의 고통을 견디지 못할 정도로 연약한 몸입니다. 그런데도 그것이 곤고한 인생을 위해 준비하신 하나님의 사랑을 위한 "선함과 아름다움"이라면 예수님은 그 잔을 피하지 않고 기꺼이 마신다는 의미입니다. 예수님은 하나님의 사랑이 끝난 곳에서도, 사랑으로 남아 있는 사람입니다.

"그들이 말하되 할 수 있나이다."(22).

제자들은 예수님이 말씀하시는 잔이 무엇을 의미하는지 알지 못하면서도 마실 수 있다고 대답합니다. 예수님이 마실 잔이 고난의 '잔'이라면, 제자들이 마시겠다는 '잔'은 높고 높은 지위와 권력이 있는 자리입니다. '욕망의 잔'입니다.

예수님은 23절에서 "이르시되 너희가 과연 내 잔을 마시려니와"라고 말씀하십니다. 예수님이 받으실 '잔'은 제자들이 받을 수가 없습니다. 먼저 예수님이 주시는 '잔'을 받아 마셔야 예수님이 마실 '잔'을 받을 수가 있습니다. 예수님의 주시는 '잔'은 예수님이 받으실 고난의 잔을 순종함으로 따라갈 수 있는 은혜의 잔입니다. 예수님이 주시는 '은혜의 잔'에 대한 이해와 본질을 먼저 경험해야 합니다.

제자들은 예수님의 '말 뜻'을 전혀 알지 못합니다. 예수님의 말씀을 듣고 자기들의 말을 하면서, 자기의 생각과 주님의 생각이 같을 것이라는 오해를 합니다. 말씀을 듣기는 듣지만 말씀이 귀 밖으로 송송 새어 나갑니다. 자신의 말에 집중하지만 예수님의 말씀을 알 수 없습니다. 마치 책을 읽어도 뜻과 의미를 이해하지 못하는 것과 같습니다. 자기의 생각과 뜻이 예수님의 말씀의 본질을 덮어버립니다. 그러면서 같은 것이라고 여깁니다.

이런 신앙을 우리는 고집스러운 신앙이라고 말합니다. 아집에 사로잡힌 신앙이라고 합니다. 자신의 욕망과 탐욕을 앞세우면서 하나님의 뜻을 이루어 가는 것이라고 합니다. 신앙을 내세우면서 자기의 욕망을 충실하게 대변합니다. 자기의 욕망을 위해 좋은 신앙적인 말을 사용하고 합리화합니다. 예수님이 주신 "고난의 잔"과 "은총의 잔"이 무엇인지도 모르면서 마실 수 있고, 이미 마셔서 할 수 있다고 호도합니다. 즉 원액에 물을 타는 행위를 합니다.

예수님은 23절 뒷부분에서 이렇게 말씀하십니다.

"내 좌우편에 앉는 것은 내가 주는 것이 아니라 내 아버지께서 누구를 위하여 예비하셨든지 그들이 얻을 것이니라."

영광의 자리는 예수님이 주시는 것이 아니라 하나님이 주신다고 말씀하십니다. 예수님은 하나님께서 자신의 뜻에 따라 자리를 주시며 예수님은 그분의 결정에 순종하십니다.

자리를 보장하지 않는 예수님의 결정적인 말에 제자들은 분노합니다. 그리고 자신들보다 먼저 자리를 요청하고 자신들만 가지려는 두 제자의 소유욕에 분노합니다(24절). 세상의 사람들은 자기에게 있는 권세를 부리고 행사하고 억누릅니다(25절). 그러나 하나님의 나라는 하나님의 방식대로 하시기 때문에 억누르고 권력을 행사하는 세상의 방식을 뛰어넘습니다. 세상은 힘을 가진 사람들의 능력대로 움직이고, 돈을 쓰는 사람들의 위력으로 사람들을 모읍니다. 정치의 힘을 신봉하는 사람들은 술수를 써서 자기의 뜻을 관철시킵니다.

문제는 이와 같은 방식을 교회 안에서도 시도한다는 점입니다. 하나님의 방식을 완전히 무시하고 자기의 방식을 고집하며 강화시킵니다. 그러나 주님이 세우신 새 공동체는 세상의 질서를 거슬러 올라가야 합니다. 다른 차원에서 이루어지는 것을 알게 해야 합니다. 그러므로 우리는 하나님의 방식을 의도적으로 배우고 훈련해야 합니다.

넷째, 세상과는 다른 주님의 방식 20:26-28

예수님은 25절에서 언급한 "집권자들이 임의로 주관하고 권세를 부리는" 방식이 아닌 다른 방식이 있음을 제자들에게 가르쳐 주십니다. 마태복음 20:26-27절입니다.

"너희 중에는 그렇지 않아야 하나니 너희 중에 누구든지 크고자 하는 자는 너희를 섬기는 자가 되고 너희 중에 누구든지 으뜸이 되고자 하는 자는 너희의 종이 되어야 하리라."

그것은 "섬김"과 "종이 되는 것"입니다. 섬김과 종이 됨은 자신을 잃어버리고 타인을 드러나게 하는 것입니다. 확보된 자기의 자리를 미련 없이 내주는 것입니다.

그런데 섬긴다고 하면서 자기의 자리를 견고하게 하는 사람들이 있습니다. 입만 열면 섬기며 살고 종이 된다고 하면서도 오히려 억누르고 지배합니다. 자기의 자리를 빛내는 존재 방식이 예수님의 방식이라고 자화자찬합니다. 참으로 안타깝습니다.

예수님께서 말구유에 태어나시고 사람들의 먹잇감으로 사신 것처럼 길 위의 제자들 또한, 사람들에게 씹혀서 자신의 존재가 사라지고 먼지처럼 날아가도 그것이 주님이 원하시는 제자의 본질이라면 순응하며 순종해야 합니다. 왜냐하면 주님이 이 세상으로 들어오셨어도 제국을 튼튼하게 받치고 있던 힘 위주의 방식이 여전히 힘을 과시하지만, 예수님이 이루어가는 나라에서는 그 힘의 위력은 아무것도 아니기 때문입니다. 사람들의 예상을 뛰어넘는 통치 방식이 예수님에 의하여 "즉시" 시작되었기 때문입니다.

마태복음 20:28절입니다.

"인자가 온 것은 섬김을 받으려 함이 아니라 도리어 섬기려 하고 자기 목숨을 많은 사람의 대속물로 주려 함이니라."

섬김과 종된 삶의 방법은 "자기 목숨을 많은 사람의 대속물로 주는 것"입니다. 다른 사람을 위해 "내가" 죽어야 합니다. 그리고 대신 죽어야 합니다. "인자"이신 예수님은 하나님의 영광과 권세를 가진 분입니다만, 그는 의식적으로 자기의 권한과 특권을 버리고 스스로 사람들을 위해 자기 목숨을 주셨습니다.

빌립보서 2:6-8절, "그는 근본 하나님의 본체시나 하나님과 동등 됨을 취할 것으로 여기지 아니하시고 오히려 자기를 비워 종의 형체를 가지사 사람들과 같이 되셨고 사람의 모양으로 나타나사 자기를 낮추시고 죽기까지 복종하셨으니 곧 십자가에 죽으심이라." 또한 요한복음 12:24절, "내가 진실로 진실로 너희에게 이르노니 한 알의 밀이 땅에 떨어져 죽지 아니하면 한 알 그대로 있고 죽으면 많은 열매를 맺느니라."라고 가르칩니다. "죽기까지" 그리고 "죽으면"으로 봄 길을 보여 주십니다. 하나님으로 인간이 되신 예수님은 모든 것을 다 잃으셨습니다. 그렇지만 예수님은 능동적으로 하나님의 뜻을 위해 하나님의 통치 방식을 십자가에서 죽으시는 모범을 보여주셨습니다.

우리는 예수님처럼 잃을 것도 많이 없으면서 꼭 움켜쥐고 놓지 않습니다. 신자들은 힘을 잘 사용하는 방식이 아니라 힘 자체를 거부하는 방식으로 살아야 합니다. 많은 교회에서 분열하고 서로 미워하는 것은 바로 힘을 의식하며 잘 사용하려고 하기 때문입니다.

하지만 죽기까지 복종하신 예수를 닮는 것이 바른 신앙의 본질이며 실체입니다. 이런 인식과 믿음이 확실한 신자는 교회와 세상에서 '섬김'과 "몸과 마음을 죽기까지 내어 주는" 중심으로 살아갈 것입니다. 요한복음 10:16절, "아버지께서 나를 아시고 내가 아버지를 아는 것 같으니 나는 양을 위하여 목숨을 버리노라." 고린도전서 15:31절, "형제들아 내가 그리스도 예수 우리 주 안에서 가진 바 너희에 대한 나의 자랑을 두고 단언하노니 나는 날마다 죽노라."의 선언처럼 실제로 하나님 나라의 통치 안에서 살기 바란다면, 예수 그리스도 안에서 이미 일어난 섬김의 사건을 날마다 기억해야 합니다.

나가는 말

신자들은 지금 예루살렘으로 올라가시는 예수님과 함께 길 위에 있습니다. 예수님은 스스로 하나님이 다스리시는 통치 방식을 미리 아시고 세상으로 들어오셨습니다. 그리고 길을 내시고 똑같이 따라올 것을 요구하십니다. 이런 방식은 우리 스스로의 능력과 의지로는 할 수 없습니다. 할 수 있을 것 같지만, 주님이 주시는 "은총의 잔"에 참여하지 못하면 할 수 없습니다. 어쩌면 사람들이 떠나고 비난하면 걷던 길을 멈추거나 다른 길로 갈 것입니다.

그러나 예수 그리스도 안에서 섬김과 죽음으로 이루어지는 주의 나라를 본 신자들은 고통스럽고 힘들어도 기쁨과 선함과 아름다움이 더 커서 그것을 덮어버리는 주의 은총을 기억하며 예수님의 길을 걸을 것입니다. 주의 사랑에 흠뻑 젖은 세계를 이미 맛본 신자라면 섬기라는 강요가 없어도 당연히 '예종의 삶'을 살게 됩니다. 주의 나라가 이루어지면 자기 자리를 확보하려고 요구하며 자기보다 먼저 요청했다고 분노하는 것이 무의미해집니다. 부활하신 예수님은 제자들에게 나타나셔서 "성령을 받으라."는 말씀으로 새로운 영의 숨결을 주셨습니다. 그러자 부활하신 예수님을 만난 이후의 제자들은 '섬김'과 '심음', 그리고 '죽음'으로 많은 열매를 맺는 주의 나라를 세워 나갔습니다.

우리들은 불안정하고 한계가 있는 존재입니다. 예수 그리스도가 주신 "생명의 잔"을 받아 마신 신자는 우리 인식 세계를 넘어 들어온 주님의 나라를 인식하고 믿게 됩니다. 그리고 당연하게 섬김과 죽음의 삶을 살게 됩니다. 예수님 안에서 사랑으로 한없이 "봄길"을 걸어가며 생명을 낳는 신자가 되기를 주의 이름으로 축복합니다. 아멘.

10.

다윗의 자손 예수여,
나를 불쌍히 여기소서!

마가복음 10:46-52

들어가는 말

    19세기 프랑스의 저명한 소설가인 구스타브 플로베르는(Gustave Flubert)는 "하늘을 바라보는 자는 땅을 덤으로 받게 된다."고 했습니다. 하늘 위에서부터 오신 예수 그리스도를 생각하고 예수님께 집중하면 땅의 기름진 복을 덤으로 받게 되지만, 땅만을 바라보고 땅에 속한 것에 관심을 두면 하늘의 신령한 양식을 받을 수가 없게 됩니다. 하나님께 예배하러 오신 주의 종들이 주님의 이름으로 모이면 사탄 마귀는 겁을 내어 떨게 됩니다. 사탄은 우리들을 미혹하고 유혹합니다. 그렇지만 우리가 주의 전에 와서 하나님을 만나고 예수 그리스도의 제자로서 십자가의 길을 걷기로 결심하면 하나님께서 용기를 주시고 권능을 주실 것입니다.

우리가 걸어가야 할 길은 복음의 길입니다. 내가 걸어가는 길은 단순하고 평범한 삶의 길이 아니라 십자가의 길, 복음의 길입니다. 왜냐하면 마가복음 1:1-2절에서, 첫째, '하나님의 아들 예수 그리스도의 복음의 시작이라', 둘째, '선지자 이사야의 글에 보라, 내가 내 사자를 네 앞에 보내노니 그가 네 길을 준비하리라.'고 말씀합니다. 이 말씀의 뜻은 주님이 걸어가실 길을 복음이라고 합니다. 예수 그리스도가 하신 말씀과 행동과 그분이 걸어가실 길이 복음이라는 의미입니다.

그리고 '시작'이라고 말을 합니다. 즉 지금까지 걸어왔던 길을 완전히 끝내 버리고 새롭게 시작하는 새로운 길을 걸어가는 것을 시작이라고 합니다. 이 말씀은 말라기 3:1절, "만군의 여호와가 이르노라. 보라. 내가 내 사자를 보내리니 그가 내 앞에서 길을 준비할 것이요", 출애굽기 23:20절, "내가 사자를 네 앞서 보내어 길에서 너를 보호하여 너를 내가 예비한 곳에 이르게 하리니", 이사야 40:3절, "외치는 자의 소리여 이르되 너희는 광야에서 여호와의 길을 예비하라. 사막에서 우리 하나님의 대로를 평탄하게 하라."의 말씀과 같은 의미입니다.

이와 같은 말씀은 예수가 걸어가실 길은 새로운 길을 내신다는 것입니다. 새로운 역사를 준비하고 변화시키려면 광야에서 혹독한 시험을 통과해서 완전하고 철저한 변환, 돌아섬, 전환이 요구됩니다. 지금까지 살아왔던 기존의 삶의 방식으로는 안 됩니다. 새 포도주는 새 부대에 담아야 하듯이(막 2:22) 성도들은 성령의 역사를 통해 예수 그리스도 안에 머물러 있고 그분의 인도와 능력으로 주님이 걸어가신 길을 따라 나서야 합니다.

그러므로 신자들이 주의 전에 와서 하나님을 만나고 예수 그리스도의 제자로서 십자가의 길을 걷기로 결심하면 하나님께서 용기를 주시고 권능을 주실 것입니다. 우리가 사는 생활이 얼마나 고달픕니까? 어디서 살든지 삶에서 마주치는 고달픈 일들은 당연하게 일어납니다. 때로는 태산이 있고 험곡을 만납니다. 큰 파도가 우리를 향해 달려들기도 합니다. 그럴 때마다 우리들은 주님만 철저히 바라보고 생각하면(기도하면) 홍해가 갈라지고 광야에 길을 열어 주시는 하나님의 은총을 받게 될 것입니다.

첫째, 바디매오, 그는 누구인가? 10:46-47

본문의 말씀은 소경 바디매오가 예수님에 의해서 눈을 뜨게 되는 기적을 말합니다. 변화된 모습을 생생하게 보여줍니다. 그리고 그가 온전한 주님의 제자가 되어 십자가의 길과 제자의 길을 걷는 역사적 사건의 이야기입니다. 본문의 치유사건을 통해서 치유받은 사람의 고백과 이 치유사건을 바라본 제자들의 모습을 비교하면서 신앙인으로서 우리는 어떤 방향성을 가지고 살아야 하는지 살펴보도록 하겠습니다.

마가복음 10:46절입니다.

> "그들이 여리고에 이르렀더니 예수께서 제자들과 허다한 무리와 함께 여리고에서 나가실 때에 디매오의 아들인 맹인 거지 바디매오가 길가에 앉았다가"

46절 말씀은 바디매오가 어떤 사람인지에 대한 정보를 줍니다. 이 사람은 거지며 맹인(눈이 보이지 않음)이고 '디매오'의 아들이며 사람들이 관심조차 보이지 않는 하찮은 사람임을 암시합니다. 바디매오는 평범한 가정에서 교육받고 자란 사람이 아닙니다. 천한 사람이고 동냥을 하면서, 돈 많은 부자가 큰돈을 넣어 주기를 바라면서, 하루하루 요행을 바라면서 사는 사람입니다.

그런데 그가 나사렛 예수라는 말을 듣고 소리 지릅니다. "다윗의 자손 예수여 나를 불쌍히 여기소서"(47절)라고 불렀더니 많은 사람들이 꾸짖고 잠잠하라고 윽박지르고 억누릅니다. 그럼에도 바디매오는 더욱 크게 "다윗의 자손이여 나를 불쌍히 여기소서." 라고 소리를 지르면서 예수님에게 자비를 구합니다.

그의 모습을 보면, 바디매오는 예수님에 대한 소문을 처음 들은 것이 아닙니다. 왜냐하면 47절에 사람들이 예수를 '나사렛 예수'라고 불렀습니다. 나사렛 예수라는 말은 예수에 대해 경멸하는 말입니다. 나사렛이라는 동네는 반역자들이 있는 변방의 동네이며 심지어는, "선한 것이 날 것이 있느냐?"[1]라는 나다나엘의 말처럼, 이 말은 무시와 경멸, 불신과 교만의 뜻이 동시에 담겨져 있습니다. 한 마디로, 낮을 놓고 기억자도 모르는 무식한 동네 출신의 촌사람일 뿐이라는 말입니다.

바디매오는 아마 여리고 길가에 앉아 동냥을 하면서 지나가는 사람들의 대화를 들었을 것입니다. 그가 앉아 있는 길은 중요한 길목이어서 예루살렘을 오가는 사람들에게서 쉽게 정보를 들을 수 있는 장소입니다. 이 길은 상인들과 부유한 사람들 그리고 경건한 사람들이 다니는 길이었습니다. 그래서 예수라는 사람이 중풍병자도 낫게 해주시고, 나병환자의 피부도 깨끗하게 해주시고, 손 마른자도 낫게 해주시고, 혈루증 앓는 여인의 피도 멈추게 해 주신 분이며 그리고 귀신들린 사람의 귀신도 쫓아 주셔서 사람을 멀쩡하게 해주신 분이라는 말을 들었을 것입니다. 마가복음 1:24에 보면 귀신들린 자가 예수님을 나사렛에서 오신 거룩한 자라고 하는 것을 보면 예수님에 대해서 특별한 생각을 했었던 것을 미루어 알 수 있습니다.

바디매오는 길가에 앉아서 구걸이나 하는 변변치 않은 사람이었지만, 사람들의 소리를 그냥 흘려버리지 않았습니다. 그는 지나가는 사람들이 한 말을 들으면서 나사렛 예수라는 사람을 꼭 만나리라는 생각을 품었습니다. 알곡을 품어 머물 수 있도록 자신의 속마음을 옥토로 만들어 놓은 사람입니다. 몸은 비록 어둠에 갇혀 있었지만 "속마음은 어둠을 뚫고 나갈 영적인 열정이 가득했고 마음 속이 환한 빛으로 충만한 사람이었습니다."

그렇습니다. 우리는 듣기만 잘해도 예수님을 만나고, 예수님을 그리스도로 믿을 수 있습니다. 듣기만 잘해도 주님 안에 거하고, 따르는데 실패하지 않고, 참 믿음의 길을 걸어갈 수 있습니다.

그런데 우리는 듣기는 듣는데 잘못된 소리에 집중합니다. 어떤 사람은 돈 버는 것만, 노는 것만, 즐기는 것만 등등 이런 소리를 들으려고 합니다.

그러면 예수님에 관한 말씀이 분명하고 명확한 소리가 되지 않습니다. 오히려 세상 소리로 인하여 마음속에 독보리가 자라고 독버섯이 자라게 됩니다. 잘 자라고 있는 알곡의 뿌리를 잡아채고 거미줄을 쳐서 알곡도 죽입니다. 생명을 줘도 거부합니다. 새 영에 관심 갖지 않고 다른 것에 관심 가지면서 자신의 욕망에 충실합니다.

그래서 이사야 선지자는 이사야 55:3절에 "너희는 귀를 기울이고 내게로 나아와 들으라. 그리하면 너희의 영혼이 살리라. 내가 너희를 위하여 영원한 언약을 맺으리니 곧 다윗에게 허락한 확실한 은혜이니라."라고 말했습니다.

또 시인은 시편 95:7-8절에서, "그는 우리의 하나님이시요 우리는 그가 기르시는 백성이며 그의 손이 돌보시는 양이기 때문이라. 너희가 오늘 그의 음성을 듣거든, 너희는 므리바에서와 같이 또 광야의 맛사에서 지냈던 날과 같이 너희 마음을 완악하게 하지 말지어다."라고 외쳤습니다.

우리는 예수님의 말씀을 성령이 인도해 주시는 믿음으로 들여야 합니다. 예수 그리스도의 말씀을, 물건 값을 알려 주거나, 인터넷 사이트에서 좋은 물건이 어디에 가면 있다고 쿠폰을 주는 것과 같은 '정보의 소리'로 들어서는 안 됩니다. 예수 그리스도의 말씀을, 내 영혼을 깨우치는 '고백의 말씀'으로 들어야 합니다.

기독교가 다른 종교와 구별되는 것이 무엇인가요? 그것은 하나님께서 말씀하실 때 들음으로 반응을 하고 실천적으로 따라나서는 것입니다. 사람들은 하나님의 말씀을 듣는 자로 창조되었습니다. 오직 하나님의 말씀에 응답하고 예수님의 온전하신 신적 위엄을 우리 안에 일으켜야 하는 신자로 지음을 받았습니다. 말씀을 듣는 것은 우리 신앙의 핵심이며 경험이 되어야 합니다. 하나님을 사랑한다는 것은 그의 말씀을 사랑한다는 것과 같습니다. 내 마음을 하나님의 말씀을 받아들일 수 있도록 변환(transforming)시켜야 합니다. 그래서 요한복음 1장 서두에서 증언하는 바처럼 말씀이 육신이 되신 예수 그리스도가 하나님이심을 믿어야 합니다.

불신자들은 우주 만물을 통해서 들려주시는 하나님을 음성을 잘 듣지 못합니다. 설사 듣는다 하더라도 그들은 그것을 하나님의 음성으로 듣기를 거부합니다. 오직 성령에 의해 거듭난 신자만이 성령께서 조명해 주신 말씀을 들음으로 하나님의 음성을 인식할 수 있습니다. 하나님 말씀을 듣는 것은 하나님의 백성의 특권입니다. 하나님의 백성에게 하나님의 계시가 전달되는 방편입니다. 그래서 신자는 말씀을 통해 창조 세계에 계시된 하나님의 영광을 깨닫게 됩니다.

우리는 모든 창조 세계와 죄인 된 인간을 하나님께로 향하게 하는 유일한 방편이 '누구'인지를 알게 됩니다. 바로 말씀이 육신이 되신 예수 그리스도입니다. 그래서 히브리서 기자는 '옛적에 선지자들을 통하여 우리 조상들에게 말씀하신 하나님이 마지막에는 아들을 통하여 말씀하셨습니다'(히브리서 1:1-2절)라고 말했습니다.

그리고 이 진리는 오늘날 성경 말씀으로 지속적으로 부패와 왜곡 없이 우리에게 선포됩니다. 그러므로 우리에게 들음의 대상은 하나님의 입으로 선포된 말씀과 말씀이 성육신 된 그리스도이며, 그리스도가 말씀하신 최종적 계시의 결과로서의 성경입니다. 따라서 우리의 신앙에서 들음을 놓친다면, 기독교는 하나님과의 소통에서 멀어질 뿐만 아니라, 신학과 말씀에 대한 삶의 적용 또한 놓치게 됩니다.

칼빈은 "참된 종교의 계시에 관하여 성경의 제자가 되지 않고서는 아무도 참되고 건전한 교리를 극히 일부분이라도 얻을 수 없다. 하나님이 성경에서 자신에 대하여 증거하고자 하신 것을 경건한 마음으로 받아들일 때, 곧 믿음으로 들을 때, 참된 계시의 이해가 시작된다."라고 말했습니다.

하나님이 말씀으로 계시하신다는 믿음, 하나님의 말씀을 하나님과 동일한 권위로 믿는 확신, 말씀의 성육신과 그리스도와 성경의 권위에 대한 믿음이 있을 때, 우리는 계시된 말씀을 하나님의 말씀으로 들을 수 있고, 그 말씀을 바르게 받아들일 수 있습니다. 믿음이 없이는 하나님의 말씀을 들을 수 없습니다. 그리스도를 믿음으로 받아들이듯이 말씀을 믿음으로 받아들이게 됩니다.

믿음이 이성적, 지성적 이해를 넘어선 확신이라면, 이 확신은 성령의 역사에 의해서만 발생합니다. 성경에 대한 확실한 신앙은 논증에 의해서 생기는 것이 아니라, 우리의 심령 속에 일어나는 성령의 역사로만 가능합니다. 성령의 역사가 없다면 인간은 믿음을 소유할 의지나 성경적 들음을 행할 의지를 소유할 수 없습니다. 성령이 그들의 마음을 조명해 주시기 전까지 인간들은 항상 의혹의 심연 속에서 헤맬 수밖에 없습니다. 칼빈은 성령이 없이는 믿음을 가질 수 없다고 단언하였습니다.

신명기에서는 "들으라. 이스라엘아"라고 했습니다. 하나님의 말씀을 듣는 것은 말씀을 기억하고, 가르치고 토론하고, 묵상하고 그리고 그 말씀을 실천해야 하는 것입니다.

본문 말씀에 대입해서 보면 하나님의 말씀을 듣는다는 것은, 하나님을 본다는 것입니다. 그러므로 듣는 것의 실패와 듣는 것을 거부하는 것의 본질은 인간의 죄성, 자아 중심성과 교만함입니다. 이 죄성이 자신의 삶의 중심에 하나님을 놓는 것을 거부합니다. 죄로 인한 불신앙이 하나님을 알게 하는 지성을 더럽혔고 교만한 마음이 죄를 깨닫지 못하게 합니다.

인간은 죄의 노예가 되었고, 그 죄의 지배력이 모든 인류에게 미쳤고 사람들의 영혼을 완전히 점령해 버렸습니다. 인간은 들음을 선택하는 자유의지를 제대로 사용하지 못하고 비참한 노예의 신분으로 전락했습니다. 죄성이 던져주는 교만함과 야심만을 듣게 되었고, 중보자 없이는 하나님의 말씀을 들을 수 없게 된 것입니다.

하나님의 말씀을 잘 듣는 것은 우리의 일생을 좌우합니다. 여호수아 2:9-10절에 라합과 정탐꾼 이야기가 나옵니다.

> "말하되 여호와께서 이 땅을 너희에게 주신 줄을 내가 아노라. 우리가 너희를 심히 두려워하고 이 땅 주민들이 다 너희 앞에서 간담이 녹나니, 이는 너희가 애굽에서 나올 때에 여호와께서 너희 앞에서 홍해물을 마르게 하신 일과 너희가 요단 저쪽에 있는 아모리 사람의 두 왕시혼과 옥에게 행한 일 곧 그들을 전멸시킨 일을 우리가 들었음이니라."(수 2:9-10).

라합이 어떻게 듣고 반응했는지 그녀가 한 말을 보면 알 수 있습니다. 그녀의 말이 생과 사의 갈림길에서 생명을 보존하게 했습니다. 하나님의 말씀을 나의 심장으로 받고 그 말씀을 내 마음 속의 옥토에 심고 잘 품고 잘 자라게 하면 영적 통찰력이 생기게 됩니다. 육체와 마음이 회복되어 보배로운 하나님의 사람이 되는 은총을 받게 됩니다.

> "여호와의 교훈은 정직하여 마음을 기쁘게 하고 여호와의 계명은 순결하여 눈을 밝게 하시도다."(시 19:8).

둘째, 다윗의 자손 예수여! 10:47-50

바디매오는 오늘 어떻게 하면 큰돈을 만질 수 있나 요행이나 바라는 그의 마음속에 한마디의 말씀이 그의 귀를 타고 가슴을 파고듭니다. 그 말은 찌르는 바늘이 되어 그의 마음을 움직이게 했습니다. 그 말은 "나사렛 예수"라는 말씀입니다.

우리의 영혼과 마음이, 생명의 말씀이신 예수님에게, 그리고 하늘의 양식인 말씀을 향해서 전력을 다해 달려가고, 그 말씀을 꼭꼭 씹어 먹고, 말씀을 향한 그리움과 사모함의 불꽃을 내 영혼에 활활 타오르게 하면 소경 바디매오처럼 영혼이 회복되고 하나님을 더 잘 알 수 있는 교우로 변화되는 축복을 받을 것입니다. 이런 것이 참 축복입니다. 바디매오가 잘 들으니까 그 입에서 나오는 말도 보통의 말이 아니라 생명의 말씀이 터져 나오게 됩니다.

그는 주님을 향해 부르짖습니다. "다윗의 자손 예수여, 나를 불쌍히 여기소서"라고 부르짖습니다. 사람들은(제자들은) "꾸짖어 잠잠하라"고 합니다. 그들이 말려도 더 크게 소리를 질러 자비를─불쌍히 여겨 달라─ 구합니다(48절). 사람들이 꾸짖는 것은 계속적으로 소리 지르지 말라고 꾸짖는 것입니다. 그럼에도 바디매오는 나를 치유해 주실 분은 새 왕이신 예수밖에 없다는 믿음으로 계속해서 외칩니다.

바디매오가 예수님을 향해 다윗의 자손이라고 부르는 것은 단순한 호칭이 아닙니다. 구약에서 메시아(그리스도)를 부를 때 쓰는 호칭입니다. 바디매오는 지금 예수를 다윗의 자손이라고 부르짖고 있지만 그는 지금 눈으로 보지 못한 상태에서 부르고 있습니다. 그가 부르는 예수에 대한 호칭은 예수님을 다윗 왕과 같은 왕적인 존재로 생각하고 있음을 알 수 있습니다.

나중에 예수님이 예루살렘 입성 때 부른 백성들의 외침에서 그들이 바라는 예수님은 어떤 정치적 역할을 하기를 바라는 것임을 짐작할 수 있습니다. 많은 사람들에게 이 호칭은 정치적 해방을 위한 강렬한 요구에 따른 외침이었습니다. 하지만 맹인인 바디매오는 예수님이 자신을 구원해 줄 분으로 분명히 알고 소리를 지른 것입니다.

그러니까 이것은(바디매오가 예수님을 향해 다윗의 자손 예수여 나를 불쌍히 여기소서라고 부른 것) 베드로가 고백한 예수님의 정체를 정면으로 반박하고 있는 거나 마찬가지입니다. 왜냐하면 베드로는 눈이 떠 있는 정상적인 사람이고 예수님의 첫 번째 제자입니다. 그는 예수님을 마가복음 8:29절에서 "주는 그리스도입니다."라고 고백했습니다. 그러나 예수님께서 예루살렘에 올라가 고난 받고 죽임을 당하고 사흘 만에 살아나야 할 것을 말씀하셨을 때 베드로는 그렇게 하지 말도록 예수님을 붙잡고 항변했습니다.

예수님은 이런 베드로를 책망했습니다. 마가복음 8:31-33을 보면, "인자가 많은 고난을 받고 장로들과 대제사장들과 서기관들에게 버린 바 되어 죽임을 당하고 사흘 만에 살아나야 할 것을 비로소 그들에게 가르치시되, 드러내 놓고 이 말씀을 하시니 베드로가 예수를 붙들고 항변하매, 예수께서 돌이키사 제자들을 보시며 베드로를 꾸짖어 이르시되 사탄아 내 뒤로 물러가라. 네가 하나님의 일을 생각하지 아니하고 도리어 사람의 일을 생각하는 도다 하시고"라고 나옵니다.

그러므로 예수님을 그리스도라고 고백했다가 그렇게 하지 말기를 항변하는 베드로의 고백은 완전하지 않습니다. 고백한 단어 자체는 완전했지만, 그의 행동은 고백과 달랐습니다. 즉 그는 예수님을 완전하게 알았다고 볼 수 없습니다.

그런데 이 맹인에게 지금 사람들이 잠잠하라고 꾸짖지만 바디매오는 간절하게 외칩니다. 육적으로 눈이 감긴 연약하고 불쌍한 사람의 외침도 이정도인데 우리는 지금 무엇입니까? 하나님께 무얼 해달라는 기도를 많이 하게 됩니다. 건강을 달라, 돈을 많이 벌게 해 달라, 자녀가 잘되고 나와 가족이 편안하고, 우리 교회의 인원이 다른 교회보다 더 많았으면 하는 것, 더 좋은 시설을 가지자고 하고, 큰 집을 달라는 기도를 합니다. 이런 기도들이 나쁘다고는 할 수 없지만, 기도의 우선이 되어서는 안 된다는 뜻입니다. 그렇다면, 기도는 단순히 하나님에게 무엇을 요구하고, 응답받는 일이 아니라는 뜻입니다. '내 모든 소원 기도의 제목 예수를 닮기 원함이라.' 이런 기도가 필요하지 않겠습니까?

따라서 예수 그리스도 앞에 우리들이 제일 먼저 취할 분명한 태도가 있습니다. 그것은 '주여, 불쌍히 여겨 주옵소서.'라는 기도입니다. 바디매오가 예수님께 부르짖는 이유가 보지 못하는 사람이니까 이렇게 소리 지르는 것이라고 생각해서는 안 됩니다.

왜냐하면, 사실 인간은 불쌍한 존재입니다. 로마서 7:24절, "오호라 나는 곤고한 사람이로다. 이 사망의 몸에서 누가 나를 건져내랴?" 에베소서 2:1-2절, "그는 허물과 죄로 죽었던 너희를 살리셨도다. 그 때에 너희는 그 가운데서 행하여 이 세상 풍조를 따르고 공중의 권세 잡은 자를 따랐으니 곧 지금 불순종의 아들들 가운데서 역사하는 영이라."고 인간의 존재를 설명합니다.

우리들은 영적으로 비참함과 저주에 빠진 존재입니다. 내 자신이 정말 무능력하고 아무것도 할 수 없는 존재임을 알아야 합니다. 잘하려고 하지만 잘 안 되는 존재, 내 마음대로 안 되는 존재입니다. 예수님을 따르는 제자이며, 떡을 먹여 주어도 마가복음 8:17-18절처럼 "예수께서 아시고 이르시되 너희가 어찌 떡이 없음으로 수군거리느냐? 아직도 알지 못하며 깨닫지 못하느냐? 너희 마음이 둔하냐? 너희가 눈이 있어도 보지 못하며 귀가 있어도 듣지 못하느냐? 또 기억하지 못하느냐?"라고 꾸중 듣는 이런 존재입니다.

예수님께서 벳세다에서 맹인의 눈을 보게 해주었어도 하나님의 일을 생각하지 아니하고 도리어 사람의 일을 생각하는 존재가 인간입니다. 얼마나 딱하고 불쌍한 사람들입니까? 부지런히 예수님을 따라 다녔지만, 보지 못하고 깨닫지 못하고 그저 따라만 다녔다는 말입니다.

그래서 우리는 주님에게 드릴 말씀은 "불쌍히 여겨 주옵소서." 외에는 없습니다. 그리고 주님이 계시는 은혜의 보좌로 나가는 것밖에는 없습니다. 그런데 사람들은 점점 세상의 즐거움과 유혹과 미혹에 빠지거나 잘못된 성경적 지식에 빠져서 주님의 생명의 말씀을 듣지 않으려고 귀를 막아 버립니다.

교회에 나오는 사람들 중에, 삶의 현장에서 사단의 시험을 받아 비틀거리며 방향을 잡지 못할 때가 있습니다. 마음속에서 방황하며 갈 길이 보이지 않아서 우왕좌왕 할 때가 있습니다. 아무리 기도해도 하나님이 응답하지 않아서 나를 버린 것과 같은 때가 있습니다.

그럴 때에 두 손을 높이 들고 마음을 깨뜨리고 주님이 계신 보좌로 나와서 내 마음을 토해 놓아야 합니다. "주님, 나를 불쌍히 여겨 주옵소서."라고 외치시기를 바랍니다.

셋째, 바디매오를 만나주시는 예수님 10:49

불쌍히 여겨 달라고 하는 바디매오의 외침에 대해, 예수님은 멈춰 섰습니다. 그리고 바디매오를 부릅니다.

"예수께서 머물러 서서 그를 부르라 하시니"(막 10:49)

"부르라"는 시제가 현재형입니다. 지금도 부르고 계신다는 의미입니다. 예수님의 현재의 부르심은 우리를 어떻게든 변화시키려는 기대감이 있다는 것입니다.

예수님의 부름에 바디매오는 겉옷을 내버리고 뛰어 일어나 예수님께로 나옵니다"(50). 그런데 그 표현이 이렇습니다. "맹인이 겉옷을 내버리고 뛰어 일어나 예수께 나아오거늘" 46절에서 "앉았다"고 하는 묘사와는 아주 대조적인 변화입니다. 그리고 '일어남'은 야이로의 딸이 죽어서 일어날 때를 연상시키기도 합니다.

벌떡 일어나서 예수께로 가는 그의 도약(leap)은 단지 육체적 변화만을 말하는 것은 아닙니다. 육체와 마음에 변화를 받아 새 생명을 받게 되는 신앙의 도약입니다. 다이어트나 운동을 잘해서 체형이 변화되고 병원에서 재활을 잘해서 생긴 건강한 몸의 변화가 아닙니다.

누가복음 24:13-35절에서 보면, "그들과 함께 음식 잡수실 때에 떡을 가지사 축사하시고 떼어 그들에게 주시니," "그들의 눈이 밝아져 그인 줄 알아보더니 예수는 그들에게 보이지 아니하시는지라, 그들이 서로 말하되 길에서 우리에게 말씀하시고 우리에게 성경을 풀어 주실 때에 우리 속에서 마음이 뜨겁지 아니하더냐 하고"의 말씀이 있습니다. 이 이야기의 클라이맥스는 부활하신 주님이 성찬식을 하시듯이 떡을 떼어 축사하시고 제자들에게 주는 순간에 제자들의 눈이 밝아졌다는 장면입니다.

여기서 눈이 밝아졌다는 것은, 다른 사람들이 경험하지 못한 것, 또는 다른 사람들이 보지 못하는 것을 보았다는 뜻입니다. 우리의 영적인 도약도 마찬가지입니다. 예수님의 신비한 생명의 실체를 경험한 사람에게만 보이게 되는 겁니다. 예수님이 축사하시고 나누어 줄 때 그들의 눈이 밝아져 보았듯이 예수님의 구원 방식에 압도되어 벌떡 일어날 때 눈이 열리고 밝아지게 됩니다.

그럼 어떻게 해야 할까요? 성경에서 말하는 것을 정확하게 알기 위해서 공부해야 하는 것입니다. 성경의 세계를 알기 위해서 성령 앞에 무릎을 꿇고 하나님을 아는 지식에 매진해야 합니다.

그리고 '마음을 열고' 사람과 세상을 보아야 합니다. 내 시각에만 맞추려고 하는 것은 내 마음을 닫게 되는 것이므로 내 생각을 고집해서는 안 됩니다. 초대 교회 교인들은 신약의 저자들이 말하면 당연하게 구약에서 말하는 것에 적용하여 성경을 정확하게 읽어낼 수 있었습니다. 세상을 성경의 눈으로 읽어낼 수 있는 힘을 기르려면 고정되어 있는 내 생각의 틀을 넘어서야 합니다. 내가 가지고 있는 절망스럽고 힘든 것을 예수님이 부르실 때 그분에게 맡기시기 바랍니다. 그러면 변화가 일어납니다. 새로운 생명을 주님으로부터 받게 됩니다.

넷째, 변화의 증거 10:50

그는 변화의 증거로 겉옷을 내 버립니다. 50절 말씀입니다.

"맹인이 겉옷을 내버리고 뛰어 일어나 예수께 나아오거늘"

그에게 있어 겉옷은 마지막 재산입니다. 빚쟁이도 겉옷은 빼앗지 않습니다. 출애굽기 22:6절, "네가 만일 이웃의 옷을 전당 잡거든 해가 지기 전에 그에게 돌려보내라." 신명기 24:12-13절, "그가 가난한 자이면 너는 그의 전당물을 가지고 자지 말고, 해 질 때에 그 전당물을 반드시 그에게 돌려줄 것이라. 그리하면 그가 그 옷을 입고 자며 너를 위하여 축복하리니 그 일이 네 하나님 여호와 앞에서 네 공의로움이 되리라."라고 말씀했습니다.

거지의 마지막 재산인 이 겉옷은 낮에는 구걸할 때 깔고 앉고 밤에는 이불로 사용합니다. 프란체스코가 예수를 따르기로 결정했을 때, 그의 아버지가 선택을 요구했습니다. 내 재산을 가지려면 예수를 따르지 말고, 예수를 따르려면 모든 것을 포기하고 집을 나가라고 했습니다. 그는 자신의 마지막 옷인 겉옷을 다 벗었습니다. 아버지가 준 옷입니다. 벌거숭이가 되었습니다. 그리고 예수님을 따랐습니다.

예수를 쫓아가기 위해서는 나를 둘러싸고 있는 것들을 포기하거나 버려야 합니다. 자신의 삶을 안정적으로 유지해 주었던 것들을 포기하라는 겁니다. 즉, 지금까지 외부적 영향이나 권유에 의해서 주님을 따라다녔다면 이제부터는 완전히 새롭게 거듭나야 합니다. 완전한 변혁이 필요합니다. 예수의 길을 따를 때 적당한 거리를 두고 걷는 것은 주님이 요구하는 제자의 삶이 아닙니다.

마가복음 10:22절에서, "그 사람은 재물이 많은 고로 이 말씀으로 인하여 슬픈 기색을 띠고 근심하며 가니라."고 말씀합니다. 이것은 예수님과 부자 청년과의 대화 중에 나온 이야기입니다. 예수께서 부자 청년에게 영생을 얻으려면 소유를 팔아 가난한 자에게 주고 따르라고 하셨지만, 그는 근심하며 떠났습니다. 이 청년은 예수의 말씀 중에서 마음에 담아두지 못한 말씀이 있습니다. 그것은 21절에서 말씀하신, "하늘에서 보화가 네게 있으리라."입니다.

그러나 바디매오는 '내버리고' 예수께로 갑니다. 우리도 주님을 따르려면, 내 소유, 내 존재, 다 두고 오직 예수께로 가야 합니다. "내 삶, 내 소유, 내 존재, 모든 것, 내 마음대로 할 테니 건드리지 마세요, 간섭하지 마세요,"라고 해서는 안 됩니다. 하늘에서 오셔서 땅에 있는 우리들을 부르실 때 우리는 주님의 부르심에 벌떡 일어나야 합니다. 왜 주저하고 있습니까?

다섯째, 내가 무엇을 해주기를 원하느냐? 10:51-52

이때 주님이 바디매오에게 묻습니다. 51절입니다.

"예수께서 말씀하여 이르시되 네게 무엇을 하여 주기를 원하느냐?"

그런데 우리는 마가복음 10장 앞부분에서 예수님과 바디매오와의 대화 방식, 즉 질문하고 대답하는 장면이 예수님과 제자들 사이에 있습니다. 여기서는 제자들이 먼저 예수님에게 물어봅니다. 마가복음 10:35-36절입니다.

> "세베대의 아들 야고보와 요한이 주께 나아와 여짜오되 선생님이여, 무엇이든지 우리가 구하는 바를 우리에게 하여 주시기를 원하옵나이다. 이르시되 너희에게 무엇을 하여 주기를 원하느냐?"

이 말은 제자들이 그만큼 애가 탄 것입니다. 제자들은 예수가 세울 왕국은 정치적으로 힘 있는 왕국이라고 생각했습니다. 그래서 37절을 보면, "여짜오되 주의 영광 중에서 우리를 하나는 주의 우편에, 하나는 좌편에 앉게 하여 주옵소서."라고 예수님에게 요청합니다. 즉 다른 제자가 한자리 차지하기 전에 나부터 권세를 부릴 수 있는 자리를 달라는 겁니다.

예수님도 참 답답하셨을 것입니다. 예수님이 자신의 고난에 대해 첫 번째로 하신 말씀이 마가복음 8:31절입니다.

> "인자가 많은 고난을 받고 장로들과 대제사장들과 서기관들에게 버린 바 되어 죽임을 당하고 사흘 만에 살아나야 할 것을 비로소 그들에게 가르치시되"

이 말씀 전에 예수님은 벳세다의 눈이 안 보이는 사람을 고쳐주셨습니다. 그다음에 이 말씀을 하셨습니다.

그렇다면 제자들이 알아차려야 했습니다. 그런데 알아차리지 못합니다. 물론 베드로의 고백이 나오지만, 그 고백을 어느 정도 인정해 주어도, 완전한 고백이 아닙니다. 말하자면 눈이 침침하면 잘 안 보이는 그런 상태의 고백이란 말입니다.

마가복음 9:31절 말씀입니다.

> "이는 제자들을 가르치시며 또 인자가 사람들의 손에 넘겨져 죽임을 당하고 죽은 지 삼일 만에 살아나리라는 것을 말씀하셨기 때문이더라."

앞에서 말 못하게 하는 더러운 귀신을 쫓아내셨습니다. 심지어 마가복음 9:9절을 보면, 변화산에서 하나님의 영광을 보이고 인자가 멸시와 고난을 받고 죽은 후에 다시 살아나신다고 말씀하셨습니다. 그리고 귀신들린 아이를 고쳐주신 후에 이것을 말씀하셨습니다. 이 말씀이 예수님이 두 번째로 받으실 고난에 대한 말씀입니다.

그런데 마가복음 9:32절을 보면 "그러나 제자들은 이 말씀을 깨닫지 못하고 묻기도 두려워하더라."라고 제자들의 상태를 설명합니다.

마가복음 10:33-34절을 보십시오.

> "보라. 우리가 예루살렘에 올라가노니 인자가 대제사장들과 서기관들

에게 넘겨지매 그들이 죽이기로 결의하고 이방인들에게 넘겨주겠고 그들은 능욕하며 침 뱉으며 채찍질하고 죽일 것이나 그는 삼일 만에 살아나리라 하시니라."

이것은 예수님께서 고난에 대해 하신 세 번째 말씀입니다. 그런데 그 앞 장면인 마가복음 10:13-16절에서 예수님은 어린아이와 같아야 한다고 말씀합니다. 여기서 어린아이는 순수하다. 잘 받아들인다는 의미가 아닙니다. 당시에 어린아이는 하찮은 존재였기에 아이처럼 낮아지고 천해지는 것이 높아지는 방법이고 하나님의 나라는 낮고 천한 겸손과 섬김의 나라라고 말씀하신 것입니다.

그런데 제자들은 여전히 영적으로 장님이고 제대로 된 말을 하지 못하는 상태인 것을 보게 됩니다.

하지만 바디매오는 이렇게 말합니다. 51절입니다.

"맹인이 이르되 선생님이여 보기를 원하나이다."

바디매오의 이 응답은 예수님이 자신을 치유할 수 있고 새 왕으로 알고 있기에 높은 자리를 바라는 것이 아니라 예수님을 바로 보고 깨닫고 따라갈 수 있도록 영적인 눈을 뜨게 해달라고 하는 겁니다.

사람들은 자기 자신에게 솔직하기보다는 자기를 둘러싸고 있는 배경, 학벌, 지연, 집단을 배경으로 삼고 살아갑니다. 따라서 내가 무엇을 추구하고 원하느냐에 따라서 그 사람의 정체가 드러납니다. 더 나아가서 그 사람의 속마음과 영을 보게 됩니다.

그러면, 예수님께서 묻는 질문, "네게 무엇을 하여 주기를 원하느냐?"라는 이 질문에 당신은 어떻게 대답하시겠습니까? 이 대답에 따라서 참 신앙인과 거짓 신앙인, 깨끗한 영의 사람과 더러운 영의 사람으로 갈라지게 되는 겁니다.

지금은 홍수의 시대입니다. 홍수 때는 모든 쓰레기가 떠 올라옵니다. 그리고 모든 것이 휩쓸려서 떠내려갑니다. 떠오른 쓰레기가 스스로 자기의 모든 것들을 보여줍니다. 홍수의 시대에 우리는 거룩한 삶(holy), 노블한 삶(noble), 젠틀한 삶(gentle), 진지한 삶(deliberately), 멋있는 삶(nice)을 사는 것으로 우리의 정체를 드러내야 합니다. 그런 삶을 살아내는 신자의 삶에서 하나님의 아들이며 인자이신 예수 그리스도의 십자가의 삶을 살고 자기를 부정하고 십자가를 지는 제자의 삶으로 사람의 됨됨이를 알려주어야 합니다.

바디매오가 처음 구걸한 것은 돈이었습니다. 그는 정말 거지같은 삶을 살았습니다. 그러나 지금 예수님께 구하는 것은 눈을 뜨게 해달라는 것입니다. 바디매오의 이런 간구는 삶의 근본적인 변화를 요구하고 있습니다. 제자들과는 전혀 다른 것을 구하고 있습니다. 이것을 듣고 예수님은 52절에서 "가라 네 믿음이 너를 구원하였다."라고 말씀해 주십니다.

우리의 믿음은 인간의 공로나 업적에서가 아닙니다. 믿음은 인간에게 일어나는 하나님의 역사이고 성령의 은사이며 인간의 모든 공로와 행위에 반대로 가는 것입니다.

그래서 믿음은 자랑할 수 있는 것이 아닙니다. 만약에 신자가 믿음을 자랑한다면, 믿음에 전적으로 모순될 뿐 아니라 결국은 신앙을 폐기하고 말 것입니다. 왜냐하면 예수와의 만남으로 인간의 모든 자랑을 청산하는 사건이 되기 때문입니다. 예수님을 만나 자신에게 일어난 참 사건은 나의 전 실존과 나를 둘러싸고 있는 조건들과 나라는 사람을 정의해 주는 권위와 권한이 교체되는 것을 뜻하기 때문입니다.

마가복음 10:52절을 앞부분을 보겠습니다.

> "예수께서 이르시되 가라. 네 믿음이 너를 구원하였느니라 하시니 그가 곧 보게 되어 예수를 길에서 따르니라."

예수님의 이 말씀은 대단한 의미가 있습니다. 바디매오가 눈으로 보지 못하는 상태에서의 고백도 제자들보다 다른 차원이었지만 "믿음이 너를 구원하였다"는 예수님의 말씀을 듣고 "곧 보게 되었고" "가라. 네 믿음이 너를 구원하였느니라 하시니 그가 곧 보게 되어 예수를 길에서 따르니라."는 이 말의 뜻은 '시력을 회복했다,' '예수를 다시 보게 되었다,' '다시 보게 됨으로 예수가 어떤 분인지를 더 잘 알게 되었고 예수님의 깊은 속내를 이해하고 예수님의 심장을 보게 되었다는 의미입니다.'

고린도후서 3:18절에서 바울은 이런 말을 합니다.

"우리가 다 수건을 벗은 얼굴로 거울을 보는 것 같이 주의 영광을 보매 그와 같은 형상으로 변화하여 영광에서 영광에 이르니 곧 주의 영으로 말미암음이니라."

다시 눈을 뜨게 되면 새로운 눈, 영적인 눈으로 볼 수 있도록 변화시켜 줍니다. 하나님의 사랑과 그리스도의 영광을 볼 수 있도록 우리의 마음을 재구성해 줍니다(Reconstruction).

이것을 위해 바울은 에베소서 1:17-19절에서 이렇게 간구합니다.

"우리 주 예수 그리스도의 하나님, 영광의 아버지께서 지혜와 계시의 영을 너희에게 주사 하나님을 알게 하시고, 너희 마음의 눈을 밝히사 그의 부르심의 소망이 무엇이며 성도 안에서 그 기업의 영광의 풍성함이 무엇이며, 그의 힘의 위력으로 역사하심을 따라 믿는 우리에게 베푸신 능력의 지극히 크심이 어떠한 것을 너희로 알게 하시기를 구하노라."

에베소서 3:18-19절 말씀도 밝히 보고 깨닫는 내용을 말합니다.

"능히 모든 성도와 함께 지식에 넘치는 그리스도의 사랑을 알고, 그

너비와 길이와 높이와 깊이가 어떠함을 깨달아 하나님의 모든 충만하신 것으로 너희에게 충만하게 하시기를 구하노라."(엡 1:17-19).

나가는 말

지금 예수님이 당신에게 "네게 무엇을 하여 주시기를 원하느냐?"라고 물으신다면 어떻게 대답하시겠습니까? '주님, 나를 둘러싸고 있는 욕심과 질투, 미움으로 가득 차 있는 나를 주님의 말씀으로 수술해 주시고 제거해 주십시오. 저의 잘못된 것들을 다시 연결 시켜주셔서 새롭게 볼 수 있는 새사람이 되게 해주십시오.' 또는 '내 눈을 열어 주님의 신비한 것을 보게 하옵소서.'라고 대답하시기를 바랍니다.

본문은 이렇게 52절 말씀으로 마칩니다.

"그가 곧 보게 되어 예수를 길에서 따르니라."

예수님께서 "가라"고 하시니까 "예수를 길에서 따르니라." 이 말씀은 바디매오의 행동을 설명합니다. 지금까지 구걸하며 길 가장자리에 앉아서 구경꾼처럼 살았지만 이제는 아니라는 것입니다. 지금까지 눈을 떠서 예수님의 치유와 기적의 현장을 잘 보며 따라다녔던 제자들은 앞이 안 보이는 바디매오처럼 되었다는 것이며, 그리고 길의 정중앙에서 폼 나고 멋있게 따라 다녔던 제자들은 길 가장자리로 밀려나서 나중이 되었습니다. 반대로 지금까지 눈이 안 보였던 바디매오는 눈을 떠서 예수님의 말씀을 받아들이고 제자의 길로 나서게 되었고, 길 가장자리에 있던 바디매오는 길 중앙에서 정면으로 예수를 따르는 제자가 되어 '먼저'가 되었다는 것입니다.

그러므로 마가복음 10:31절에서 말씀하신, "그러나 먼저 된 자로서 나중 되고 나중 된 자로서 먼저 될 자가 많으니라." 이 말씀이 이루어졌습니다.

로마서 10:17절에서 "믿음은 들음에서 나며 들음은 그리스도의 말씀으로 말미암는다."고 합니다. 그리스도가 비쳐주시는 빛을 통하여 (요 1:9절, 참 빛 곧 세상에 와서 각 사람에게 비추는 빛이 있었나니) 우리가 새롭게 보게 되는 영적인 각성이 생겨났다면 반드시 우리는 예수를 따라가야 하는데 당당하게 길 중앙에서 예수 그리스도 복음의 길을 따라가야 합니다. 그것이 마가복음 8:34절에서 "무리와 제자들을 불러 이르시되 누구든지 나를 따라오려거든 자기를 부인하고 자기 십자가를 지고 나를 따를 것이니라."에서 말씀하시는 뜻이며 예수를 따르는 길입니다

지금 우리가 살면서 잘 보이지 않고 겉옷밖에 없는 약함과 무능력의 모습일지라도 주님의 부르심에 과감하게 나를 벗어버리고 주님을 따르기를 바랍니다. 주여 나를 불쌍히 여겨달라고 하십시오. 지금까지 주님 제자라고 하면서도 구경꾼처럼, 또는 권력이나 명성을 위해, 그

리고 잘난 것을 위해 쫓아 다녔다면, 이제부터는 "주여 불쌍히 여겨 주옵소서. 다시 모든 것을 보게 하여 주십시오."라고 겸손히 주님께 무릎을 꿇으시기 바랍니다.

그러면 예수님께서 사랑하는 신자들에게 주님 가신 십자가의 길을 정결하게 따라갈 수 있도록 믿음을 주시고 은혜를 주실 것입니다. 하늘 문을 여셔서 하늘 양식으로 먹여 주시고 목마르지 않는 생수를 마시게 할 것입니다. 그때 우리는 주저하지 않고 길의 정중앙에서 예수님을 따르게 되는 은총을 받게 될 줄로 믿습니다. 아멘.

11.

엠마오 길 위에서 만난 예수

누가복음 24:13-35

들어가는 말

프랑스 남부 마을 생 장 피드 포르(St Jean Pied de Port)에서 국경을 넘어 스페인 서부의 끝 산티아고 데 콤포스텔라 대성당까지 800km를 산티아고 순례길이라고 합니다. 사람들의 버킷 리스트에 들어갈 정도로 유명한 순례길입니다. 산티아고는 예수님의 열두 제자인 제임스(영어)와 야고보의 스페인 이름입니다. 그는 예수님의 부름을 받았을 때 고기를 잡는 어부였습니다. 그는 예수님이 십자가에서 죽음을 당하자 예루살렘을 떠나 걸어서 스페인 북부지방으로 전도를 떠났습니다. 예루살렘으로 돌아온 야고보는 순교를 당했고 그의 시신은 신도들이 유해를 가지고 스페인의 산티아고에 묻었다고 합니다. 9세기경에 스페인 왕 알폰소 2세가 성당을 짓고 야고보를 스페인의 수호성인으로 모셨고 1189년 교황 알렉산더 3세가 산티아고 데 콤포스텔라를 예루살렘과 로마와 함께 기독교 3대 성지로 선포해 이후 순례자가 급증하기 시작했습니다.

지치고 힘든 일상에서 벗어나 인생의 의미를 묻고, 지금까지 지내온 인생을 돌아보고 새로운 출발을 하기 위해, 그리고 자아를 찾기 위해 순례길을 선택합니다. 인생의 길을 잃고 허우적 데는 사람들, 자신 만의 시간을 갖기 위해 이 길을 선택한 사람들도 있습니다. 김희경 작가는 『나의 산티아고』라는 책을 내면서 이렇게 말했습니다.

> "물음표를 안고 길을 떠났으나 답을 가진 사람을 만나진 못했다. 대신에 답이 없는 인생과 세상을 불안해하고 외롭다고 느끼던 이들을 만나 마음을 섞었다. 여전히 어디로 가야 할지 몰라 두리번거리는 사람들, 답이 보이지 않아도 질문하기를 포기하지 않는 사람들에게 내가 겪은 공감의 한 자락이라도 전하고 싶어 순례에 관한 책을 썼다."[1]

우리도 순례라는 인생길 위에 서 있으며, 그 길을 걷고 있습니다. 인생의 순례길을 걸으면서 인생의 답을 찾은 분도 있고, 혹은 해답을 찾기 위해 분투하며 계속 걸어가시는 분도 있습니다.

우리는 인생길을 걸으면서 만나는 사건들에서 믿고 깨닫고 이해하
는 것이 무엇이며, 삶의 지침과도 같은 것을 발견하였는지 알고 싶어
합니다. 사람을 만나고 사건을 접하고 환경에 영향을 받으면서 '나'라
는 사람이 변하고 발전하고 성숙하고 싶어 합니다. 우리들은 인생에
결정적인 영향을 끼친 것이 무엇인지 되새김질 하며 인생을 삽니다.
자신의 마음을 감동시키고 지성을 각성시켜서 인생 전체를 격변 속으
로 휘몰아가게 하는 경험도 합니다. 완전히 자기 인생의 방향을 바꾸
어버린 내적 경험을 한 사람도 있습니다.

우리가 읽은 본문은 루터의 탑의 경험이나 존 웨슬리의 올더스게이
트의 경험과 같이 우리 인생 전체를 변화시킬 하나의 결정적인 사건이
될 수도 있습니다. 그것이 무엇인지 살펴보겠습니다.

첫째, 그날에 예루살렘에서 엠마오로 가는 두 제자 24:13-15

예수님의 부활이 있던 '그날' 예수를 따르던 제자들 중 둘은 예루살
렘을 떠나 엠마오를 향해 길을 떠납니다. 본문은 누가복음에만 기록되
고 있는 부활 이야기입니다. 이 일은 예수님의 죽음으로 실망한 두 제
자는 모든 것을 포기하고 고향으로 내려가는 길 위에서 일어났습니다.

"그날에 그들 중 둘이 예루살렘에서 이십오 리 되는 엠마오라 하는 마

을로 가면서"(눅 24:13).

예루살렘에서 여리고로 내려가는 길에서 만난 사마리아 사람처럼 '예루살렘에서 가는 길'이라는 표현은 어떤 사건이 일어날 것을 예고합니다.

'그날'은 예수님의 시신에 향유를 바르러 온 여자들에게 찬란한 옷을 입은 두 사람이 예수님의 부활을 알린 날입니다(눅 24:1-6). 사도들은 그들의 말이 허탄하게 들려 믿지 않습니다. 그리고 여자들이 이 사실을 사도들에게 알린 날입니다. 사도들은 무덤에 와서 예수님의 시신은 보지 못하고 세마포만 보고 놀랍게 여기며 집으로 돌아간 날입니다.

예수님의 부활을 믿지 못하는 제자들 중에 엠마오로 내려가는 '이 두 사람'도 있었습니다. 두 사람이 예루살렘에서 엠마오로 가는 '길 위'에서 서로 이야기를 합니다. 예루살렘은 제자들에게는 더 이상 영광의 도시가 아닙니다. 다시는 기억하고 싶지 않은 치욕과 부끄러움의 도시입니다. 3년 동안 선생님을 따라다녔다는 것이 헛수고가 되어버렸다는 수치스러움 때문에 부끄러워집니다. 이제 모든 일을 잊고 다 털어버리고 자신의 본래 생활로 돌아가자는 마음으로 길을 떠났는지도 모릅니다.

예루살렘에서 엠마오로 가는 길은 거리가 짧습니다. "예루살렘에서 엠마오까지는 '이십오 리'(7마일, 11.2Km)입니다. 헬라어 원문에서는 '60 스타디온'으로 표시합니다. 십자군들은 엘-쿠베이베를 엠마오로 간주했고 A.D. 1099년에 요새를 세우고 'Castellum Emmaus'라고 불렸습니다. 요세푸스는 예루살렘에서 3.5마일 떨어진 '암와스'를 언급합니다. 이 마을의 오늘날의 명칭은 쿠오니예 (Kuoniyeh)입니다. 이 마을은 고대의 모사(Mozah)부지에 있었습니다(수 18:26절)."[2] 그러나 분명한 것은 누가의 저자가 언급한 엠마오는 예루살렘으로부터 멀리 떨어지지 않은 곳에 위치한 마을입니다.

두 명의 제자들이 각자가 거주하는 지역으로 길을 떠난 때는 안식 후 첫날입니다. 예수님의 시신도 보지도 못하고 찾지도 못한 채 예수의 새 공동체가 와해되어 각자의 길로 떠나는 길 위의 여정입니다. 어쩌면 예루살렘에서 있었던 무교절의 행사 중에 혼잡한 시간을 벗어난 것일 수도 있습니다. 시간의 변화는 있었지만, 그냥 의미 없이 흘러가는 시간의 흐름이 되어버린 '여덟째 날'입니다.

그들은 며칠 전 예루살렘에서 일어난 일들을 이야기합니다. 불과 얼마 전에 예수님이 하신 말씀 "기억하라"(눅 24:6)를 기억하지 못한 제자들에게는 이제 과거의 추억에 불과한 옛날 이야기가 되었습니다.

이 두 사람은 여인들의 증언을 "허탄한 듯 보여 믿지"(눅 24:9, 10) 못한 사람들 중에 둘입니다. '둘'을 언급하는 이유는 후에 이어질 법적 증언의 효력을 위해 나오는 것입니다.

15절을 보면, 앞부분에 '문의한다'는 말이 나옵니다. "그들이 서로 이야기하며 문의할 때에" 이 말에서 우리는 이 두 사람의 대화가 일어난 일에 대해 늘어놓는 것 이상이 아니라는 것을 압니다. 의미 없이 지나가는 시간 속에서 발생한 사건을 두고 서로의 의견을 나눈 것입니다. 무엇 하나 건질 것 없는 지극히 일반적인 이야기이며 일어난 사건을 자신들에게 구체적으로 적용하지 못하는 대화입니다.

둘째, 알지 못하고 알아보지 못하는 제자들 24:15-24

언제부터 따라왔는지 알지 못하는 한 사람이 이 두 사람과 함께 걷습니다. 이제 세 사람이 어깨를 마주할 정도로 옆으로 함께 걷습니다. 그리고 이 두 사람의 대화를 듣다가 조용히 끼어듭니다. 15절 뒷부분 말씀입니다.

"예수께서 가까이 이르러 그들과 동행하시나"

두 사람은 예루살렘에서 일어난 나사렛 예수의 일을 서로 이야기합니다. 제자들이 말한 내용은 누가복음 24:19-24절입니다.
함께 동행하게 된 사람이 두 제자에게 묻습니다.

"너희가 길 가면서 서로 주고받고 하는 이야기가 무엇이냐 하시니"(눅 24:17)

두 사람은 슬픈 빛을 띠고 멈춰 섭니다(17절 뒷부분). 그중에 한 사람인 글로바라 하는 사람이 대답합니다. "당신이 예루살렘에 체류하면서도 요즘 거기서 된 일을 혼자만 알지 못하느냐?"(18절). 예수님이 또 묻습니다. "무슨 일이냐?"(19절). 글로바가 "나사렛 예수의 일"이라고 길게 설명을 합니다.

> "그는 하나님과 모든 백성 앞에서 말과 일에 능하신 선지자이거늘 우리 대제사장들과 관리들이 사형 판결에 넘겨주어 십자가에 못 박았느니라. 우리는 이 사람이 이스라엘을 속량할 자라고 바랐노라. 이뿐 아니라 이 일이 일어난 지가 사흘째요, 또한 우리 중에 어떤 여자들이 우리로 놀라게 하였으니 이는 그들이 새벽에 무덤에 갔다가 그의 시체는 보지 못하고 와서 그가 살아나셨다 하는 천사들의 나타남을 보았다 함이라. 또 우리와 함께 한 자 중에 두어 사람이 무덤에 가 과연 여자들이 말한 바와 같음을 보았으나 예수는 보지 못하였느니라 하거늘"(눅 24:19-24).

이처럼 자기들이 경험한 사람이 예수라는 선지자인데 당신은 어떻게 그 사람을 모른다는 것입니까? 이런 의미입니다. 그래서 저자는 눈앞의 예수님을 "알아보지 못하고" 그리고 그가 "영광스런 부활의 주님"을 알지 못하는 상황에 대해 이렇게 말합니다.

"그들의 눈이 가리어져서 그인 줄 알아보지 못하거늘"(눅 24:16)

왜 제자들이 부활한 예수를 알아보지 못하는지를 알기 위해서는 먼저 제자들이 인식하는 예수가 어떤 사람인지 분명하게 살펴봐야 합니다. 제자들이 인식하는 예수는 어떤 분일까요?

첫째, 글로바는 예수님에게 '나사렛 예수'와 '예언자'라는 칭호를 언급합니다. 나사렛은 예수님이 자란 곳이고(눅 1:26, 2:4, 39), 공적 사역의 출발지입니다(눅 4:16-30). 그때 예수님은 예언자(눅 4:24, 27)로서 이사야서를 인용하여(눅 4:18-19) 앞으로의 사역을 어떤 목적으로 할 것인지를 선포했습니다.

누가복음에서의 예수님은 기적과 권위 있는 가르침의 대표자인 모세나 회개 촉구와 심판을 선포했던 엘리야를 연상시킵니다. 이것은 예수님의 변화산의 이야기(눅 9:28-36)에서 모세와 엘리야가 나타남으로 분명해 집니다. 그리고 예루살렘을 향하던 중에 예수님은 자신을 예언자로 언급합니다(눅 13:33, 눅 7:16과 9:19에서 다른 사람들도 예수를 예언자로 칭합니다). 그러나 예수님은 당시 대제사장들을 비롯한 지도자들과 갈등이 생깁니다(눅 24:20). 결국, 예수님은 체포되고 대제사장들과 지도자들에게 정죄되며 십자가형을 당합니다. 이런 모습에 제자들은 절망합니다. "슬픈 빛"(17절)을 띠었다고 자신들의 감정을 표현합니다.

둘째, 제자들은 예수님을 이스라엘 사람들의 희망을 실현시켜 줄, 그리고 해방시켜 줄 '예언자'로 믿었습니다. 누가복음 앞부분에서 이미 언급하고 있는 마리아의 노래(눅 1:68)와 한나의 이야기(눅 2:38)에서 예수님을 이스라엘을 '속량'할 분으로 소개합니다. 여기서 예수님을 구약에서 예언한 선지자라고 생각했습니다(사 41:14, 43:14).

그러나 제자들의 이런 인식은 예수님이 십자가에서 죽으시고 다시 살아나신다는 사실까지는 발전하지 못합니다. 왜냐하면, 본문 24:21-24절을 보면, 제자들은 예수님이 십자가에 달렸다가 죽은 지 "사흘째"요, 여자들이 시체는 "보지 못하고" 그가 살아나셨다는 "천사들"의 나타남을 보았다는 말을 들었기 때문입니다. 제자들은 이미 예수님이 말씀하신 "제삼일"의 의미를 죽은 자의 영이 시신 곁에 삼일 머물러 있다는 당시 사람들의 생각처럼 이해했습니다. "셋째 날"이 되었는데도 예수님은 살아나지 않았다고 믿었습니다. 그리고 여자들의 증언을 신뢰하지 못했습니다. "다시 살아나신" 것에 대한 결정적인 증거가 될 증언들이 오히려 믿을 수 없는 합리적인 조건들이 되었습니다.

셋째, 눈이 가리어져 알아보지 못하고 마음에 더디 믿는 제자들 24:16, 25-27

예수님은 "다시 살아나셔서" 그들과 함께 대화하지만, 제자들은 그가 부활하신 예수님인 줄을 알아보지 못합니다. 예수님을 올바로 인식하지 못하는 이유를 16절에서는 "눈이 가리어져서"라고 설명합니다. 문자적으로는 눈이 감겨져 있거나 눈을 감고 있었다는 의미입니다. 육체적으로 또한 내적인 눈이 강한 힘에 의해 알아보지 못하게 잡혀있다는 뜻입니다. 16절에서 "내적인 눈"(inner eye)이 가리어졌다는 표현을 "눈이 가리어져서"라고 합니다.

이러한 현상은 예수 그리스도의 신적 능력에 의해 보지 못하게 되었을 뿐 아니라 보게 되는 것도 예수 그리스도의 권능에 의해 볼 수 있다는 의미입니다. 아니면 어떤 강력한 존재가 힘을 발휘해 보지 못하게 했다면 보고 아는 것은 부활하신 예수 그리스도에 의해 가능하다는 것입니다.

부활 신앙으로 가기 위해서는 하나님의 신적 개입이 먼저 작용을 하고, 다음에는 신자 개인의 지적인 지식과 믿으려는 의지적인 힘씀과 정서적인 감동이 있어야 합니다. 무엇보다 신자 개인의 삶을 감싸고 이끌어가는 삶의 구조 변화가 먼저 일어나야 내적 변화를 이끌어낼 수 있습니다. 그렇지 않으면 신앙은 있지만 알지 못하거나 알아보지 못하는 신자일 수 있습니다. 신자들의 내적 마음이 어떤 것으로부터 보는 것을 방해받고 있다면, "눈이 가리어졌다"고 말할 수 있습니다. 그것이 무엇일까요?

먼저 진리를 알아볼 수 있는 경험을 해보지 못했기 때문입니다. 교회에 와서 예배와 친교 그리고 봉사를 합니다. 겉모습은 성숙하게 보이고 스스로 흡족해 하지만, 내용과 목적이 어디를 지향하는지 불분명하고 부활한 예수 그리스도를 경험하지 못하여 진리를 알 수 없습니다. 왜냐하면 진리는 본래 감추어져 있기 때문입니다.

"눈이 가리어진" 또 다른 이유는 제자들이 기존의 문화적 경험-죽은 후 삼일에 대한 통념-에 지배당했기 때문입니다. 예수님을 선생으로 삼고 삼년이나 따라 다녔어도 기존의 자기 경험과 지식에 지배당하면 자신이 경험한 세상을 절대시 합니다. 때문에 아무리 새로운 경험과 지식을 가르쳐주어도 받아들이지 못합니다.

실례로 예수님을 비판했던 바리새인이 그런 경우입니다. 그들은 처음부터 끝까지 예수님의 가르침과 행동을 이해하려는 노력조차 하지 않았습니다. 그들의 세계는 오직 모세의 율법 세계밖에 없었습니다. 기존에 형성된 불완전한 진리(모세의 율법)를 확실한 진리로 경험하게 된 것은 자기의 생각을 확신하게 하는 기존 관념에 순응했기에 그렇습니다. 생각 없이 그대로 받아들인 진리를 검증하지 못한 불철저함이 눈을 가립니다.

예수님은 "알지 못하고" "알아보지 못하는" 제자들을 향하여 "미련하고 선지자들이 말한 모든 것을 마음에 더디 믿는 자들이여"(25절)라고 말씀합니다. 기존의 진리와 감추어진 진리를 구별하지 못하는 제자들이 방향을 제대로 잡지 못하여 일어나는 현상이 "더디 믿는 마음"입니다. 제자들의 이러한 마음의 방향은 예수님의 태어남과 구원을 위한 길의 여정과 고난, 그리고 십자가에서의 죽음과 부활에 이르는 구속 역사에 대해 올바로 이해하지 못했다는 것을 가르쳐줍니다. 그리고 생각의 더딤과 미련함과 깨닫지 못함을 가르쳐 줍니다.

예수님은 26-27절에서 자신이 "그리스도"라는 사실을 말씀합니다.

이것은 지어낸 이야기가 아니라 이스라엘이 그렇게 기다려왔던 메시아임을 설명해 줍니다. 이것을 증명하기 위해 모세와 및 모든 선지자의 글을 보여주며 메시아의 역할을 다하기 위해선 고난 받고 자기의 영광에 들어가야 함을 설명해 줍니다.

> "그리스도가 이런 고난을 받고 자기의 영광에 들어가야 할 것이 아니냐 하시고, 이에 모세와 모든 선지자의 글로 시작하여 모든 성경에 쓴 바 자기에 관한 것을 자세히 설명하시니라."(26-27절).

예수님은 엠마오 길 위의 여정에 있는 두 명의 제자와 누가의 독자들, 그리고 현재의 신자들에게 자세히 설명해 주십니다. 예수님은 제자들과 독자들이 가지고 있는 기존의 "그리스도"에 대한 개념을 바르게 고쳐주고 있습니다. 제자들은 메시아가 고난을 당한다는 사실을 알지 못했습니다. 영광의 메시아만 생각을 했습니다.

그러나 메시아이신 예수님에게 있어서 자신이 고난을 당하고 죽는다는 것은 피할 수는 없는 일이었습니다. 예수님은 자신을 "인자"라고 하심으로 유대교의 지도자들과 갈등을 빚었습니다. "인자"이신 예수님은 자신에 관한 일을 성경을 들어 자세히 설명해 주심으로 제자들로 하여금 생각하게 했습니다. 그럼에도 그들은 아직도 "더디 믿고" "알지 못하고" "알아보지 못합니다."

그러므로 신자들은 '생각'을 해야 합니다. '생각'을 한다는 것은 '다수의 사람들이 공감대를 가진 기존의 생각들이나 관습과 교훈들에 대해 스스로의 범주를 벗어나려는 인지활동입니다. 제자들은 기존의 규정에 매여 있었고 그래서 자세히 설명해 주어도 알아차리지 못합니다. 25절에서 예수님은 제자들에게 이렇게 말씀합니다.

"미련하고 선지자들이 말한 모든 것을 마음에 더디 믿는 자들이여"

따라서 '생각하는 것'은 이미 있는 것들을 새롭게 주어진 것과 연결을 짓게 하는 힘이자 가능성입니다. 즉 모세의 율법에 대해 기존 랍비들이 해석하는 고정된 범주에서 벗어나지 못한 바리새인들은 예수님의 가르침과 '연결짓기'를 하지 못했습니다. 바리새인들은 모세의 율법을 엄격함을 넘어 폐쇄적으로 적용했기 때문에 예수님의 말씀을 '알아차리지' 못함으로 바른 해석과 적용을 하지 못했습니다. 그래서 그들의 눈에는 예수의 말씀과 행동이 눈에 거슬리는 신성모독으로 보였습니다.

넷째, 예수님과 함께 하는 식사 24:28-31

대화가 끝나지 않고 제자들이 가려는 마을이 가까워질 때 예수님은 더 가려고 하시지만 날이 저물자 제자들은 자신들과 함께 머물기를 강권합니다. 누가복음 24:28-29절 말씀 입니다.

"그들이 가는 마을에 가까이 가매 예수는 더 가려 하는 것 같이 하시니, 그들이 강권하여 이르되 우리와 함께 유하사이다. 때가 저물어가고 날이 이미 기울었나이다 하니 이에 그들과 함께 유하러 들어가시니라."

제자들은 예수님에게 호감을 가졌는지 아니면 선지자이며 그리스도인 예수님에 대해 더 알고 싶어졌는지, 또는 혼자 길을 가는 나그네를 환대하려고 했는지 알 수 없지만 식사를 대접합니다. 이와 같은 환대는 창세기 19장에 나오는 롯이 천사에게 환대를 베푼 것과 매우 유사합니다.

30절에서 반전이 일어납니다. 식사 중에 예수님은 "떡을 가지사 축사하시고 떼어 그들에게 주십니다." 누가복음에서 예수님과 같이 하는 식사는 가르침도 주어지고 많은 사건들이 일어납니다. 변변찮은 식사인 것 같지만 한 끼의 밥이 인생을 바꾸기도 하고 위로와 회복을 일으키기도 합니다.

누가복음에는 예수님이 차려주시는 밥상 이야기가 꽤 많습니다. 예수님과 같이 먹는 밥 한 끼는 성적 차별도 없고 직업 차별도 없으며 직위 차별도 없습니다. 새로운 세상에서 모든 사람들에게 열려있는 잔치이자 축제입니다. 예수님과 함께 먹는 밥 한 끼는 워렌 버핏과 먹을 때

지불해야 하는 큰돈도 필요 없습니다. 모두를 환영하여 받아들이며, 절망이 아닌 소망이 있고, 체념이 넘쳐 불가능한 생각이 가득한 사람도 가능성의 사람으로 변화하는 식사 자리입니다. 죽음이 지배하는 세상에서 예수 그리스도의 부활을 보고 믿는 자들에게 주어지는 약속의 밥상입니다.

예수님은 "떡을 가지사 축사하시고 떼어 그들에게 주십니다." "가지고", "축사하시고", "떼시고", "나눠주시는" 행위들은 누가복음 22:19절에서의 성찬과 누가복음 9:17절의 오병이어의 사건에서 사용된 단어들과 연결되어 있습니다. 예수님의 이런 행위가 진행되는 동안 자신들도 예전에 예수님이 주도적으로 베푸셨던 사건들에 참여했던 일들을 기억하면서 예수님과 연결시킵니다. 그리고 마가 다락방에서의 말씀과 장면을 떠올립니다. 그리고 지금 함께 밥 먹고 떡을 주시는 분이 십자가에 못 박혀 돌아가신 예수님이심을 확신합니다. 또 그분이 다시 살아나셔서 자신들 앞에 있다는 것을 알아봅니다. 이제 두 제자는 자신들의 두 눈으로 부활하신 그리스도를 보고 마음으로 믿습니다.

누가복음 24:31절입니다.

"그들의 눈이 밝아져 그인 줄 알아보더니"

탄수화물인 빵을 먹음으로 눈이 번쩍 밝아진 것이 아닙니다. '알지 못하고 알아보지 못한 더딘 마음'이, 그리고 육체의 눈으로만 보았던

"가리어진 눈"이 밝아져서 영의 세계, 또는 주님의 영광스러운 본래의 모습을 인식하고 알아차리게 되었습니다.

눈이 밝아진 사건은 창세기 3장에도 나옵니다. 하나님이 먹으면 반드시 죽는다는 말씀을 어기고 아담과 하와가 금지된 과실을 먹은 때입니다. 그들의 눈이 밝아졌지만 하나님을 피하고 숨습니다.

그러나 예수님이 친히 주신 빵을 먹은 두 제자들은 눈이 밝아지고 예수님이 온 인류를 위해 오신 구세주 그리스도로 알아보았습니다. 눈이 밝아진 아담과 하와로 인해 죄가 세상에 들어오고 심판과 죽음을 경험하게 되었습니다. 하지만 부활하신 예수님은 두 제자들의 눈을 밝힘으로 새로운 진리를 깨닫게 합니다. 그것은 죽음 앞에 선 절대 절망의 인간들에게 죽음이 아닌 다시 살아남입니다. 그리고 죽음을 이기고 새롭게 변화된 모습으로 살아가는 부활의 능력을 깨닫게 합니다. 길위에서 방황하는 인생이 아니라 부활의 주를 믿는 신자로 살게 합니다.

기존의 종교가 가지고 있는 구원 역사와는 차원이 다르게 작용하는 신비로운 사랑의 역사가 펼쳐지게 되었습니다. 눈이 열리는 사건은 마술적인 것이 아닙니다.

"내 눈을 열어서 주의 율법에서 놀라운 것을 보게 하소서."(시 119:18).

주님이 성찬을 통해 눈을 열어 주시면 이전과는 다른 주님과의 관계로 발전합니다. '새로운 인식 능력'이 채워집니다. 인식의 구조가 바뀌게 됩니다. 제자들의 인식 기관인 '눈'과 '마음'이 밝아져서 무한한 존재가 유한한 영역으로 들어오셔서 사역하시는 방식을 이해하게 됩니다.

빵 자체가 능력 있는 것이 아니라 빵을 주시는 '그리스도'시며 '선지자'이신 '예수님'이 능력입니다. 그분의 육체와 영이 제자들에게 연결될 때 예수님을 다시 살아계신 주님으로 알아보게 되었습니다. 주님께서 살아오신 그 삶이 어떤 것인지, 주님의 죽음이 어떤 것인지 온전히 이해하는 눈이 떠졌습니다. 어떻게 자신의 몸이 갈기갈기 찢겨져서 남을 위해 주는 것이 지는 것이 아니라 진짜 이기는 것인지를 알게 되었습니다. 제자들은 떡을 떼시며 나누어주신 성만찬을 경험한 후에 바른 삶의 길을 위한 인식의 창인 눈이 떠졌습니다. 로마서 12:2절의 말씀처럼 "너희는 이 세대를 본받지 말고 오직 마음을 새롭게 함으로 변화를 받아 하나님의 선하시고 기뻐하시고 온전하신 뜻이 무엇인지 분별하면서" 사는 삶의 토대를 마련하였습니다.

예수님께서 빵을 나누어 주시는 모습이 초대 교회에서는 예배의 중요한 형식이 되었습니다. 이 예식은 부활하신 주님을 만나는 방편이 되었습니다. 성찬식을 통해 영적으로 임재하시는 주님을 만나는 일은 초기 공동체 안에서 종교적인 삶으로 발전되었고 지금도 계속 되고 있습니다.

그래서 제자들의 삶은 "기도하여 이르되 여호와여 원하건대 그의 눈을 열어서 보게 하옵소서 하니 여호와께서 그 청년의 눈을 여시매 그가 보니 불말과 불병거가 산에 가득하여 엘리사를 둘렀더라."라는 열왕기하 6:17절의 말씀처럼 눈이 열려 영적인 것을 보며 삽니다. 바리새인처럼 사람의 겉만 보고 차별하고 비난하고 자기의 원칙대로 판단하는 삶이 아니라 하나님을 보는 눈으로 사람을 보고 포용하며 이해하고 사랑하는 삶을 삽니다. 사도행전 7:56절의 스데반처럼, "하늘이 열리고 인자가 하나님 우편에 서신 것을 보는 것"과 같이 주님을 보고, 그리고 주님이 나를 보시는 것을 의식하며 주님을 대하는 것처럼 사람을 대합니다. 이것이 눈이 열린 제자들의 새 삶입니다.

다섯째, 마음이 뜨겁지 아니하냐? 24:32-35

눈이 밝아져서 예수님을 제대로 인식한 제자들이 이런 말을 합니다. 32절입니다.

> "그들이 서로 말하되 길에서 우리에게 말씀하시고 우리에게 성경을 풀어 주실 때에 우리 속에서 마음이 뜨겁지 아니하더냐 하고"

예수님은 엠마오로 내려오는 길 위에서 예수님 자신에 관한 이야기를 자세히 설명하였습니다. 26-27절입니다. 이것은 마치 사도행전 8장에서 빌립이 에디오피아 내시에게 이사야의 글을 해석해 주는 것과 같습니다. 에디오피아 내시가 빌립에게 가르침을 청하듯이 제자들은 예수님을 집으로 청합니다.

사실 예수님은 28절의 말씀처럼, "예수는 더 가려 하는 것같이 하셨습니다." 그런데 제자들이 예수님을 강권하여 집으로 모십니다. 그냥 단순하게 날이 저물어서 지나가는 손님을 대접하기 위해서일까요? 잠시의 대화를 나눈 정이 있어서 집에서 머물라고 했을까요? 우리는 이유를 생각해 봐야겠습니다.

32절에 보면, "그들이 서로 말하되 길에서 우리에게 말씀하시고 우리에게 성경을 풀어 주실 때에 우리 속에서 마음이 뜨겁지 아니하더냐?"라는 말씀이 있습니다. 예수님이 성경을 풀어주실 때에 "마음이 뜨거웠다"는 말입니다. 이 표현은 예수님이 성경을 풀어서 설명해 줄 때 제자들의 마음입니다.

"마음이 뜨겁지 아니하더냐?"는 헬라어 '마음(kardia)'과 '불타다(kaiw)'가 결합된 문장입니다. 이 표현은 보통에는 긍정적인 의미로 -마음에 감동적이지 아니하였는가?- 사용하였습니다. 그렇지만 시편 38:4절, "내 죄악이 내 머리에 넘쳐서 무거운 짐 같으니 내가 감당할 수 없나이다."와 예레미야 20:9절, "내가 다시는 여호와를 선포하지 아니하며 그의 이름으로 말하지 아니하리라 하면 나의 마음이 불붙는 것 같아서 골수에 사무치니 답답하여 견딜 수 없나이다."에서는 부정적인 의미로 사용합니다.

영어 성경인 NASV와 RSV는 모두 맛소라 텍스트에서 번역한 시편 73:21절을 보면, "나의 마음이 불이 붙었다"를 부정적으로 번역했습니다. "When my heart was embittered And I was pierced within" (NASV). 그러므로 예수님께서 성경을 풀어줄 때에 들었던 제자들의 마음을 표현한 것으로 긍정적인 의미보다 두 제자의 마음에 '심적 갈등'이 있었다는 의미일 수 있습니다. 자기가 믿는 것을 토대로 한 제자들은 예수님의 부활을 믿을 수 없었는데 어떤 남자가 대화하면서 설명하는 현재적 상황에서는 갈등이 생길 수밖에 없었다는 것입니다.

왜냐하면, 예수님께서 자세히 풀어 설명해 주신 메시아에 대한 가르침은 두 제자들이 이해하고 있는 메시아 이해(18-24절)와는 대립합니다. 제자들이 믿고 있는 메시아는 '이스라엘의 속량'을 가져오는 자입니다(눅 24:21).

여기서 이스라엘의 속량은, '이스라엘의 회복'(즉, 독립과 해방)입니다. 레위기 25:48절에서는 노예가 자유를 회복하는 것을 가리킵니다. 예수님의 말씀인 누가복음 4:18-19절 말씀과 맞습니다.

> "주의 성령이 내게 임하셨으니 이는 가난한 자에게 복음을 전하게 하시려고 내게 기름을 부으시고 나를 보내사 포로 된 자에게 자유를, 눈 먼 자에게 다시 보게 함을 전파하며 눌린 자를 자유롭게 하고 주의 은혜의 해를 전파하게 하려 하심이라 하였더라."

제자들이 이해한 '속량'은 로마 치하에 있는 이스라엘 백성에게 적용되면 '나라의 회복'입니다. 그러므로 예수께서 그리스도이며 메시아라면, 이스라엘을 다스리는 왕이기에 죽어서도 안 되고 고난을 받아서도 안 되는 "인자"이어야 합니다.

하지만 예수님의 가르침은 제자들이 생각하는 것과는 너무 달랐습니다. 메시아가 고난을 당해야 한다는 것을 설명합니다(26절).

이제 지난 날의 삶을 잊어버리고 엠마오인 자기 동네에서 새롭게 다시 인생을 시작하려는 제자들에게 갑자기 동행하며 이야기를 하던 사람으로부터 이러한 가르침을 받았을 때, 두 제자가 느낀 마음의 감정이 바로 "카르디아 카이오"(두 가지 이론이 양립한 상황에서 느끼는 마음의 내적 갈등)입니다. 두 제자는 예수님이 성경을 풀어서 설명해 줄 때에 기존의 메시아관과 새로운 메시아관 사이에서 갈등을 했습니다. 제자들은 마음이 갈등 상태에서 정체를 모르는 이 사람의 말을 더 듣기 위해서 집으로 모신 것입니다.

제자들의 내적 갈등이 예수님이 가시려는 길을 멈추게 해서 자기들의 집으로 강하게 권유하고 모셔서 환대를 베풀게 되었습니다. 그리고 식사 중에 예수님은 떡을 떼어 주심으로 눈이 밝아지고 더디 믿는 믿음에서 바로 믿어지는 계기가 되었습니다.

그러면 어떤 것이 작용을 해서 눈이 떠졌을까요? 어떤 분은 성령의 조명이라고 합니다. 그러나 본문에서 그런 구체적인 언급은 없습니다. 그렇다면 요한복음 20:22절에서 "이 말씀을 하시고 그들을 향하사 숨을 내쉬며 이르시되 성령을 받으라."는 주님의 숨결의 기운으로 작용을 했을까요?

어쨌든 우리는 자세히 알 수 없지만, 예수 그리스도께서 빵을 떼시며 나누어 주실 때 신비로운 변화의 사건이 일어났습니다. 먼저 주님의 자세한 말씀의 가르침이 제자들에게 각인이 되어서 내적 갈등이 왔습니다. 이런 실제 경험을 사람들에게 생생하게 알려주는 것은 매우 어렵습니다.

갈등하는 믿음은 확실한 믿음을 얻기 위한 "눈이 밝아지는" 과정에서 반드시 필요한 요소입니다. 의심과 질문이 없는 믿음은 단단한 믿음의 기초를 세울 수 없습니다. 믿음에 이르기 위해 거치는 방황 때문에 자신의 지식에 입은 상처는 기존의 통념에 기대어 확립한 자신들의 생각들을 바꾸어 나가는 자양분이 됩니다.

그리고 주님은 말씀을 풀어주시고 떡을 떼어 주시므로 우리들은 자신의 머리를 깨고 마음을 뒤흔들어버려서 뒤틀리고 흔들릴 때마다 주님의 말씀과 숨결을 기억하며 살아갈 것입니다. 제자들에게 보여주셨던 주님의 상처를 눈으로 보고 손가락을 넣어보고 만질 때마다 불붙는 마음으로 세상의 방식이 아니라 십자가의 방식인 자신을 찢어서 내어주시는 방식으로 살도록 제자들을 예루살렘으로 돌아가게 합니다. 그래서 다른 제자들과 함께 십자가를 지는 변화의 삶, 생명의 삶을 살도록 요청합니다.

나가는 말

제자들은 이제부터 지금까지와는 다른 삶을 살기 위하여 예수님이 자신들에게 오셔서 하신 말씀과 몸을 떼어 주신 성찬으로 새롭게 변화됩니다. 그리고 변화된 모습으로 예수님의 부활 소식을 전합니다. 33-35절입니다.

> "곧 그 때로 일어나 예루살렘에 돌아가 보니 열한 제자 및 그들과 함께 한 자들이 모여 있어, 말하기를 주께서 과연 살아나시고 시몬에게 보이셨다 하는지라. 두 사람도 길에서 된 일과 예수께서 떡을 떼심으로 자기들에게 알려지신 것을 말하더라."

이미 그곳에서는 베드로에게 부활하신 예수님이 나타나셨습니다. 엠마오의 제자들은 평범한 목소리로 말씀을 전하지 않습니다. 마치 하나님의 놀라운 일을 보고하기 위해 선포하는 형식으로 말씀을 전합니다.

이제부터 제자들은 예수 그리스도를 새롭게 인식하게 되었습니다. 엠마오 도상에서 만난 제자들은 예수님의 바른 성경 해석과 자신의 몸을 주시는 모습을 통해서 육체의 눈으로만 보았던 세계가 아닌 밝아진 눈으로 주님의 오묘하고 신비한 세계를 보게 됩니다.

우리는 예수 그리스도를 만나 열린 눈으로 세상을 보고 사람을 보아야 합니다. 물론 우리의 한계가 있지만 '찾아오시고 다가오셔서 말을 걸어주시는 주님을 만나는 경험을 해야 세계가 어떻게 돌아가는지, 그 속에서 사는 사람들이 무엇을 향하여 사는지 꿰뚫어 볼 수 있습니다. 제자들은 예수님이 풀어주시는 말씀을 들을 때는 몰랐습니다. 그러나 나중에 믿게 되었습니다.

우리는 똑같은 실수를 해서는 안 됩니다. 말씀이 들려지고 해석을 할 때 준비가 되어 있어야 합니다. 항상 늦게 깨닫는 사람이 있습니다. 후회만 가득할 것입니다.

그러나 항상 말씀을 깨달을 준비가 되어 있으면 진리가 선포되고 다 가올 때 평범한 현상처럼 보이는 진리도 풍성하게 경험을 하게 됩니다. '지금', '여기서' 하나님을 경험할 말씀과 성찬 앞에서 예수님의 세상을 위한 구원 사건을 경험하게 됩니다. 어떤 길에서든지 말씀하시는 주님을 만나면 삶에서 실천해야 할 궁극적인 진리 사건과 이미 시작된 주님의 나라가 예수 그리스도에게서 실현되어가는 그의 나라를 미리 만나는 기쁨을 누립니다. 이 진리를 믿고 마음에 새겨 참되고 즐겁게 사시는 주의 종들이 되시기를 주님의 이름으로 축복합니다. 아멘,

12.

나를 따르라!

요한복음 21:12-19

들어가는 말

"해리가 무엇 때문에 걱정했는지 기억하세요? 늘 화가 나 있고 어두운 감정을 느끼기 때문에 자기가 나쁜 사람일지도 모른다고 생각했잖아요?" 시리우스는 해리에게 이렇게 말합니다. "넌 나쁜 사람이 아니야. 넌 아주 좋은 사람인데 나쁜 일을 겪었던 거야. 그리고 세상은 좋은 사람과 죽음을 먹는 자들로 나뉘는 게 아니란다. 우리는 모두 밝은 부분과 어두운 부분을 다 가지고 있어. 정말로 중요한 건 우리가 어떤 역할을 선택하는 거야. 그게 진짜 우리의 모습이란다." 조엔 롤링스가 쓴

『해리포터』에 나오는 대화입니다.

이 말은 사람은 누구나 모두 수치심을 가지고 산다는 것입니다. '수치심'과 비슷한 단어로는 '부끄러움'이 있습니다. 부끄러움은 창피해서 타인의 시선을 견디지 못하는 마음의 상태이며 자기 얼굴이 무척 화끈거리지만 죄책감까지는 가지지 않는 감정의 상태를 말합니다. 부끄러움은 부정적이지 않지만, 수치심은 자신의 부정적인 행위가 공개적으로 드러나 사람들에게 지탄을 받을 수밖에 없는 상태를 의미합니다. 수치심은 다른 사람들을 볼 낯이 없거나 스스로 떳떳하지 못한 것입니다.

기쁨이 풍성한 에덴에 살았던 아담과 하와는 모두 벗었지만 부끄러움이 없었습니다. 그들은 하나님께서 먹지 말라고 했던 말씀에 순종하지 않고 선악과를 먹음으로 눈이 밝아져서 스스로 알몸인 것을 알았습니다. 그래서 무화과 나뭇잎으로 앞을 가렸습니다. 두 사람은 인간의 본래적인 모습 즉, 남성과 여성의 성기가 드러난 알몸을 보고 단순한 부끄러움이 아닌 부정적인 의미의 '수치스러운' 마음을 가졌습니다. 이것이 인간이 가진 본래의 약함이며 그것은 수치심입니다.

이런 사실은 인간이 살아가는 일이 쉽지 않다는 것을 가르칩니다. 왜냐하면 누구에게나 뜻하지 않게 말할 수 없이 부끄러운 일과 수치스러운 일을 겪기도 하고 당하기도 하기 때문입니다.

요한복음에는 없는 누가복음 5:1-11절의 이야기를 보면, 베드로는 예수님으로부터 제자로의 부름을 받고 예수를 주로 고백한 다음, 자신의 모든 것 즉, 배와 그물과 잡힌 물고기를 버려두고 예수를 따릅니다.

요한복음 13:36-37절에서는 베드로의 마음과 태도를 엿볼 수 있습니다. 예수님과 베드로의 대화입니다.

> "시몬 베드로가 이르되 주여, 어디로 가시나이까? 예수께서 대답하시
> 되 내가 가는 곳에 네가 지금은 따라올 수 없으나 후에는 따라오리라.
> 베드로가 이르되 주여 내가 지금은 어찌하여 따라갈 수 없나이까? 주
> 를 위하여 내 목숨을 버리겠나이다."

베드로는 자신의 입장을 아주 견고하게 표명하지만, 예수님은 38절에서 "네가 나를 위하여 네 목숨을 버리겠느냐? 내가 진실로 진실로 네게 이르노니 닭 울기 전에 네가 세 번 나를 부인하리라."라고 말씀하십니다. 요한복음 18:15-27절의 내용을 보면 자신만만했던 베드로는 체포되어 결박된 예수님을 따라 대제사장의 집 뜰에까지 따라 들어갔지만, 문지키는 여종과 대제사장의 여종의 질문에 결국 예수의 제자임을 부인합니다.

마태복음 26:75절의 베드로를 보겠습니다.

> "이에 베드로가 예수의 말씀에 닭 울기 전에 네가 세 번 나를 부인하
> 리라 하심이 생각나서 밖에 나가서 심히 통곡하니라."

베드로는 부끄러움을 넘어 수치심에 자신을 한탄하는 큰 울음을 쏟아 놓습니다. '내가 이렇게 나약한 사람인가?'라고 말입니다. 심지어 누가복음 22:61-62절은 "주께서 돌이켜 베드로를 보시니 베드로가 주의 말씀 곧 오늘 닭 울기 전에 네가 세 번 나를 부인하리라 하심이 생각나서 밖에 나가서 심히 통곡하니라." "주께서 돌이켜 베드로를 보았다"는 말로 베드로의 수치스러운 마음은 증폭됩니다. 베드로의 마음은 완전히 무너지며 부서집니다.

베드로는 예수님이 부르셨을 때 하셨던 "사람을 낚는 어부"라는 구원사역에 대한 소망을 잃어버리고 '아무것도 아닌 상태'가 됩니다. 그리고 그는 디베랴 호수에서 예전에 살던 방식대로 그물을 던져 생계나 유지하려는 자아 부정과 자아를 닫아버리는 삶으로 돌아갑니다.

이런 베드로에게 예수님은 다시 찾아오셔서 예수님 자신이 가셨던 길을 "따라 나서라"고 다시 불러주십니다. 그리고 치유와 회복의 말씀으로 사명을 다짐하는 은혜를 선물로 주십니다. 이 과정을 본문을 통해서 살펴보겠습니다.

첫째, 그날 밤에서 아침으로-다시 주님과 식사하는 제자들 21:12-14

베드로는 삶의 방향을 잃어버리고 다시 고기를 잡으러 '디베랴 호수'로 갑니다. 다른 제자들과 함께 고기잡이를 떠난 시간은 "그날 밤"

(21:3)입니다. 베드로의 인생에서 기억에 남을 여러 사건 중에서 세 가지를 뽑는다면, 주님께 제자로 부름을 받던 날, 주님을 부인한 밤, 그리고 디베랴 호수에 나타나신 주님을 다시 만나 다시 새롭게 인생을 시작한 "그날 밤"을 지난 "이른 아침"입니다. 그날 밤이 지난 "이른 아침"은 예수님이 예루살렘에서 제자들에게 두 번 나타나시고(20:19-23, 26-29) 세 번째 나타나신 아침입니다.

그러나 "그날 밤"은 예수님과의 관계에서 '틈'이 벌어진 밤입니다. 주님을 세 번 부인하던 날은 '간격'이 벌어진 밤입니다. 베드로에게 "그날 밤"은 자기를 내려놓았던 밤이며 자기를 부정하고 싶은 밤이었습니다. 비록 요한복음 20:22절에서 예수님이 제자들에게 "성령을 받으라"고 하셨지만, 베드로의 이름은 나오지 않고 도마의 이름만 강조됩니다. 이미 베드로는 두 번이나 예수님을 만나 주님의 숨결까지 받았지만 그는 자신의 생업인 바다로 돌아갑니다.

사람을 구원하는 어부가 아니라 생선을 잡는 어부로 돌아가는 베드로의 마음에는 깊은 상처가 아물지 않았고 채우지 못한 '틈'이 생겼습니다.

그러나 '틈'은 반드시 부정적이지 않습니다. '틈'은 작은 공간이지만 힘 있게 작동합니다. 그날 밤은 벌어진 '틈'이 연결되는 밤입니다. 베드로에게 그날 밤의 실패는 자신의 마음 자리에 '틈'을 만들어 놓는 밤이며, 소통을 위해 새 마음을 얻는 창조의 아침을 맞이하는 계기를 만듭니다.

신자들도 긍정적 의미의 '틈'을 만들어 놓아야 합니다. '틈'이 없는 사람은 답답하고 숨이 막힙니다. 누군가가 나에게 들어 올 수 있는 '빈 틈'이 있는 사람은 행복합니다. 비록 사람에게 놀림을 당하고 이용 당해도 틈이 있는 사람은 그것을 이겨낼 수 있습니다. 그런 사람에게 은 혜가 들어오고 소통의 잘 이루어지며 평안을 이루는 힘을 만들어냅니다. 그런데 우리는 거의 본능적으로 '빈틈'이 없다는 말을 듣기를 좋아하고 완벽한 사람이 되기 위해 노력합니다.

그러나 "그날 밤" 베드로와 함께 한 제자들은 실패합니다. 그렇게 잘 알고 있다던 바다에서 그들은 어부의 자격도 갖추지 못한 것처럼 한 마리의 고기도 잡지를 못합니다. 그러던 "이른 아침"에 예수님이 바닷가에 이미 와 계셨지만 아무도 알아차리지 못합니다. '밤'과 '아침'이 교차하는 시간이어서 그랬을지도 모릅니다.

예수님은 제자들을 '애들아'(파이디아)라고 부릅니다. 베드로는 이미 결혼을 한 사람이고 나머지 제자들도 성인인데 '애들아'라고 부르는 데는 이유가 있습니다. 그 이유는 제자들이 가진 '틈'을 인정한다는 호칭입니다. 그리고 그 '틈'을 채워야 할 연약한 사람이며 그들이 범한 실수를 받아들인다는 것입니다.

예수님은 밤새도록 고기를 잡지 못한 제자들에게 고기를 잡을 수 있는 특정한 장소를 알려줍니다. 그 결과 그물을 들 수 없을 정도로 고기가 잡힙니다.(요 21:4-6). 요한복음의 저자는 21장에서 독자들에게 예수님께서 실패하고 꿈을 포기한 제자들을 위해 정교하게 '시간과 '공간'을 활용하시는 예수님을 보여줍니다. 물고기를 잡는 장면은 베드로가 예수님을 처음 만나는 장면과 비슷합니다(눅 5:4-11). 물고기를 잡으라고 말한 사람을 아무도 모를 때에 예수님의 사랑하는 제자가 먼저 알아보고 베드로에게 '주님'이라고 알려줍니다. 베드로는 겉옷을 벗고 있다고 겉옷을 두른 후에 바다로 뛰어내립니다(요 21:7-8). 이것도 마찬가지로 베드로가 처음 주님을 만나서 예수님의 능력을 경험한 '그날'의 경험과 닮아 있습니다. 여기까지 베드로는 긴가민가했을 겁니다. 어! 어디서 본 듯한, '기시감'이 들었을 겁니다.

예수님은 "이른 아침"에 '숯불'을 피어놓고 '떡'을 준비해 놓으셨습니다. 그리고 잡은 '생선'도 가지고 오라고 합니다(요 21:9-10). 베드로는 그물을 끌어올려 고기를 예수님께로 가져다 드립니다. 예수님은 그들에게 말씀하십니다. 12-13절입니다.

"예수께서 이르시되 와서 조반을 먹으라 하시고 예수께서 가셔서 떡을 가져다가 그들에게 주시고 생선도 그와 같이 하시니라."

그런데 아무도 묻지를 않습니다.

"제자들이 주님이신 줄 아는 고로 당신이 누구냐 감히 묻는 자가 없더라."

한 장면 한 장면이 의도가 있습니다. 어떤 방향성을 가지고 있는 것 같습니다. 첫째, 시간입니다. 베드로가 예수님을 세 번 부인했던 시간은 '그날 밤으로부터 이른 아침'입니다. 베드로에게 있어서 그 시간은 햇빛이 들어와 새 출발을 알리는 시작의 아침이 아니라 다시 돌아가고 싶은 후회가 가득한 아침입니다. 자신을 부정하고 싶은 항복의 시간이었습니다.

그러나 '틈'이 생겨 서먹서먹했던 "그날 밤"이 "이른 아침"을 맞이할 때는 '새로운 아침'입니다. 그리고 이른 아침에 주님을 만났을 때의 시간은 새로운 것이 피어올라 갈라진 '틈'을 채우는 '생명 생성'의 시간입니다. 어두움 후에 빛이 임한 이 시간은 '새로운 관계를 열어주는 숨의 통로가 되는 시간'입니다.

또한 닫힌 세계는 닫고 미래로 나아가는 문을 여는 희망의 시간입니다. 그 문을 주님이 먼저 여셨습니다. 베드로에게는 부름 받은 첫째 날을 기억하게 하여 사명을 닫은 그에게 다시 소명을 인식하여 사명으로 길을 나서게 하는 문을 여셨습니다. 그리고 주님과 친밀한 대화인 재소명의 대화가 이루어지는 시간은 아침을 지나 정오의 시간까지 흐릅니다. 밝은 한낮까지 대화는 이어집니다.

둘째, 예수님이 차린 식탁은 마치 광야에서 경험했던 "오병이어"의 기적을 기억하게 하는 밥상입니다. 예수님은 자신과 함께 했던 과거의 기적적인 사건을 연상시키는 장면을 연출하시면서 한 단계씩 '틈'을 채워 나갑니다. 자기들에게 식사를 주시는 분의 모습을 보면서, 그리고 그분이 주님인 줄을 알면서도 "당신이 누구냐?"고 묻지 못하여 침묵하는 제자들을 향해 '아침을 먹으라'고 말씀하십니다. 제자들은 자기들의 모순된 모습으로 인해 편하고 쉽게 예수님이 지금 만들어 놓으신 기적의 사건들과 '연결하지' 못합니다.

그러나 주님은 이미 현재의 제자가 아닌 미래의 제자를 그리고 계신 분입니다. 물고기가 아니라 '사람'을 낚는 '어부'가 될 베드로를 위해 이미 부서지고 찢어진 몸을 나누어 주시고 물고기를 주심으로 주님의 뜻을 이루어 가십니다.

이러한 예수님의 모습은, 제자들을 마음으로 받아들인 상징적인 모습입니다. 앞으로 새로운 공동체는 잘잘못을 따져 '틈'을 만들지 말고 강한 유대감과 반드시 말로 표현하지 않아도 받아들이는 행동을 보여줌으로 배신감을 토로하거나 인간적 서운함이나 실망과 같은 미워하는 마음을 "우리 밥 한 끼 같이 먹읍시다."로 승화시켜 나가기를 원합니다. 결정적인 순간에 부정하고 나 몰라라 하는 태도를 가진 사람을 외면하고 데면데면하게 대하지 말고, 아니 속으로는 '언젠가는 꼭 갚아주겠다'고 외치지 말고, 주님의 나라를 위해 경계를 푸는 결정적인 계기를 만들기를 원합니다.

셋째, 장소입니다. 주님은 이른 아침에 "숯불"을 피웠습니다. 그리고 세 번의 질문을 베드로에게 하십니다. 마치 이것은 예수님이 잡히시던 날 밤 대제사장의 집에 피어 있었던 모닥불과 어린 여종이 베드로에게 한 질문의 숫자가 같습니다. 요한복음 18장과 21장의 사건이 장소와 배경에서도 거의 닮아 있습니다. 베드로의 세 번의 부인은 '닭 울기 전' 대제사장 집의 안뜰 '모닥불 주변'에서 일어났습니다. 베드로가 세 번 예수님을 부인했을 때 주님은 베드로를 보셨습니다(눅 22:61).

이 사건을 베드로에게 다시 재연시키는 것은 쓰린 상처에 소금을 뿌리는 것과 같습니다. 베드로가 주님을 만났지만, 한마디도 못하고 있는 이유로서 '틈'은 '부끄러움'과 '수치심'입니다. 지금 베드로는 '수치심'을 일으켰던 '그 장소'를 바라봅니다.

우리도 부끄럽고 수치스러운 일이 일어난 장소를 멀리하려고 합니다. 누가 그것을 말하면 말을 못하게 하거나 멀리합니다.

그런데 주님은 베드로에게 직면하게 합니다. 물론 아침이어서 약간 서늘하기도 하고 고기를 구우려면 불이 필요해서 그럴 수 있습니다만, 예수님은 서운한 감정을 표현해서 베드로에게 또 상처를 주려는 것이 아닙니다.

예수님은 베드로에게 "넌 왜 그랬니? 꼭 그래야만 했니?"라고 하지 않습니다. 그렇다면 주님은 이미 과거의 사실은 잊어버리고 불을 준비했을 수도 있습니다. '날이 새어갈 때'에 '숯불'을 피운 장소가 필요했던 것은 예수님이 아닙니다. 그 장소와 그 시간으로 간절히 되돌아가고 싶어 했던 사람은 베드로였을지도 모릅니다. 왜냐하면, 똑같은 장소와 같은 시간, 동일한 횟수의 질문과 답이 베드로의 마음속에서 수없이 되뇌고 반복되는 테이프처럼 재생되었을 것입니다.

우리도 똑같습니다. '그때 그 장소에서 그런 일을 다시 겪는다면 이렇게 해야지, 다시는 하지 말아야지'라고 수도 없이 마음속으로 말할 겁니다.

'수치스러움을'을 겪는 사람은 무력감을 느껴서 공격하거나 숨는다고 합니다. 주님은 베드로의 수치심을 누그러뜨리기 위해 이미 그를 '애들아'라고 불렀고 고기를 잡도록 장소를 알려주셨습니다.

주님을 알고 난 이후에 마주친 숯불이 있는 장소는 공격하고 숨어야 할 수치스러움의 장소는 아닙니다. 주님의 목소리에 베드로의 마음은 아직은 소극적이지만 듣는 용기를 가지면서 식사에 참여하므로 주님의 말씀에 공감합니다. 사실 베드로에게 이렇게 반복하는 경험은 고통스럽습니다. 베드로에게 이런 공간에서의 같은 경험을 반복하는 것은 근심스러운 일입니다(요 21:17).

주님이 그것을 알면서도 재현하는 것은 베드로를 죄책감과 수치심으로부터 해방시키고 서먹서먹했던 '틈'을 채우려는 주님의 뜻입니다. '있는 그대로의 나를 드러내는' 시간과 장소는 주님이 우리에게 주시는 은총입니다. 부끄럽다고 피하지 마시고 정면으로 마주해야 새로운 길을 나설 수가 있습니다. 주님이 부르셨던 맨 처음의 상태로 돌아가야 합니다. 주님이 하신 그때의 말씀을 회복해야 처음의 상태보다 더 성장하고 성숙한 발판을 마련합니다. 우리는 이런 것을 "Bouncebackability"(바운스백어빌리티), 또는 "Resilience"(리질리언스, 회복탄력성)라고 부릅니다. "원래 제자리로 되돌아오는 힘"이며 "어려움과 고통을 이겨내고 원래로 돌아오게 하는 힘"입니다. "어려움에서 적응적 상태로 다시 돌아온다는 의미인 '회복'과 정신적 저항력의 향상, 즉 역경을 딛고 되튀어 오르는 성장을 뜻하는 개념인 '탄력성'을 합쳐 '회복탄력성'이라고 부릅니다."[1]

베드로가 주님을 만나는데 두려움을 가지고 있었다면-그는 자신도 모르게 주님이란 말을 듣고 달려 나갔다-주님과의 만남 자체를 회피하거나 식탁의 초청을 거절했을 것입니다. 깨어진 관계 때문에 '틈'이 생기는 것은 당사자가 가진 두려움이라는 부정적인 정서가 큰 영향을 끼칩니다. 이 두려움의 부정적인 감정이 회복 탄력성을 방해하는 중요한 요소입니다.

우리에게 찾아오시는 주님은 현재가 아닌 미래를 위해 지금 행동하시는 말씀으로 우리들에게 손을 내미시고 우리가 그 손을 잡을 때 두려움은 사라지고 다시 주님을 따라갈 용기가 생깁니다. 베드로는 '지금' 그리고 '여기서' 주님과 부딪힙니다. 14절 말씀입니다. "이것은 예수께서 죽은 자 가운데서 살아나신 후에 세 번째로 제자들에게 나타나신 것입니다."

둘째, 나를 더 사랑하느냐? 21:15-17

예수님은 제자들과 아침 식사를 마친 후에 베드로를 부르십니다. 그리고 묻습니다. 요한복음 21:15-16절입니다.

"그들이 조반 먹은 후에 예수께서 시몬 베드로에게 이르시되 요한의 아들 시몬아, 네가 이 사람들보다 나를 더 사랑하느냐 하시니 이르되 주님 그러하나이다. 내가 주님을 사랑하는 줄 주님께서 아시나이다. 이르시되 내 어린 양을 먹이라 하시고, 또 두 번째 이르시되 요한의 아들 시몬아. 네가 나를 사랑하느냐 하시니 이르되 주님 그러하나이다. 내가 주님을 사랑하는 줄 주님께서 아시나이다. 이르시되 내 양을 치라 하시고"

예수님은 15절에서 "네가 이 사람들보다 나를 더 사랑하느냐?"라고 묻고, 16절에서는 "네가 나를 사랑하느냐?"라고 질문하십니다. 식사 중에는 아무런 말도 하지 않았던 주님 때문에 마음 속내가 심란하고 복잡했던 제자들도 역시 침묵 중에 있었습니다. 그러던 중 베드로에게 갑자기 말을 던집니다. 그것은 다름 아닌 "사랑"에 관한 것입니다.

우리도 그럴 때가 있습니다. 만나기 힘든 유명한 사람이 갑자기 말을 걸면, 말의 형태가 어떻든지 간에 당사자인 나에게는 다정하게 들려옵니다. 마치 기다렸다는 듯이 베드로는 "내가 주님을 사랑하는 줄 주님께서 아시나이다."라고 답변을 합니다. 주님은 시몬 베드로에게, "요한의 아들 시몬"이라고 부릅니다. 이렇게 베드로를 부른 것은 그가 과거에 부름 받았을 때입니다. 요한복음 1:40-42절 말씀입니다.

"예수를 따르는 두 사람 중의 하나는 시몬 베드로의 형제 안드레라.

그가 먼저 자기의 형제 시몬을 찾아 말하되 우리가 메시아를 만났다 하고(메시아는 번역하면 그리스도라.) 데리고 예수께로 오니 예수께서 보시고 이르시되 네가 요한의 아들 시몬이니 장차 게바라 하리라 하시니라(게바는 번역하면 베드로라)."

그의 본래 직업이었던 어부가 자연스럽게 떠오릅니다. 그리고 조금 전까지 어부로서 고기를 잡았습니다. 자신의 힘으로는 고기를 잡지 못했던 실패한 어부였고 알아보지 못했던 사람의 말에 풍성한 고기를 잡았던 무능한 어부입니다.

주님이 그의 이름을 불러줄 때 자신을 인지하게 되었습니다. "내가 고기 잡는 어부인가? 사람을 구원하고 사람을 낚는 어부인가?"라고 말입니다. 주님이 처음 예수님을 만났을 때 불러주시고 이름을 주신 그대로 살아가야 함을 의미하는 부름입니다.

그렇다면, 주님이 질문하신 말씀 중에 "이 사람들보다"가 있습니다. 주님이 가리키신 "이 사람들이"(개역개정) 어떤 사람이었을까요? "이 사람들"로 번역된 헬라어는 "이것들"로도 사용할 수 있습니다. ESV, RSV, NRSV, NASB 그리고 NIV는 15절의 이 부분을 "Do you (truly, NIV) love me more than these?"로 번역합니다. 여기서 "these"를 "이것들"과 "이 사람들"로 모두 사용할 수 있습니다.

그러나 예수님이 다른 제자들을 비교하면서까지 나를 더 사랑하느냐? 하고 묻지는 않았을 겁니다. 그러면 "these"는 "이것들"입니다.

"이것들"을 베드로가 처음 부름 받았을 때의 배경인 마가복음 2:17-18절을 참조하면 이해가 쉽습니다.

> "예수께서 이르시되 나를 따라오라. 내가 너희로 사람을 낚는 어부가
> 되게 하리라 하시니 곧 그물을 버려두고 따르니라."

베드로는 주님의 부르심에 순종하여 즉시로 예수님을 따릅니다. 그런데 베드로의 장모가 열병이 납니다. 그 이유를 사위가 직업을 팽개치고 나사렛 예수를 따라다니는 것에서 찾는다면 "이것들"은 베드로가 원래의 직업으로 돌아가려는 것을 가리키는 것일 수 있습니다.

무엇보다 요한복음 21:3절에서 베드로는 "시몬 베드로가 나는 물고기 잡으러 가노라."라고 말합니다. 즉 베드로는 여전히 경계에 서 있습니다. 예수님으로부터 숨결을 받았지만, 그가 떨쳐버리지 못한 수치심과 예수를 따름에 무덤덤한 모습에 식사 중에 침묵을 지킵니다. 이제 더 이상 제자 노릇은 그만 해야겠다고 생각할 즈음에 예수님은 "네가 사랑하는 직업, 특히 물고기들 보다 나를 더 사랑하느냐?"고 묻습니다. 베드로를 책망하거나 아쉬운 말을 하는 것이 아니라 베드로의 '허'를 찌르는 말이 들려옵니다. "이것들 보다(이 세상의 어떤 것 보다 심지어 너 자신보다) 나를 사랑하니?"라는 다정하면서도 무엇인가 의미를 담긴 질문을 하십니다.

베드로는 "내가 당신(주님)을 사랑하는 줄 당신(주님)께서 아십니다."

라고 대답합니다. 예수님이 말씀하신 첫 번째 질문에서 "사랑"은 헬라어로 "아가파오"로 이며 베드로는 "필레오"라고 대답합니다. 베드로는 "예"(yes)라고 바로 긍정적으로 대답을 합니다. 예수님에 대해 자신의 분명하고 투명한 사랑의 고백을 합니다. 과거를 묻지 않고 다정하게 묻는 질문에 -이미 그렇게 받아들이도록 고기를 잡게 하고 식사를 차려주신 배경에서- 베드로는 번쩍 정신을 차리면서 즉, 예수님의 숨결을 받아 새롭게 재정비되고 창조된 마음으로 갑자기 돌아옵니다. 그러자 예수님은 다시 베드로에게 말합니다.

"내 양을 먹이라."

베드로는 묵묵부답입니다. 유구무언입니다. 딱히 할 말이 없습니다.

예수님은 두 번째로 묻습니다. "요한의 아들 시몬아, 네가 나를 사랑하느냐?" 두 번째 질문에서도 주님은 15절처럼 16절에서도 같은 단어를 사용하십니다. 예수님은 "요한의 아들 시몬아, 네가 나를 사랑하느냐?" "아가파오"로 물으셨고 베드로는 "예, 주님 당신은 내가 당신을 사랑하는지 알고 있습니다"라고 "필레오"로 대답합니다. 그리고 주님은 베드로에게 "내 양을 치라"고 말씀하십니다. 첫 번째 베드로의 답변에 "내 양을 먹이라."는 주님은 두 번째 질문에 대한 답변을 듣고 "내 양을 치라"고 말씀하십니다.

세 번째로 예수님은 베드로에게 질문하십니다. 17절입니다.

"세 번째 이르시되 요한의 아들 시몬아, 네가 나를 사랑하느냐 하시니 주께서 세 번째 네가 나를 사랑하느냐 하시므로 베드로가 근심하여 이르되 주님 모든 것을 아시오매 내가 주님을 사랑하는 줄을 주님께서 아시나이다. 예수께서 이르시되 내 양을 먹이라."

17절에서 예수님은 "필레이스"로 물으시고 베드로는 "필로"로 대답합니다. 17절이 15, 16절과 다른 점은 예수님은 "사랑하다"는 단어를 "아가파오"와 "필레오" 두 동사를 사용하셨고, "요한의 아들 시몬아, 네가 나를 사랑하느냐?"의 질문에 베드로는 "근심하여 이르되 주님 모든 것을 아신다."고 대답합니다. 그리고 베드로의 세 번째 고백을 들은 예수님은 "내 양을 먹이라"고 말씀을 건넵니다.

그렇다면, "사랑한다"(아가파오, 필레오)는 단어에 대해 생각해 봅시다. 두 단어를 구분하는 경우가 있습니다. 동사 "아가파오"는 거룩하고 숭고하고 희생적인 신적인 사랑을 나타내고 "필레오"는 친구의 우정을 나타내는 인간적인 사랑으로 이해합니다. 그러면 첫 번째와 두 번째 질문에서 예수님은 "너는 아가페의 사랑으로 나를 사랑하느냐?"라고 베드로에게 질문한 것이 되고, 베드로는 나는 그렇게까지 못하니까 "필레오"의 사랑으로 대답한 것으로 해석할 수 있는 것이 됩니다.

그러나 요한복음에서는 두 단어를 명확하게 구분하지 않습니다.

"두 단어가 '필레오'로 사용을 했는데, 요한복음 15:13-15에서 친구

관계가 가진 사랑에 대해서 설명해 줍니다. '사람이 친구를 위하여 자기 목숨을 버리면 이보다 더 큰 사랑이 없나니 너희는 내가 명하는 대로 행하면 곧 나의 친구라. 이제부터는 너희를 종이라 하지 아니하리니 종은 주인이 하는 것을 알지 못함이라. 너희를 친구라 하였노니 내가 내 아버지께 들은 것을 다 너희에게 알게 하였음이라.' 자기 친구를 위하여 자기 목숨을 버리는 것이 가장 큰 사랑인데 그 큰 사랑을 보여주는 자들은 예수의 친구입니다. 그리고 요한복음에서는 '필레오'를 '하나님과 예수의 사랑관계'(5:20), '세상의 사랑'(15:19), '자신의 생명을 사랑하는 행위'(12:25)를 나타내는 의미로 사용합니다."[2]

그러므로 두 단어를 서로 비슷한 개념으로 사용하고 있습니다. 두 사람과의 대화에는 단어가 중요한 것이 아니라 자기를 희생할 정도로 사랑한다는 것입니다. 사랑이라는 전제를 가지고 서로를 대하고 있습니다. 주님과 베드로 모두 껄끄러움 없이 마음을 표현하므로 '틈'은 사랑과 신뢰로 채워졌습니다.

둘째, 베드로는 주님이 베드로에게 사랑하느냐고 물었을 때 베드로는 "근심하여 이르되 주님, 모든 것을 아신다."고 대답합니다. 17절입니다.

"세 번째 이르시되 요한의 아들 시몬아, 네가 나를 사랑하느냐 하시니 주께서 세 번째 네가 나를 사랑하느냐 하시므로 베드로가 근심하여 이르되 주님, 모든 것을 아시오매 내가 주님을 사랑하는 줄을 주님께서 아시나이다. 예수께서 이르시되 내 양을 먹이라."

예수님의 3번에 걸친 질문에 베드로는 자신이 세 번 부인한 것 때문에 근심한 것이 아닙니다. "주님 모든 것을 아시오매"라고 주님에 대한 자기의 지적 인식을 묘사합니다. '이 근심은 내가 앞으로 어떻게 살 것인지를 아시는 분께서 물으시니 당신에 대한 나의 확고한 지적 인식이 상처를 입습니다. 모든 것을 아시는 분이 다시 묻는 질문에 대해 제가 상처를 입지만 그 상처가 오히려 주님의 말씀에 대한 기대와 각오를 가지게 합니다.'라는 의미로 볼 수 있습니다. 즉 베드로는 자신이 주님을 세 번 부인한 것에 대해, 거듭된 주님의 질문 때문에 근심한 것이 아니라 앞으로 자신도 주님의 뒤를 따를 것이라는 예정을 알고 근심하게 되어 묵묵부답입니다. 주님은 "모든 것을 아시는 분입니다." 그래서 거듭 베드로에게 "양을 먹이고 양을 치라"고 말씀하십니다.

세 번째, 주님은 베드로에게 "양을 먹이고 양을 치라"고 말씀하십니다. 양떼를 단순히 먹이고 돌보는 것이 아니라 양떼를 돌아보고 안내하고 다스리라는 의미입니다. 주님을 사랑하는 것은 말로만 그치는 것이 아닙니다. 양을 감독하고 다스리는 목자의 역할을 요구합니다. 베드로는 역시 말이 없지만 앞으로 자신의 길이 지금까지와는 다르다는 것에 근심했을 것입니다. 선생인 주님과 같은 길이 자신에게 있을 것을 알고 있기에 근심하였을 것입니다.

그러나 베드로에게는 이미 주님과의 '틈'은 사라졌습니다. 잡히시던 날 밤의 수치스러운 사건도 완전히 극복하였습니다. 17절에서(15, 16절에서는 나오지 않는) 예수님은 자신의 몸을, 양을 위하여 목숨을 주었던 것과 같이, 그리고 공동체를 위해 목양의 사역을 이전의 베드로와 같이 희미하게 아는 것처럼 하지 말고, 네가 목양할 양을 분명히 알고 목자의 사명을 잘할 것을 명하십니다.

셋째, 주님을 따르는 길이란? 21:18-19

베드로는 대답을 하지는 않습니다. 그러나 그는 침묵 속에서 주님의 말씀을 마음에 새깁니다. 주님은 베드로에게 "네가 나를 위하여 네 목숨을 버리겠느냐? 내가 진실로 진실로 네게 이르노니 닭 울기 전에 네가 세 번 나를 부인하리라."(요 13:36)에 나오는 "진실로, 진실로"(아멘, 아멘)의 이중 아멘으로 베드로의 배신을 말씀하셨듯이 18절에서 똑같이 이중 "아멘"인 "진실로, 진실로"를 사용하여 앞으로 자신이 걸었던 그 길을 걸을 베드로에게 말씀하십니다. 18절입니다.

> "내가 진실로 진실로 네게 이르노니 네가 젊어서는 스스로 띠 띠고 원하는 곳으로 다녔거니와 늙어서는 네 팔을 벌리리니 남이 네게 띠 띠우고 원하지 아니하는 곳으로 데려가리라."

주님을 제대로 만나면 자신의 인생길의 방향이 완전히 바뀝니다. 자신도 그 방향에 맞게 새롭게 빚어집니다. 베드로가 주님을 바닷가의 길가 식탁에서 만나기 전에는, 그리고 주님으로 부터 말씀을 듣기 전에는 자기의 의지가 강했습니다. 제 마음대로 주님을 고백하고 제 마음대로 부인하고 호기롭게 살았습니다. 그러나 앞으로는 자신의 의지대로가 아니라 다른 사람에 의해 옷의 띠도 띠게 될 것이며, 무엇보다도 "팔을 벌리게 된다"는 것입니다. 이것은 십자가에서 처형당하는 것으로 이해됩니다. 베드로는 목양사역을 예수님처럼 목숨을 주기까지 하다가 다른 사람에 의해 십자가에서 죽을 것이라는 주님의 말씀입니다. 이곳에서 주님과 베드로가 마음으로 또는 영적으로 연결이 되었습니다. 2인조가 되었습니다. 이제 진짜 한 팀이 되었습니다. 선생인 주님을 그대로 닮아가기로 합니다. 그것이 죽음일지라도 말입니다.

요한복음 21:19절 말씀입니다.

"이 말씀을 하심은 베드로가 어떠한 죽음으로 하나님께 영광을 돌릴 것을 가리키심이러라. 이 말씀을 하시고 베드로에게 이르시되 나를 따르라 하시니"

지금부터 주님을 따르는 길은 영광의 길이 아닙니다. 그렇지만, 진짜 친구는 친구가 이렇게 해달라고 할 때 해 주는 것이 친구입니다. 친구인 주님이 친구인 베드로에게 "나를 따르라"고 명령합니다. 주님의 명령에 순종함으로써 베드로는 예수님의 진정한 친구임을 증명하게 될 것입니다. 베드로가 걸어가는 길 위의 삶은 죽음의 삶이며, 하나님께 영광이 되는 삶이 될 것입니다.

지금까지 베드로는 자기에게 집중하며 살았습니다. 이제부터는 예수님을 따르는 길 위의 삶에 '집중할 것'입니다. 지금까지 베드로는 자기가 말한 고백에 중심을 두고 살다가 철저하게 실패를 경험했습니다. 이제부터는 예수 그리스도의 말씀을 따르고 행동하는 것에 '중심을 둘 것'입니다. 이전의 베드로는 말과 행동이 다르고 일치하지 않았습니다. 그러나 이제부터는 인격과 모든 삶의 조건을 주님을 따르는 삶에 우선권을 두고 주님이 원하시는 삶을 살 것입니다.

나가는 말

신자들은 주님의 말씀을 좀 더 진지하고 심각하게 생각해 보아야 합니다. 화두를 한마디 던져놓고 그 화두를 알아내기 위해 수년을 고생하는 분들도 있습니다만, 예수님은 여러 말을 곁들이거나 설명하지 않습니다. 베드로에게 그리고 우리들에게 "나를 따르라."고 말씀하십니다. 베드로에게 양을 먹이고 양을 치라는 말씀은 주님이 어떻게 양을 먹이고 양을 치셨는지 주님을 따라서 하라는 뜻입니다. 예레미야 11:19절에서 예레미야는 죽음의 위기에 처한 자신의 처지를 양에 빗

대어 표현합니다.

"나는 끌려서 도살당하러 가는 순한 어린 양과 같으므로 그들이 나를 해하려고 꾀하기를 우리가 그 나무와 열매를 함께 박멸하자. 그를 살아 있는 자의 땅에서 끊어서 그의 이름이 다시 기억되지 못하게 하자 함을 내가 알지 못하였나이다."

목자의 사명을 감당하다가 도살장에 끌려가는 양처럼, 양을 위하여 목숨을 희생하는 목자의 길을 따르라고 직접 보여주셨습니다. 누구에게 보이는 삶이 아니라 나의 인격과 모든 것을 통합하여 주어진 길을 살아야 합니다. 수치스러움 때문에 '틈'이 생겨 어려움을 겪는 사람들을 위해, 과거의 아픔 때문에 고생하는 사람들을 위해, 우리들은 주님처럼 식탁을 차리고 숯불과 같은 등불을 켜야 합니다.

본회퍼는 "오직 믿는 자만이 순종하고, 순종하는 자만이 믿는다."라고 말합니다. 이전의 베드로는 자기의 힘으로 주님을 따르려고 했다면, 부활하신 주님을 만난 베드로는 주님이 부르시는 말씀을 믿을 때 한걸음을 뗄 수 있었습니다. 베드로가 대제사장 집의 모닥불 사건에서 일어난 수치스러움을 완전히 벗어버리고 주님의 말씀을 완전히 신뢰하고 따를 수 있는 기초는 주님이 자신을 여전히 사랑하신다는 믿음이 있었기에 가능했습니다. 사랑이 없는 믿음은 주님을 따르는 역동적인 힘을 지속적으로 제공하지도 못하고 제공받을 수도 없습니다. 그러므로 주님이 베드로에게 "양을 먹이고 양을 치고 나를 따르라고 명하시는 것"은 하나님의 사랑을 받으신 주님이 주시는 사랑으로 하라는 것입니다.

어거스틴은 "너의 사랑이 어떤 종류의 사랑인지 알고 싶으면 그 사랑이 어떤 방향으로 가는지만 보아라."라고 하였습니다. 앞으로의 인생에 대해 어느 방향으로 갈지에 대한 "지향성"(intentionality)입니다. 누구를 어떻게 사랑하며 살 것인가에 대한 것입니다.

신자들은 사람과의 관계에서 주님의 사랑이 나타나야 합니다. 이 사랑을 실현시키는 자들은 "양을 위해 자기 목숨을 버리신 주님의 사랑을 따르는 길 위의 신자들입니다. 또한 주님의 사랑이 사람들에게 실현되기 위해 우리 안에 성령을 부어주십니다. 그러면 신자들의 믿음과 사랑은 하나님의 '영원하시고 변치 않는 사랑'에 연합되어 상처받은 '나와 우리도' 치유되고 '틈'이 생겨 고통당하는 사람들을 치유할 수 있는 은총을 부어주실 것입니다.

어떤 사람들은 잘못된 것을 지적하고 고쳐주어야 발전이 있다고 주장합니다. 그러나 주님은 베드로에게 '그때 왜 그렇게 말을 했느냐'고 원망하지도 않았고 꾸짖지도 않았습니다. 베드로를 고치려는 어떤 시도도 하지 않으셨습니다. 주님으로부터 사랑이 담긴 다정한 말씀을 듣고 받은 베드로는 주님이 말씀하신 '사랑이 지시하는 방향'으로 살 것입니다. '사랑으로 따르는 지향성'은 주님이 열어 놓으신 세상을 위한 사건에 충실하게 개입하여 들어가는 것입니다.

비록 위험이 뒤따르는 일이지만, 따르기로 결단할 때 신자들은 주님의 은혜와 진리 안에 세워진 존재임을 깨닫게 됩니다. "나를 따르라"고 다정하게 말씀하시는 주님의 음성을 들을 때, 뜨거운 가슴으로 주님을 따라가는 주의 종들이 되시기를 주님의 이름으로 축복합니다. 아멘.

미주 및 참고 문헌

〈미주〉

1. 예수님과 함께 있으면 일어나는 일

1. 이미지, "한국어 교육을 위한 감정 표현 어휘 연구", 부경대 박사학위 청구 논문, (부산, 2012), P. 118-121.

2. 소홍열, 『논리와 사고』, (서울: 이화여자대학교출판문화원, 2003), p. 77-78.

3. 서울 물 연구원, 『서울 워터』, 제 11호, (서울 물 연구원, 2019. 07), p.2-3.

4. "내가 또 밤 환상 중에 보니 인자 같은 이가 하늘 구름을 타고 와서 옛적부터 항상 계신 이에게 나아가 그 앞으로 인도되매 그에게 권세와 영광과 나라를 주고 모든 백성과 나라들과 다른 언어를 말하는 모든 자들이 그를 섬기게 하였으니 그의 권세는 소멸되지 아니하는 영원한 권세요 그의 나라는 멸망하지 아니할 것이니라."(단 7:13-14).

2. 존재가 변한 한 사람

1. 개역 개정 성경에서 나오는 '귀신'이라는 단어는 헬라어 '다이모니온'이다. 즉, '악한 영'이라는 뜻이다. '귀신'을 한국인이 이해하는 귀신, 즉, 죽어서 돌아다니는 것으로 이해하는 것은 성경의 가르침과 배치된다. 따라서 '귀신'이라고 적는다 해도, '악한 영'으로 이해 해야 한다. 마가복음 5장의 "귀신들린 사람"은 "사람다움의 모습"을 어떤 이유 때문에 잃어버린 사람을 뜻한다.

3. 죄인인 여자에게 하신 예수님의 놀라운 말씀

1. 인공지능, Bard의 정의 〈https://bard.google.com/chat/b6b6b64b2fd2c29?utm_source=sem&utm_medium=paid-media&utm_campaign=q4enUS_sem7&gclid=CjwKCAiAjfyqBhAsEiwA-UdzJJ_7M_HUt4FlTGGq8Z13XHYjSto740yi0SrKEte0vOlLdOIpqZEF7hoCjB8QAvD_BwE〉, 접속일자, 2023. 08. 12.

2. 김현경, 『사람, 장소 환대』, (서울: 문학과지성사, 2019), p. 31, 34-40, 67.

3. 이민규, "예수 오빠는 좋지만 바울 아저씨는 싫어", 『기독교사상』, 2002년 9월호, 2023. 10. 25. 〈https://www.clsk.org/bbs/board.php?bo_table=gisang_preach&wr_id=57&main_visual_page=gisang〉, 접속일자, 2023. 08. 12..

4. 알프레드 에더스하임(Alfred Edersheim), 『유대인 스케치(Sketches of Jewish Social Life)』, 김기철 옮김, (서울:복있는사람, 2016), p. 247.

5. Kenneth. Bailey, *Through Peasant Eyes*. (Grand Rapids, Eerdmans, 1980), p.3-4.

6. Alfred Plummer, *The Gospel according to St. Luke*, 5th ed. ICC, (Edinburgh, T&T Clark, 1981), p.xlii-xliii

7. Michael Wolter, *The Gospel according to Luke*, Vol I, (Mohr Siebeck, 2016), p. 322.

8. 존 놀랜드(OJ. Nolland), 『누가복음(상)』, WBC 성경주석: Word Biblical Commentary 35, 김경진 역, (서울: 솔로몬, 2003), p. 650.

4. 여자에게 일어난 놀라운 사건!

1. "혐오", 〈위키백과〉, 〈https://ko.wikipedia.org/wiki/%ED%98%90%EC%98%A4〉, 접속일자 2023. 10. 16.

2. ARTICLE 19(표현의 자유를 위한 국제적 인권단체), 『'혐오표현' 해설(Hate Speech Explained A Toolkit)』, 김대엽, 김주민 역, (서울대학교 인권센터, 2015), p.13.

3. 앞의 책. p.14.

4. 요한복음은 4장은 다음과 같은 구조를 가지고 있습니다. 1-4절은 이전 장과의 연결과 전환과 일반적인 소개를 합니다. 내러티브, 5-7절은 이야기에 대한 보다 구체적인 소개와 후속 소개와 우물에서의 사건, 7b-9절은 예수님과 사마리아 여자와 대화를 시작하고, 10-15절은 생명을 주는 물에 대한 논의, 16-26절은 대화의 후반부, 27-30절은 제자들이 돌아오고 여자가 떠나고, 31-38절은 짧은 그 후의 이야기와 주님이 주시는 양식에 대해, 그리고 39-42절은 결론입니다. 즉 많은 사람들이 믿고(39), 더 많은 사람들이 믿고(41), 예수님을 구세주로 믿는 믿음을 고백합니다(42).

5. 앗수르 또는 아시리아라고도 한다.

6. D. A. Carson, *The Gospel according to John*, (Grand Rapids, Michigan, 1991.), p. 170.

7. 신부를 취하는 자는 신랑이나 서서 신랑의 음성을 듣는 친구가 크게 기뻐하나니 나

는 이러한 기쁨으로 충만하였노라(요 3:29).

8. Mary L. Coloe, *John 1-10, Wisdom Commentary*, (Liturgical Press, MN, 2021), p. 110-111, 재인용.

9. 앞의 책, p. 112-113.

5. 손 마른 자가 만난 예수

1. 아리스토텔레스, 『니코마코스 윤리학』, 제1권 제4장, 강상진, 김재홍, 이창우 옮김, (서울:도서출판 길, 2014), p. 17.

2. Howard C. Kee, 『신약성서이해』, 서중석 역, (서울: 한국신학연구소, 1990), pp. 82-83.

3. 강대훈, 『마태복음 주석(상)』, (서울: 부흥과개혁사, 2019), p. 790.

6. 예수님이 차려주신 밥상

1. 우진성, "그리스-로마의 심포지엄을 통해서 본 예수의 오병이어 이야기", 『신약논단』, 제20권, 제1호, 봄, (2013), p. 109.

2. 우진성, 같은책, p. 114.

7. 삭개오에게 일어난 소박한 혁명

8. 네 자리를 들고 걸어가라!

1. 이문균, "칼 바르트의 신학과 설교", 『신학사상』, 봄, (2008), p. 218,에서 재인용.

9. "봄길"이 되는 사람

1. 채희동, "봄길이 되는 사람", 〈뉴스앤조이〉, 2000. 10.15. 〈https://www.newsnjoy.or.kr/news/articleView.html?idxno=2904〉 접속일자, 2023. 09. 02)

2. Herbert W. Basser with Marsha B. Cohen, *The Gospel of Matthew and Judaic Traditions*, (Brill, Leiden, Netherland, 2015), p. 522.

10. 다윗의 자손 예수여, 나를 불쌍히 여기소서!

1. 예수님은 갈릴리의 작은 촌 동네인 나사렛에서 살고 자라나셨기 때문에, 나사렛 사람 또는 나사렛 예수로 칭해졌다. 특히 요 1:46-47, 마2:23, 막1:9, 눅4:16을 보라.

11. 엠마오 길 위에서 만난 예수

1. 김희경, 『나의 산티아고』, (푸른숲, 2009), 프롤로그.

2. 존 놀랜드(John Nolland), 『누가복음(하)』, WBC 성경주석: Word Biblical Commentary 35, 김경진 역, (서울: 솔로몬, 2005), p. 589.

12. 나를 따르라!

1. 김주환, 『회복 탄력성』, (서울: 위즈덤하우스, 2019), p. 50.

2. 김문현, "요한복음 21장 15-23절 내러티브 읽기", 『신약논단』, 제23권 제3호(2016년 가을), p.12-13.

〈참고 문헌〉

강대훈, 『마태복음 주석(상)』, 서울: 부흥과개혁사, 2019.

김문현, "요한복음 21장 15-23절 내러티브 읽기", 『신약논단』, 제23권 제3호, 가을, 2016.

김주환, 『회복 탄력성』, 서울:위즈덤하우스, 2019.

김현경, 『사람, 장소 환대』, 서울:문학과지성사, 2019.

김희경, 『나의 산티아고』, 푸른숲, 2009.

서울 물 연구원, 『서울 워터』, 제 11호, 서울 물 연구원, 2019. 07.

소흥열, 『논리와 사고』, 서울: 이화여자대학교출판문화원, 2003.

이문균, "칼 바르트의 신학과 설교", 『신학사상』, 2008.

이미지, "한국어 교육을 위한 감정 표현 어휘 연구", 부경대 박사학위 청구 논문, 부산, 2012.

우진성, "그리스-로마의 심포지엄을 통해서 본 예수의 오병이어 이야기", 『신약논단』, 제20권, 제1호, 2013년 봄.

Aristoteles, 『니코마코스 윤리학』, 제1권 제4장, 강상진, 김재홍, 이창우 옮김, 서울: 도서출판 길, 2014.

ARTICLE 19(표현의 자유를 위한 국제적 인권단체), 『혐오표현 해설(Hate Speech Explained A Toolkit)』, 김대엽, 김주민 역, 서울대학교 인권센터, 2015.

Bailey, Kenneth, Through Peasant Eyes. Grand Rapids, Eerdmans, 1980.

Basser, Herbert W. with Marsha B. Cohen, The Gospel of Matthew and Judaic Traditions, Brill, Leiden, Netherland, 2015.

Carson, D. A. , The Gospel according to John, Grand Rapids, Michigan, 1991.

Coloe, Mary L. , John 1-10, Wisdom Commentary, Liturgical Press, MN, 2021.

Edersheim, Alfred , 『유대인 스케치(Sketches of Jewish Social Life)』, 김기철 옮김, 서울: 복있는사람, 2016.

Kee, Howard C. , 『신약성서이해』, 서중석 역, 서울:한국신학연구소, 1990.

Nolland, John, 『누가복음(상)』, WBC 성경주석: Word Biblical Commentary 35, 김경진 역, 서울: 솔로몬, 2003.

_____ , 『누가복음(하)』, WBC 성경주석: Word Biblical Commentary 35, 김경진 역, 서울: 솔로몬, 2005.

Plummer, Alfred , The Gospel according to St. Luke, 5th ed. ICC, Edinburgh, T&T Clark, 1981.

Wolter, Michael , The Gospel according to Luke, Vol I, Mohr Siebeck, 2016.

〈인터넷〉

이민규, 예수 오빠는 좋지만 바울 아저씨는 싫어, 『기독교사상』, 2002년 9월호, 2023, 10. 25. 〈https://www.clsk.org/bbs/board.php?bo_table=gisang_preach&wr_id=57&main_visual_page=gisang〉

인공지능, Bard, https://bard.google.com/chat/b6b6b64b2fd2c29?utm_source=sem&utm_medium=paid-media&utm_campaign=q4enUS_sem7&gclid=CjwKCAiAjfyqBhAsEiwA-UdzJJ_7M_HUt4FlTGGq8Z13XHYjSto740yi0SrKEte0vOlLdOIpqZEF7hoCjB8QAvD_BwE

채희동, 봄길이 되는 사람, 뉴스앤조이, 2000. 10.15. 〈https://www.newsnjoy.or.kr/news/articleView.html?idxno=2904〉

"혐오", 위키백과, 〈https://ko.wikipedia.org/wiki/%ED%98%90%EC%98%A4〉

길 위에서 만난 예수

조기호 지음

초판 발행 | 2024년 1월 20일

발 행 인 | 전병철
발 행 처 | 세우미
등   록 | 476-54-00568
등 록 일 | 2021년 07월 26일
주   소 | 광명시 영당안로 13번길 20. 삼정타운 다4동 404호
이 메 일 | mentor1227@nate.com
인스타그램 | https://www.instagram.com/sewoomi_, @sewoomi1

ISBN   979 - 11 - 93729 - 00 - 7   (93230)

본 저작물은 신저작권법에 따라 보호를 받는 저작물이므로 무단 전재와 무단 복제를 금합니다.
이 책의 전부 또는 일부를 이용하려면 반드시 저자와 세우미 출판사의 동의를 받아야 합니다.